Joseph H. Chung
Dominique Achour
Alain Lapointe

ÉCONOMIE URBAINE

gaëtan morin
éditeur

gaëtan morin & associés ltée
C.P.965, CHICOUTIMI, QUEBEC, CANADA,
G7H 5E8 TEL.:(418)545-3333

ISBN 2-89105-043-6

Imprimerie Le Lac-St-Jean enr.

Dépôt légal 4e trimestre 1981
Bibliothèque nationale du Québec
Bibliothèque nationale du Canada

123456789 GME 987654321

Pays où l'on peut se procurer cet ouvrage

CANADA
Gaétan Morin & Associés Ltée
C.P. 965, Chicoutimi, P.Q.
Tél.: 1-418-545-3333

Algérie
Société Nationale d'Edition et de Diffusion
3, boulevard Zirout Youcef
Alger
Tél.: 19 (213) 30-19-71

Benelux et pays scandinaves
Bordas-Dunod-Bruxelles S.A.
44, rue Otlet
B. 1070 - Bruxelles (Belgique)
Tél.: 19 (32-2) 523-81-33
Télex: 24899

Brésil
Sodexport-Grem
Avenida Rio Branco 133 GR 807
Rio-de-Janeiro
Tél.: 19 (55-21) 224-32-45

Espagne
D.I.P.S.A.
Francisco Aranda n° 43
Barcelone
Tél.: 19 (34-3) 300-00-08

France
Bordas-Dunod
Gauthier-Villars
37, r. Boulard - 75680 Paris
cedex 14 - Tél.: 539-22-08
Telex: 270004

Guadeloupe
Francaribes
Bergevin
Zone des petites industries
97110 Pointe-à-Pitre
Tél.: 19 (33-590) par opératrice
82-38-76

Italie
C.I.D.E.B.
Strada Maggiore, 37
41125 Bologne
Tél.: 19 (39-51) 22-79-06

Japon
Hachette International Japon S.A.
Daini-Kizu Bldg. n° 302
10, Kanda-Ogawacho 2-chrome
Chiyoda-Ku, Tokyo
Tél.: 19 (81-3) 291-92-89

Maroc
Société Atlantique
140, rue Karatchi
Casablanca
Tél.: 19 (212) 30-19-71

Martinique
Francaribes
Boulevard François Reboul
Route de l'Eglise Sainte Thérèse
97200 Fort-de-France
Tél.: 19 (33-596) par opératrice
71-03-02

Portugal
LIDEL
Av. Praia de Vitoria 14 A
Lisbonne
Tél.: 19 (351-19) 57-12-88

Suisse
CRISPA
16, avenue de Beaumont
1700 Fribourg
Tél.: 19 (41-37) 24-43-07

Tunisie
Société tunisienne de diffusion
5, avenue de Carthage
Tunisie
Tél.: 19 (216-1) 25-50-00

Le Fonds F.C.A.C. pour l'aide et le soutien à la recherche a accordé une aide financière pour l'édition de cet ouvrage, dans le cadre de sa politique visant à favoriser la publication en langue française de manuels et de traités à l'usage des étudiants de niveau universitaire.

TABLE DES MATIÈRES

INTRODUCTION

Le Canada est un des pays les plus urbanisés au monde. En 1976, 75% de sa population habitait dans des centres urbains, dont la moitié dans des centres de 500 000 habitants ou plus. L'urbanisation comporte plusieurs dimensions, la principale étant la concentration géographique de la population et des activités socio-économiques dans des espaces restreints. En effet, la superficie urbanisée ne représente qu'une très petite proportion du territoire habitable du pays. Une telle concentration pose des problèmes économiques qui méritent une attention particulière.

Dans la mesure où les commerces, les industries et les services se concentrent dans les centres urbains, la croissance économique de l'ensemble du pays dépend de plus en plus de celle des centres urbains. Plus l'économie des centres urbains est prospère, plus le niveau de vie de l'ensemble du pays est élevé. Par contre, plus l'économie des centres urbains est stagnante, moins le taux de croissance de l'économie du pays est rapide. Par conséquent, il est primordial de bien connaître le mécanisme de croissance de l'économie des centres urbains. Pour quelles raisons certains centres urbains connaissent-ils une croissance économique rapide, alors que certains autres doivent subir une stagnation chronique? De quelle manière la croissance de l'économie d'un centre urbain est-elle affectée par sa structure industrielle? Quels sont les rôles des infrastructures urbaines et du secteur quaternaire dans la croissance économique des centres urbains? Quel est l'impact des relations intervilles sur la croissance économique? Est-ce que la hiérarchie urbaine et ses caractéristiques spatiales affectent la croissance? Quel est le rôle de la ville primatiale? Comment les économies d'agglomération affectent-elle la localisation commerciale et industrielle? Ce sont des questions qui se posent à cause de l'urbanisation et de la concentration géographique des activités socio-économiques.

La concentration géographique signifie également l'accroissement de la densité résidentielle et la raréfaction du sol urbain. Par exemple, en 1971, dans la région métropolitaine de Montréal, la densité démographique par mille carré était de 11 000 habitants en comparaison d'environ 8 000 dans la région métropolitaine de Toronto. La raréfaction du sol urbain signifie la nécessité d'une affectation optimale du sol. Quel est le mécanisme de l'affectation du sol urbain? De quelle façon et pourquoi certaines parties de la ville sont-elles largement consacrées à l'habitation, alors que d'autres sont allouées aux industries? Comment peut-on expliquer la tendance du loyer du sol à diminuer à mesure qu'on s'éloigne du centre-ville? Comment se fait-il que les logements délabrés se soient concentrés au centre-ville et dans les zones contiguës à ce dernier? Quel est le rôle du réseau de transport urbain dans l'affectation du sol urbain? La réponse à ces questions est d'une importance capitale pour le niveau et la qualité de vie.

L'urbanisation accompagnée de la concentration des activités socio-économiques a sans doute plusieurs avantages, tant sur le plan économique que sur celui de la vie socio-culturelle. Cependant, elle a également des aspects négatifs. La pollution de l'air, les embouteillages routiers, la criminalité, l'aliénation sociale des citoyens sont des conséquences de l'urbanisation. Si ces conséquences sont inévitables, est-il possible de les atténuer? Peut-on mieux planifier l'urbanisme en tenant compte de ces conséquences? Peut-on trouver un juste milieu entre les inconvénients et les avantages de l'urbanisation?

Le rôle du gouvernement dans le processus d'urbanisation est fort complexe: le gouvernement peut affecter la performance de l'économie de la ville; il peut avoir un impact direct sur l'affectation du sol; il peut avoir une influence sur la qualité de la vie. L'efficacité du rôle du gouvernement dépend avant tout de sa capacité de bien comprendre les forces fondamentales de l'urbanisation, et de formuler la portée et la modalité de ses interventions en fonction de ces forces. Une politique urbaine basée sur une compréhension inadéquate du mécanisme de l'urbanisation peut même nuire à la concrétisation des objectifs visés.

L'approvisionnement des services publics locaux est un des principaux rôles du gouvernement. La production de ces biens publics est-elle efficace? Y a-t-il des économies d'échelle? Comment finance-t-on l'approvisionnement des biens publics? Le système de taxes locales est-il efficace? Est-il équitable? Est-il progressif ou régressif? Le bien public n'a pas de prix du marché. Quel doit être le meilleur moyen de tarifer ces biens publics? Que doit-on faire pour "internaliser" les effets externes?

C'est ainsi que l'urbanisation et la concentration géographique des activités socio-économiques soulèvent quatre types de problèmes: croissance économique, affectation du sol urbain, qualité de la vie et de l'environnement et rôle du gouvernement.

Cet ouvrage est divisé en trois parties. La première est consacrée aux problèmes de la croissance économique des villes. Après avoir défini la ville et le système urbain (hiérarchie des villes), nous analyserons les mécanismes de la croissance économique et l'évolution des villes. La deuxième partie concerne l'affectation du sol, l'habitation, et le transport urbain. Nous verrons les principaux éléments du mécanisme de l'affectation du sol urbain. Nous analyserons le fonctionnement du marché de l'habitation et ses liens avec l'ensemble de l'économie. Un chapitre portera sur la nature et les causes des embouteillages routiers, l'effet externe du transport urbain et les politiques optimales en matière de transport urbain.

Enfin, la troisième partie touche le secteur public. Les problèmes des biens publics, des finances municipales et des effets externes seront discutés. Les politiques urbaines sectorielles en matière de croissance économique, d'affectation du sol, de transport, seront discutées à la fin de chaque chapitre portant sur les sujets spécifiques. Dans la troisième partie, nous avons cherché, entre autres, à établir un ensemble de critères d'une politique urbaine optimale.

Ce livre s'adresse à la fois aux collégiens, aux universitaires et au public en général. Nous avons cherché un équilibre entre la présentation formalisée de la matière et l'analyse actuelle des faits urbains au Canada. Toute personne ayant quelques notions de base en économique et s'intéressant aux problèmes urbains devrait être en mesure de lire cet ouvrage sans difficultés.

PREMIÈRE PARTIE

LA VILLE ET LA CROISSANCE DE L'ÉCONOMIE LOCALE

Le but de cette partie est d'une part de définir la ville en tant qu'unité spatiale économique, et d'autre part d'examiner différentes théories qui sont susceptibles d'expliquer le mécanisme de la croissance de l'économie locale. Le chapitre 1 offre les définitions théoriques et statistiques de la ville, examine ses principales fonctions économiques, souligne l'importance du système urbain et l'importance de ce dernier dans le processus de la croissance économique de la ville. Le chapitre 2 est consacré à la revue d'une série de théories qui peuvent constituer les éléments essentiels d'une théorie générale de la croissance économique de la ville.

CHAPITRE 1

VILLE ET SYSTÈME URBAIN

Une ville est une entité sociale, culturelle, politique et économique. Une ville, comme tout être vivant, a sa période d'enfance, d'adolescence, de vie adulte et de vieillissement. Certaines villes doivent leur naissance à la Défense nationale, d'autres à leur rôle de transbordement de passagers et de marchandises, ou encore à l'exploitation des matières premières, etc. Certaines villes sont spécialisées dans l'administration publique, alors que certaines autres consacrent leurs ressources aux manufactures. Quelle que soit son origine, une ville peut atteindre le niveau de maturité, alors qu'une autre peut disparaître après sa période d'adolescence.

La vie économique d'une ville est extrêmement complexe, compliquée et affectée par une multitude de variables sociales, politiques et économiques. Le but de ce chapitre est d'une part de définir une ville ainsi que le système urbain dont elle fait partie en tant qu'unité spatiale économique, et d'autre part d'examiner les principaux aspects de la croissance économique des villes et des systèmes urbains.

1.1 DÉFINITION DE VILLE

1.1.1 Définition théorique

Une ville peut être définie de plusieurs façons selon l'objectif visé. Pour un sociologue, une ville peut être le lieu d'une culture, d'un mode de vie et d'un système de valeurs sociales distinctes par rapport aux régions rurales. Pour un politicologue, une ville peut être un ensemble de rapports politiques. Quant à l'économiste Pierre George, il considère la ville comme un groupement permanent de population et d'activités économiques concentrées dans un espace restreint, formant une unité économique complexe. Trois éléments principaux se dégagent de cette définition. Premièrement, il faut que le regroupement soit permanent; le rassemblement de milliers de gens, soit pour une festivité, soit pour la Défense nationale, ne crée pas une ville. Deuxièmement, il faut qu'une ville soit une unité économique distincte. Troisièmement, une ville est une unité économique complexe.

La complexité de la ville en tant qu'unité économique s'explique par la présence d'une multitude d'agents économiques poursuivant des intérêts divergents, et par la présence de relations entre les villes. La ville n'est pas unique dans la région et dans le pays; qu'elle le veuille ou non, elle est étroitement reliée aux autres villes, et l'intensité ainsi que la nature des relations intervilles dépendent de la structure industrielle de chaque ville et de leur distance entre elles. Ainsi, une ville trop spécialisée peut connaître une instabilité selon la demande externe, et une ville de petite taille, située trop près d'une grosse ville, peut être dominée et avoir de la difficulté à s'assurer une croissance normale.

1.1.2 Définition statistique

Les éléments de la définition théorique de la ville se reflètent dans la définition statistique. En général, la taille démographique et le type d'activité économique constituent les principaux critères de définition de la ville à travers le monde. Statistique Canada donne quatre définitions de base: région urbaine, population urbaine, agglomération de rencensement et région métropolitaine de recensement.

A. ***Région urbaine***

Il s'agit d'une région dont la concentration démographique est de 1 000 habitants et plus, et dont la densité de population est de 1 000 habitants par mille carré (386 km^2).

B. ***Population urbaine***

La population urbaine se compose de toute personne qui habite dans une région urbaine.

C. ***Agglomération de recensement***

Il s'agit d'une division "géostatistique" créée par Statistique Canada, et composée des entités municipales adjacentes. Ces entités doivent être au moins partiellement urbaines et appartenir à un noyau urbanisé ayant une population de 2 000 habitants ou plus. Le noyau urbanisé comprend la ville principale et les autres villes de la région, qui ont une population de 1 000 habitants ou plus et une densité de population d'au moins 1 000 habitants par mille carré.

D. ***Région métropolitaine de recensement (RMR)***

C'est la région où est situé le principal marché du travail d'un noyau urbanisé ayant une population de 100 000 habitants ou plus. Les RMR, créées par Statistique Canada, sont normalement désignées par le nom de leurs villes principales. Elles renferment des municipalités entières. Les RMR sont constituées complètement ou partiellement à l'intérieur du noyau urbanisé et de d'autres municipalités si au moins 40% des salariés résidant dans la municipalité travaillent dans le noyau urbanisé, ou si au moins 25% des salariés travaillant dans la municipalité habitent le noyau urbanisé.

À l'intérieur des RMR et des régions urbanisées importantes, il y a d'autres délimitations géostatistiques importantes:

E. ***Secteur de recensement (SR)***

Il s'agit d'une petite division géostatistique permanente de recensement, établie dans les grandes localités urbaines. Les SR sont déterminés en fonction des critères suivants:

1) les limites doivent suivre des lignes permanentes et facilement identifiables sur le sol;
2) la population doit compter entre 2 500 et 8 000 habitants, sauf pour des secteurs de recensement dans le quartier des affaires, les secteurs industriels ou les zones périphériques rurales ou urbaines où la population peut être plus ou moins nombreuse;
3) le secteur doit être aussi homogène que possible du point de vue de la situation économique et des conditions sociales;
4) la forme doit être aussi compacte que possible; toutes les régions métropolitaines de recensement et toutes les agglomérations de recensement où il y a une ville centrale de 50 000 habitants ou plus, et toutes les villes comptant au moins 50 000 habitants sont admissibles.

F. ***Zone I: centre des affaires***

Par centre des affaires, on entend le noyau principal d'une partie de l'intersection économique et sociale d'une ville. Celui-ci se caractérise par une forte concentration de bureaux, de points de vente au détail et de services, et par un faible nombre de résidents permanents. Il est généralement situé à l'emplacement du noyau urbain initial. Le centre des affaires comporte habituellement un noyau et une zone périphérique. Le noyau est dominé par les activités qui demandent une grande concentration, pour des raisons qui tiennent aux mouvements de marchandises, aux interrelations fonctionnelles et au prestige. Les entreprises qui n'ont pas besoin d'une telle concentration sont situées dans la zone périphérique.

G. ***Zone II: le noyau urbain***

C'est une zone de transition caractérisée par une utilisation variée et instable du sol. Dans la plupart des villes, l'aménagement résidentiel initial de cette zone s'est effectué peu de temps après la fondation de la ville, à une époque où on allait travailler à pied. À mesure que la ville s'est étendue, des entrepôts, de vieilles industries et des maisons de chambre destinées à l'hébergement des personnes âgées se sont ajoutés au milieu urbain. Cette zone est caractérisée par une dégradation imputable au manque d'aménagement; les maisons sont remplacées par des bureaux de médecins et d'administration publique. La stabilité résidentielle, la densité et le loyer du logement ainsi que l'utilisation du sol sont des critères utilisés pour la définition de cette zone.

H. *Zone III: banlieue adulte*

Le développement du transport urbain a donné lieu à deux grands modèles d'aménagement de la ville. D'une part, certains quartiers, construits fin XIXe début XXe siècle, ont surgi le long du parcours des tramways pour ensuite s'étendre latéralement. En polarisant les activités des quartiers, la ligne de tramways a favorisé le développement linéaire du commerce. Les logements étaient très rapprochés les uns des autres et construits sur des terrains généralement petits. Le besoin d'habiter à une distance raisonnable d'un arrêt de tramway, ainsi que le coût des terrains et de la construction expliquent ce modèle. D'autre part, les banlieues, construites entre 1930 et 1950 environ, sont le résultat de l'ère automobile. Comme elles se sont développées en comblant les espaces libres des zones urbanisées plus anciennes, elles ont une densité plus faible que la zone II. Toutefois, contrairement aux banlieues qui ont surgi par la suite, elles offrent de grandes variations quant à la qualité et au style de logement.

I. *Zone IV: nouvelles banlieues*

Cette zone comprend des logements analogues, souvent des maisons individuelles, qui sont construites depuis la Seconde Guerre mondiale en vertu de la Loi nationale sur l'habitation et selon d'autres mesures gouvernementales. Elle comprend également de grandes superficies réservées au commerce de détail, à l'entreposage, aux industries, aux transports et aux loisirs. Ces modèles de développement sont attribuables à la présence des automobiles. Les industries qui s'y trouvent sont souvent celles qui ont quitté la zone centrale. Le mouvement a été motivé par la diminution du recours aux gares de triage, aux ports et aux entreprises connexes. L'attraction pour la banlieue est née d'une bonne accessibilité par la route, des impôts peu élevés et de la disponibilité de terrains peu coûteux.

J. *Zone V: "Ex urbanus"*

Il s'agit de la partie de la région métropolitaine de recensement située au-delà de la zone bâtie en continu. Elle comprend des terrains agricoles ainsi que des secteurs non agricoles tels que des ports régionaux, des carrières, des cimetières d'automobiles, des centres d'équitation, des chenils, des ciné-parcs, des terrains de golf, etc. Elle se caractérise par la présence de villes et de villages qui desservent les régions rurales et qui servent de dortoirs aux navetteurs à la recherche de la tranquillité de la "vie de campagne".

La plupart des pays industrialisés définissent leurs villes et leurs régions urbaines en fonction de critères similaires. Ce qu'il importe de retenir de ces définitions est qu'une ville ou une région métropolitaine se définit à toutes fins utiles en fonction du marché du travail et de la "distance-temps" du déplacement quotidien vers le lieu de travail. Il est intéressant de noter que la durée moyenne du déplacement entre le domicile et le lieu de travail est très similaire dans les régions métropolitaines canadiennes. Par exemple, en 1977, la durée moyenne du déplacement domicile-travail en automobile était de 23 minutes dans la RMR de Toronto, comparativement à 24 minutes dans la RMR de Montréal et à 22 minutes dans la RMR de Vancouver. Dans les régions métropolitaines de moindre importance, la durée du déplacement est un peu plus faible, ce qui s'explique par le faible encombrement du trafic.

Bref, il n'est pas faux de dire que la limite géographique d'une ville est donnée par celle du marché du travail urbain. Par conséquent, une ville (dans ce livre) correspond soit à l'agglomération de recensement, soit à la région métropolitaine de recensement. Cette dernière est un cas spécial de la première.

1.2 FONCTION ÉCONOMIQUE DE LA VILLE

La ville, en tant qu'unité économique, a deux fonctions économiques principales: consommation et production de biens et services.

1.2.1 Fonction de consommation

L'urbanisation s'accompagne de l'accroissement de la population dans les villes et de la densité démographique. L'accroissement de la population signifie l'expansion du marché, ce qui augmente les probabilités d'attirer de nouvelles industries et encourage l'expansion des industries déjà en place. Cependant, l'expansion du marché n'est pas uniquement attribuable à l'accroissement de la population; au contraire, ce qui distingue une ville d'une région rurale est que dans la première, la propension à consommer est plus forte et les probabilités de consommer de nouveaux produits et services sont plus considérables; ceci s'explique par une plus grande densité démographique.

distinction ville et r. rurale

Du point de vue de la fonction de consommation, une forte densité démographique signifie une diminution du coût de la publicité et de l'information. Les entreprises peuvent réaliser une économie d'échelle dans leurs campagnes publicitaires, ce qui a pour effet d'inciter les citadins à consommer plus à des coûts de publicité moindres. Étant donné que les citadins vivent près les uns des autres, l'information concernant le prix et la qualité des biens et services est plus accessible, constituant ainsi une autre raison de l'accroissement de la propension à consommer. Ce n'est pas tout, la forte densité résidentielle stimule les effets de démonstration et d'imitation chez les consommateurs, et ainsi encouragent l'achat de biens et services. Bref, la consommation des citadins par rapport à celle des gens des régions rurales se caractérise non seulement par un niveau plus élevé, mais aussi par une pente plus grande. Ceci est illustré au graphique 1.1. Dans ce dernier, on voit que pour le même revenu $\overline{R}$, les gens des régions rurales consomment O C_R, alors que les citadins consomment O C_u.

GRAPHIQUE 1.1: Fonction de consommation: urbaine et rurale

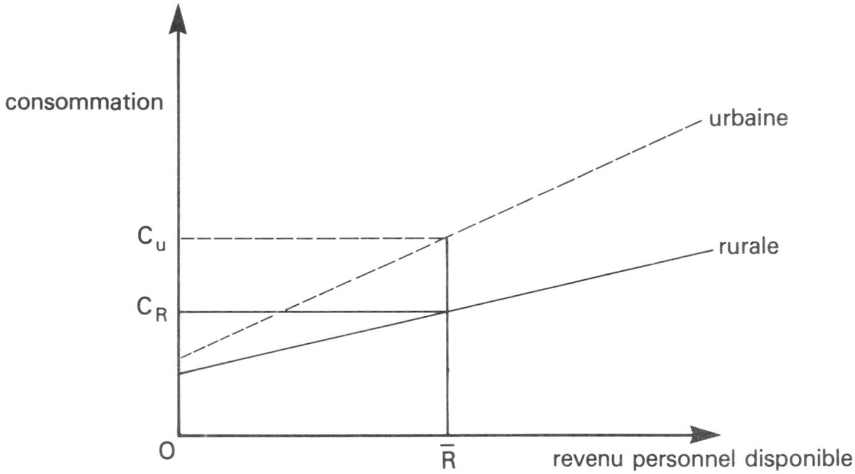

1.2.2 Fonction de production

La deuxième grande fonction économique de la ville est la fonction de production. La capacité de la ville de produire des biens et des services dépend d'une part de sa capacité d'attirer de nouvelles industries, et d'autre part de faciliter l'expansion des industries déjà en place. Bref, la fonction de production de la ville est déterminée par la localisation des activités économiques.

La localisation des activités économiques dépend de la nature de l'activité et de la fonction de préférence "localisationnelle" des agents économiques. On peut classifier trois catégories d'activités économiques selon les caractéristiques localisationnelles: celles qui s'approchent des sites des matières premières, celles qui s'approchent des marchés et celles qui se situent entre les deux et qui sont qualifiées de "foot loose".

Les industries qui s'approchent des sites des matières premières sont celles pour lesquelles le coût de transport des matières premières est plus élevé que celui du produit fini. La plupart sont des industries primaires (pêcherie, agriculture, mines, pâtes et papiers) et certaines activités de transformation primaires. Il y a aussi des activités dont la localisation est imposée à cause des sources d'énergie. Les industries d'aluminium et de pâtes et papiers ont choisi leur localisation au début de l'industrialisation du pays en fonction des sources d'électricité. Il y a des activités économiques qui n'ont pas de contraintes localisationnelles particulières (foot loose) et qui peuvent se trouver partout selon la fonction de préférence des cadres de l'entreprise. La concentration de l'industrie aérospatiale américaine en Californie en est un exemple. Pour ces industries, le climat, la stabilité sociopolitique et les aménités socio-culturelles sont des variables importantes dans le choix de la localisation.

Les industries dont le coût de transport des produits finis est plus grand que celui des matières premières s'approchent du marché. La plupart des activités tertiaires et une proportion croissante des activités manufacturières appartiennent à ces catégories. En plus de la considération du coût de transport, les avantages économiques que procurent les villes qualifiées "d'économies d'agglomération", sont un autre facteur qui affecte de plus en plus la localisation des activités économiques.

Il convient de distinguer trois groupes d'économies d'agglomération: sociale, de ménage et celle des entreprises. Il y a deux types d'économies d'agglomération sociales. D'abord, à mesure que la taille démographique de la ville augmente, le coût de certains services publics (approvisionnement en eau, en électricité, certains types de protection publique, santé publique) peut être moindre[1]. Ce type d'économies d'agglomération favorise les individus. Ensuite, dans la mesure où le progrès économique de la ville augmente le niveau de vie de l'ensemble du pays, la croissance économique de la ville bénéficie à toute la communauté.

Les économies d'agglomération de ménage comprennent les avantages des équipements de loisir, de culture et d'autres aménités, la

---

(1) RICHARDSON, H.-W. ***The Economics of Urban Size.*** Saxon House: Lexington Book, 1973; HIRSCH, W.-Z. ***Urban Economic Analysis.*** McGraw-Hill Book Co., 1973, chap. 11-13.

qualité de l'éducation et des services de santé, les possibilités d'emploi, les possibilités de revenu élevé, la mobilité sociale et une série d'autres avantages que les villes offrent aux ménages. Par contre, il y a également des déséconomies d'agglomération telles que la pollution de l'air, les embouteillages et la criminalité.

Ce sont surtout les économies d'agglomération d'entreprises qui jouent un rôle crucial dans la localisation des industries et des commerces. Elles comprennent l'économie d'échelle, l'économie de localisation et l'économie d'urbanisation(2).

L'économie d'échelle est un processus par lequel le coût de production diminue grâce à l'accroissement de la quantité de production. Dans la mesure où l'expansion de la population d'une ville assure celle du marché et de la production, une ville offre une plus grande probabilité d'économie d'échelle qu'un village. L'économie de localisation se rapporte aux avantages pour une entreprise d'une industrie quelconque de s'établir près d'une industrie du même type afin d'attirer une plus grande masse d'acheteurs. La concentration des restaurants dans les mêmes quartiers et celle des détaillants de vêtements dans les centres commerciaux résulte précisément de l'économie de localisation. Il n'est pas difficile de voir que les possibilités de ce type d'économie d'agglomération sont plus étendues dans les grandes villes que dans les petites villes.

Les économies d'urbanisation comprennent une foule d'avantages que les villes offrent à toutes les industries. La disponibilité de la main-d'oeuvre qualifiée et des finances, l'accès aux centres de recherches industrielle et scientifique, la présence de firmes d'ingénieurs-conseils, de firmes de consultation en marketing, en informatique et en gestion, la proximité des fournisseurs, la présence des services gouvernementaux et surtout la croissance potentielle des villes sont tous des éléments d'économie d'urbanisation.

La ville constitue un lieu d'attraction pour diverses activités économiques, non seulement pour le marché potentiel qu'elle offre, mais aussi pour les économies d'agglomération. Par conséquent, on peut s'attendre à ce que les industries, les commerces, les services et les autres activités économiques soient fortement concentrés dans les villes. En effet, au Québec par exemple, presque les deux tiers des activités secondaires et tertiaires sont concentrées dans la région métropolitaine de Montréal. De plus, dans la mesure où les industries de pointe sont situées

---

(2) BOVENTER, E.-G. Von. "Optimal Spatial Structure and Regional Development". ***Kyklos.*** 1970, vol. 23, pp. 903-24; VERNON, R. ***Metropolis 1985.*** Cambridge, Mass.: Presse universitaire Harvard, 1960.

dans les villes et que la qualité de la main-d'oeuvre y est supérieure, on peut s'attendre également à ce que le niveau de revenu et de bien-être soit plus élevé dans les villes que dans les régions rurales.

1.3 PERFORMANCE ÉCONOMIQUE DE LA VILLE

Cependant, la performance économique peut varier d'une ville à l'autre selon une multitude de facteurs: la structure industrielle, le dynamisme des leaders économiques locaux, la situation géographique, la taille démographique, la position qu'occupe la ville dans le système urbain, les caractéristiques spatiales de ce dernier et une foule d'autres variables. Le tableau 1.1 est tiré d'une étude de Michel Boisvert(3) et indique le taux de croissance de la population pour la période de 1961-1971. Pour l'ensemble du pays, en général, le taux de croissance de la population augmente avec la taille des villes, sauf pour celles dont la population varie entre 10 000 et 25 000. Cependant, le profil de la croissance de population varie d'une région à l'autre. Au Québec, les villes qui ont connu un accroissement démographique relativement rapide ont été les villes de 10 000 - 50 000 et les régions métropolitaines dont la population dépasse 100 000. Ce qui est étonnant en Ontario et en Colombie-Britannique, c'est que les régions rurales et semi-urbaines ont maintenu un taux de croissance relativement élevé. Par contre, dans les Prairies, les régions semi-urbaines et les villes d'au moins 50 000 habitants ont connu une croissance de population rapide. En ce qui concerne les régions de l'Atlantique, il est difficile d'en dégager une tendance bien définie. Cette variance interrégionale de l'accroissement de la population reflète à la fois la structure d'urbanisation et les conditions économiques fondamentales, dont la richesse en matières premières.

La croissance de la ville signifie à la fois l'accroissement de la population et l'expansion de la superficie de la ville. D'après le tableau 1.2, au cours d'une période de dix ans, i.e. celle de 1961-1971, dans la région métropolitaine de Montréal, la superficie urbanisée est passée de 236.4 milles carrés à 266.2 milles carrés, soit une augmentation de 13%. Par contre, dans la région métropolitaine de Toronto, la superficie est passée de 290.3 milles carrés à 335.6 milles carrés, soit une augmentation de 15,6%. Pour la même période, la population de la RMR (région métropolitaine de recensement) de Montréal n'a augmenté que de 6,5% alors que celle de la RMR de Toronto a augmenté de 14,7%. Il est également intéressant de noter que la densité démographique a légèrement diminué dans les deux RMR. Ceci s'explique par le processus de déconcentration

---

(3) BOISVERT, M. ***La correspondance entre le système urbain et la base économique des régions canadiennes.*** Conseil économique du Canada, 1978.

TABLEAU 1.1: Taux d'accroissement de la population rurale, semi-urbaine et urbaine, suivant la taille, par région, 1961-1971 *

	Classe de taille en 1961									
Régions	Rurales	Semi-urbaines**	5 000-10 000	10 000-25 000	25 000-50 000	50 000-100 000	100 000-200 000	200 000-500 000	500 000 et plus	Total
Atlantique	5.9	11.5	11.2	0.3	11.7	5.7	18.3	--	--	8.4
Québec	0.2	- 2.0	9.3	14.2	12.0	7.6	17.6	26.8	23.8	14.6
Ontario	13.5	11.5	9.3	9.6	16.6	21.5	29.0	24.3	37.0	23.5
Prairies	- 9.7	33.9	13.6	14.4	4.3	32.3	23.7	28.7	--	11.4
Col.-Brit.	41.1	30.8	27.9	44.6	39.3	--	26.7	--	31.0	34.1
Canada	4.6	11.5	11.5	16.4	14.9	15.3	23.2	26.4	30.0	18.3

* Après les corrections requises aux limites géographiques des agglomérations urbaines pour assurer la comparabilité de 1961 avec 1971.

** Estimations basées sur l'échantillon des municipalités n'ayant pas subi de modifications à leur superficie.

Sources: Recensement 1961, 1971 et estimations du Conseil économique du Canada.

régionale de la population et l'expansion rapide des banlieues à faible densité.

TABLEAU 1.2: Superficie urbanisée

	Superficie en milles carrés	Population	Nombre d'habitants par mille carré
RMR de Montréal			
Superficie totale	1 038.2	2 743 105	2 642
Superficie urbanisée, 1966	236.4	2 545 539	10 769
Superficie urbanisée, 1971	266.2	2 711 189	10 185
Variation 1966 - 1971 (%)	+ 12,6	+ 6,5	- 5,4
RMR de Toronto			
Superficie totale	1 400.7	2 628 130	1 876
Superficie urbanisée, 1966	290.3	2 252 047	7 759
Superficie urbanisée, 1971	335.6	2 582 903	7 696
Variation 1966 - 1971 (%)	+ 15,6	+ 14,7	- 0,8
RMR de Vancouver			
Superficie totale	1 075.7	1 082 370	1 006
Superficie urbanisée, 1966	155.9	865 880	5 556
Superficie urbanisée, 1971	170.0	995 357	5 855
Variation 1966 - 1971 (%)	+ 9,1	+ 15,0	+ 5,4

Source: Statistique Canada. ***Perspectives II, III.*** 1977, p. 201.

Le tableau 1.3 permet de voir la corrélation entre le niveau de revenu et la taille des villes. Quoiqu'on n'ait pas estimé le coefficient de corrélation, il est évident que le niveau de revenu augmente avec la taille de la population. De même, la proportion des pauvres, i.e. ceux qui ont un revenu annuel inférieur à $5 000, semble plus faible dans les grandes villes que dans les villes de taille moins importante. Les renseignements du tableau 1.3 sont limités, en ce sens qu'ils ne tiennent pas compte des villes de moins de 90 000 habitants. Cependant, une étude[4] a complété les coefficients de corrélation entre le niveau de revenu per capita et la population des villes d'au moins 5 000 habitants. D'après cette étude, le coefficient est de 0.27 pour l'Ontario, 0.24 pour le Québec, 0.20 pour les Prairies et 0.13 pour l'ensemble du Canada. Les coefficients sont significatifs à 5% de probabilité. Par contre, la corrélation pour les régions de l'Atlantique et la Colombie-Britannique n'est pas significative.

---

(4) BOISVERT, M. *Op. cit.* p. 6.

TABLEAU 1.3: Population et revenu

Régions urbaines	Population, 1976	Variation de la population, 1961-76 (%)	Revenu total moyen des familles, 1971 ($)	Pourcentage des familles ayant un revenu inférieur à $5 000, 1971
Toronto	2 803.1	53,6	11 841	13,4
Montréal	2 802.5	32,9	10 292	18,4
Vancouver	1 166.3	47,6	10 664	18,4
Ottawa	693.3	61,3	12 010	13,1
Winnipeg	578.2	21,6	9 989	17,4
Edmonton	554.2	45,7	10 660	16,3
Québec	542.2	51,6	10 159	16,9
Hamilton	529.4	33,9	10 757	14,2
Calgary	469.9	68,4	10 943	15,2
Kitchener	272.2	75,7	10 661	15,0
London	270.4	49,1	10 763	15,0
Halifax	268.0	45,7	10 176	15,8
Windsor	247.6	28,0	11 281	14,9
Victoria	218.3	41,7	9 921	19,1
Sudbury	157.0	41,8	11 739	9,7
Régina	151.2	34,8	9 637	19,8
St-Jean (T.-N.)	143.4	57,8	8 488	28,0
Oshawa	135.2	67,1		
Saskatoon	133.8	40,0	9 479	20,7
St-Jean (N.-B.)	113.0	17,8	8 821	22,4
Sherbrooke	104.5	48,7	9 368	22,0
Trois-Rivières	98.6	17,8	8 992	22,1
Kingston	90.7	43,0	10 717	15,2

Source: Statistique Canada. ***Perspective III.*** 1980, chapitre 11.

Le tableau 1.4 indique, entre autres, la principale fonction économique des villes et le degré de spécialisation. La principale fonction économique de Toronto, Montréal, Hamilton, London, Windsor et Trois-Rivières est la manufacture II, i.e. celle des manufactures diversifiées orientées vers le marché local. Par contre, Kitchener et Oshawa ont pour principale fonction la manufacture I, i.e. celle des manufactures très spécialisées orientées vers le marché extérieur. Les autres villes (RMR) ont pour principale fonction les activités tertiaires. Il est intéressant de noter qu'en général, les villes du tertiaire ont un degré de spécialisation moins élevé que les villes dont la vocation est l'extraction des matières premières. Il convient de noter que le degré de spécialisation a un impact sur le niveau de vie et la stabilité de l'économie locale. Le niveau du revenu dépend de la croissance et du dynamisme des activités économiques. Même dans une ville dont l'économie est très spécialisée, le niveau de revenu peut être très élevé. Cependant, les villes hautement spécialisées qui dépendent, pour la croissance économique, de la demande extérieure, peuvent connaître une instabilité économique plus marquée.

Le bien-être des citoyens dépend non seulement du niveau de revenu, mais aussi du coût et de la qualité de la vie. Toujours d'après le tableau 1.4, le coût de la vie représenté, par exemple, par le fardeau du coût de l'habitation (i.e. la proportion des propriétaires qui consacrent plus de 30% du revenu brut au logement) ne varie pas nécessairement selon la taille démographique. Par exemple, le fardeau est de 33,6% à Vancouver comparativement à 19,1% pour Montréal. À Victoria, il est de 36,4% contre 20,3% pour Sudbury, une ville de taille comparable. Le tableau 1.5 indique quelques indices de la qualité de la vie: qualité de l'air, qualité de logement (pourcentage des logements de qualité médiocre ou passable) et le taux de criminalité. Ce qui se dégage de ce tableau est que la qualité de la vie ne varie pas nécessairement selon la taille des villes.

Bref, si le niveau de revenu tend à augmenter avec la taille démographique des villes, le niveau de bien-être ne s'améliore pas nécessairement. La relation entre la taille démographique des villes et le bien-être des citoyens demeure un des sujets qui méritent une étude plus poussée.

1.4 SYSTÈME URBAIN

Un des facteurs déterminants de la performance de l'économie des villes est la relation socio-économique entre les villes. La ville n'existe pas toute seule; au contraire, l'efficacité de ses fonctions économiques dépend non seulement des caractéristiques de ses propres industries et commerces, mais aussi de sa position dans l'ensemble des villes dont elle

TABLEAU 1.4: Quelques caractéristiques économiques de villes canadiennes

	Fardeau, coût de l'habitation, 1976[1] A	B	Taux de chômage, 1976[2]	Fonction économique dominante, 1971[3]	Indice de spécialisation économique, 1971[4]
Toronto	23.1	13.2	5,9	Manufacture II	8.05
Montréal	19.1	10.2	6,2	Manufacture II	7.37
Vancouver	33.6	13.7	8,2	Transp., entreposage, commerce	2.34
Ottawa	24.2	6.6	6,0	Adm. publique, dépense	18.66
Winnipeg	31.0	12.8	4,9	Manufacture II	1.58
Edmonton	24.4	7.5	4,4	Adm. publique, dépense	2.21
Québec	25.2	9.2	7,4	Adm. publique, dépense	4.26
Hamilton	26.1	13.1	6,2	Manufacture II	5.08
Calgary	27.8	11.5	4,7	Extraction	9.49
Kitchener	21.3	9.7	5,9	Manufacture I	5.08
London	27.9	9.5	6,4	Manufacture II	1.65
Halifax	25.6	13.0	7,3	Adm. publique, dépense	5.04
Windsor	27.2	10.1	8,0	Manufacture II	3.58
Victoria	36.4	14.7	7,4	Adm. publique, dépense	3.48
Sudbury	20.3	9.0	7,3	Extraction	51.74
Régina	28.4	7.5	3,4	Adm. publique, dépense	1.99
St-Jean (T.-N.)	28.2	14.0	10,0	Services communautaires	2.11
Saskatoon	29.1	9.1	7,7	Services communautaires	1.71
St-Jean (N.-B.)	24.7	16.0	5,3	Transp., entreposage, commerce	1.50
Sherbrooke			6,6	Services communautaires	1.95
Trois-Rivières			8,1	Manufacture II	2.03
Kingston			8,7	Services communautaires	2.33
Oshawa				Manufacture I	4.00

(1) Locataires dont les dépenses de logement sont supérieures à 30% de leur revenu brut.

(2) Occupants-propriétaires dont les dépenses de logement sont supérieures à 30% de leur revenu brut.

(3) La fonction économique dominante est l'activité qu'occupe la plus grande proportion de la population active totale de la ville. L'activité manufacturière I appartient aux villes où l'activité manufacturière est considérable et hautement spécialisée, alors que l'activité manufacturière II relève des villes où l'activité manufacturière est de moindre envergure, moins spécialisée et plus orientée vers les marchés locaux.

(4) L'indice de spécialisation économique indique dans quelle mesure la structure fonctionnelle d'une ville se compare au profil fonctionnel "normal", c'est-à-dire à une structure diversifiée. En général, un indice faible indique une diversification, tandis qu'un indice élevé traduit une spécialisation fonctionnelle. Les valeurs représentent la somme des écarts quadratiques par rapport à la norme pour chaque branche d'activité.

Source: Statistique Canada. ***Perspective III.*** 1980, chap. 11.

fait partie. Aux yeux de plusieurs, la manière la plus appropriée d'étudier l'économie des villes est de faire appel aux approches systémiques dans lesquelles la ville est considérée comme une partie d'un tout que forme le système urbain[5].

(5) Voir par exemple, PERRIN, J.-C. ***Le développement régional.*** PUF, 1974.

TABLEAU 1.5: Qualité de la vie

	Qualité de l'air, 1976 (1)	Qualité du logement, 1974 (2)	Taux de criminalité, 1975-77 (3)
Toronto	0,90	6,8	12,9
Montréal	1,11	18,0	27,2
Vancouver	0,97	7,7	30,5
Ottawa	0,86	8,8	22,4
Winnipeg	1,14	15,9	23,3
Edmonton	1,96	7,8	32,6
Québec	1,21	9,4	23,6
Hamilton	1,44	7,9	24,7
Calgary	1,59	7,0	24,5
London	0,91	5,1	17,2
Halifax	0,49	11,2	29,9
Windsor	1,09	9,8	20,1
Victoria	0,66	5,1	24,9
Sudbury	0,66	12,8	16,2
Régina	0,81	14,2	36,0
St-Jean (T.-N.)	0,71	9,4	22,0
Saskatoon	1,30	14,1	19,8
St-Jean (N.-B.)	0,79	20,5	19,1
Sherbrooke	0,77	N.D.	24,1
Trois-Rivières	1,03	N.D.	17,8

(1) Particules, moyenne géométrique annuelle en microgrammes par mètre cube, divisé par 70 microgrammes par mètre cube. Le nombre supérieur à 1.0 indique un niveau au-delà du maximum acceptable.

(2) Pourcentage de logements classés "passables" ou "médiocres".

(3) Crimes graves contre la propriété pour 1 000 habitants.

Source: Statistique Canada. ***Perspective III.*** 1980.

1.4.1 Définition

Un système urbain est un ensemble de villes qui sont étroitement interreliées sur les plans social et économique et qui forment une entité spatio-économique distincte. Un système urbain (hiérarchie urbaine) est composé d'une ville primatiale, la plus importante en taille démographique, et d'une série de villes de taille démographique moins importante. Habituellement, les villes membres d'un système urbain sont classées selon leur rang (population).

La caractéristique principale du système urbain consiste en la hiérarchisation des activités économiques. En d'autres termes, la localisation des activités économiques, et surtout des activités tertiaires, est déterminée par le rang qu'occupe la ville et par l'aire d'influence de celle-ci. Les commerces de détail et une bonne partie des services qui sont destinés au marché local sont localisés à travers le système urbain. Par contre, certaines activités telles que les finances, la communication, les immeubles, le transport, les recherches et d'autres activités dites "quaternaires" se retrouvent dans les grandes villes à cause de l'économie d'échelle rendue possible par l'étendue de l'aire d'influence de ces villes. Plus les villes sont grandes, plus nombreuses et plus spécialisées sont les activités tertiaires qui s'y trouvent. Par contre, plus les villes sont petites, moins nombreuses et moins spécialisées sont les activités qui s'y trouvent, si bien que pour chaque groupe d'activités, il y a un seuil critique du poids démographique. Au tableau 1.6, on peut lire la variation du nombre d'épiceries, de grands magasins, de pharmacies et de cinémas selon l'importance démographique des villes canadiennes. On peut y constater

TABLEAU 1.6: Magasins de détail à succursales et cinémas

Centres urbains	Épiceries 1977	Grands magasins 1979	Pharmacies 1977	Cinémas 1976	
				Nombre	Places
Toronto	566	72	111	55	49 497
Montréal	377	72	30	81	69 291
Vancouver	160	34	51	31	21 269
Ottawa	101	29	17	11	9 163
Winnipeg	144	23	19	16	12 115
Edmonton	92	21	29	20	17 286
Québec	45	19	--	13	11 578
Hamilton	130	20	25	14	10 826
Calgary	110	19	12	17	15 125
Kitchener	84	15	10	--	--
London	68	12	24	8	6 277
Halifax	67	10	20	--	--
Windsor	42	9	23	7	6 305
Victoria	19	7	13	9	4 803
Sudbury	24	6	6	--	--
Régina	28	5	15	5	--
St-Jean (T.-N.)	11	7	8	--	--
Oshawa	35	5	12	5	3 881
Saskatoon	25	6	10	--	--
St-Jean (N.-B.)	13	5	1	--	--
Sherbrooke	8	5	--	6	5 155
Trois-Rivières	8	4	1	6	4 387
Kingston	21	4	4	--	--

Source: Statistique Canada. ***Perspective III.*** 1980, chapitre 11.

qu'en général, le nombre d'établissements de commerce et de service augmente avec le poids démographique des villes. D'après la théorie du seuil critique, pour qu'une activité économique se retrouve dans une ville, il faut que la population de cette dernière dépasse un certain seuil minimum. Il n'est pas difficile de constater qu'il y aura peu d'opérateurs d'ordinateur dans une ville de 5 000 habitants.

1.4.2 Structure du système urbain

La tendance des villes à se hiérarchiser, au sein d'un système urbain, a amené quelques formalisations théoriques de la structure de ce même système. Les deux approches les plus populaires sont la loi de rang-dimension et le modèle Beckman qui s'inspire de la théorie de place centrale[(6)].

La loi de rang-dimension peut se définir comme suit:

$$G(x) = Ax^{-\alpha} \qquad (1\text{-}1)$$

où G(x): rang de la ville

x: population de la ville donnée

α: constante

A: constante qui représente la population de la ville primatiale

L'équation (1.1) peut s'écrire:

$$A = x.^{\alpha}\, G(x) \qquad (1\text{-}2)$$

L'équation signifie que le produit de la population de la ville primatiale multiplié par le rang est une constante. L'équation (1-1) peut s'écrire également:

$$x^{\alpha} = A \,/\, G(x) \qquad (1\text{-}3)$$

Supposons que α est de 1.0. Si le rang est de 2.0, la population des villes de rang 2.0 serait la moitié de celle de la ville primatiale. Si le rang est de 3.0, la population de la ville qui occupe ce rang serait du tiers de celle de la ville primatiale et ainsi de suite. Autrement dit, si la loi rang-dimension est fondée,on peut facilement déterminer la population d'une ville en fonction de son rang et de la population de la ville primatiale. Cependant, la validité de cette loi dépend de la valeur numérique de α. D'après une estimation[(7)], la valeur de α aux États-Unis est de 0.9573, soit tout près de 1.0. Cette estimation est basée sur les données américaines.

---

(6) Voir SEGAL, D. ***Urban Economics.*** Richard D. Irwin Inc, 1977, chap. 3.

(7) MILLS, E.-S. ***Urban Economics.*** London: Scott, Foresman and Co., 1972.

L'écart entre α et 1.0 indique également la structure du système urbain. Dans la mesure où α dépasse 1.0, le système urbain est dominé par les grosses villes. Par contre, plus le paramètre α est inférieur à 1.0, plus les villes de taille intermédiaire dominent. Si α tend vers l'infini, le système urbain ne compte qu'une seule ville. Si α égale zéro, toutes les villes sont de même taille. D'ailleurs, il est intéressant de noter qu'en Europe, la valeur α dépasse largement 1.0: 1.41 en Italie et 1.13 en Allemagne de l'Ouest, alors qu'au Canada elle est de 0.98.

La loi de rang-dimension est une façon sommaire et élégante de décrire la structure du système urbain. Cependant, le modèle est limité dans son utilité, car la valeur de α peut varier selon la définition du système urbain et le nombre de villes comprises dans la définition. De plus, le modèle étant plutôt mécanique, il ne permet pas d'examiner la dynamique des relations intervilles.

Le modèle de Beckman[(8)] s'inspire des ouvrages de Christaller et de Zipf, et est basé sur un certain nombre d'hypothèses. Il y est supposé que le rôle de la ville de rang supérieur est de desservir le marché régional ou sous-régional. On y suppose également que la structure du système urbain est déterminée essentiellement par le réseau de distribution des commerces et des services, et enfin que chaque ville de rang supérieur domine le même nombre de villes de rang immédiatement inférieur.

Le modèle de Beckman comprend deux parties. La première dérive la population de la plus petite ville de la population rurale.

$$(POP)_1 = r + P_1 \tag{1-4}$$

où $(POP)_1$: population totale de la région dominée par la ville la plus petite dans le système urbain

r: population rurale de la région

P_1: population de la plus petite ville

On suppose que la population de la plus petite ville est une fraction (K) donnée de la population régionale, soit:

$$P_1 = K(POP)_1 \tag{1-5}$$

En substituant, pour $(POP)_1$, l'équation (1-4) dans l'équation (1-5), on obtient:

---

(8) BECKMAN, M.-J. "City Hierarchies and the Distribution of City Size". ***Economic Development and Cultural Change.*** 1958, vol. 6, pp. 243-248; McPHERSON, J. "City Size Distribution in a Central Place Hierarchy: an Alternative Approach". ***Journal of Regional Science.*** 1970, vol. 10, pp. 25-33.

$$P_1 = K(r + P_1)$$
$$P_1 = Kr + KP_1$$
$$P_1 (1 - K) = Kr$$
$$P_1 = \frac{Kr}{1 - K} \qquad (1\text{-}6)$$

En intégrant l'équation (1-6) à l'équation (1-4), on obtient:

$$(POP)_1 = r + \frac{Kr}{1 - K} = \frac{r}{1 - K} \qquad (1\text{-}7)$$

Ainsi, si la population rurale (r) est de 500 et si K est de 0.50, la population de la plus petite ville serait de 1 000 habitants.

La deuxième partie du modèle dérive la population d'une ville d'un rang donné de celle de la ville du rang immédiatement inférieur.

$$(POP)_m = P_m + S(POP)_{m-1} \qquad (1\text{-}8)$$

où $(POP)_m$: population de la région dominée par la ville du rang m

P_m: population de la ville de rang m

$(POP)_{m-1}$: population de la région dominée par la ville de rang m−1

S: nombre de villes dominées

On suppose que:

$$P_m = K(POP)_m \qquad (1\text{-}9)$$

C'est-à-dire que la population de la ville de rang m est une fraction (K) de la population régionale qu'elle domine. La substitution du P_m de l'équation (1-9) dans l'équation (1-8) donne:

$$(POP)_m = K(POP)_m + S(POP)_{m-1}$$
$$(POP)_m = \frac{1}{1 - K} \left[S(POP)_{m-1}\right] \qquad (1\text{-}10)$$

Mais,

$$(POP)_{m-1} = \frac{1}{1 - K} \left[S(POP)_{m-2}\right] \qquad (1\text{-}11)$$

La substitution de l'équation (1-11) dans l'équation (1-10) donne:

$$(POP)_m = \left(\frac{S}{1 - K}\right)^2 (POP)_{m-2} \qquad (1\text{-}12)$$

Une série de substitutions successives amène à:

$$(POP)_m = \left(\frac{S}{1-K}\right)^{m-1} \cdot \frac{r}{1-K}$$
$$= \frac{S^{m-1} \, . \, r}{(1-K)^m} \qquad (1\text{-}13)$$

L'équation (1-13) signifie que la population régionale dominée par la ville de rang m peut être déterminée en fonction du nombre de villes satellites, de la population rurale et de la part de cette ville dans la population régionale. Supposons que:

$S = 7$
$r = 500$
$K = 0.50$
$m = 2$

$$(POP)_2 = \frac{(7)^1\,(500)}{(1-0.50)^2} = \frac{3\,500}{0.25} = 14\,000$$

Ceci est la population régionale dominée par la ville de rang 2, soit la ville qui se trouve juste au-dessus de la plus petite ville dans le système urbain. Il faut noter que dans le modèle, plus la ville est importante, plus le rang est grand. Si on suppose que le système a 5 rangs, on peut calculer la population de la ville primatiale.

Supposons maintenant que:

$S = 7$
$r = 500$
$K = 0.50$
$m = 5$

$$(POP)_5 = \frac{(7)^4\,(500)}{(0.50)^5} = \frac{1\,200\,500}{0.031} = 38\,416\,000$$

Dans ce cas, l'ensemble de la population du système urbain est de 38 416 000. Puisque:

$$P_m = K(POP)_m$$

on peut également déterminer facilement P_m à partir des mêmes paramètres.

$$P_m = (K) \frac{S^{m-1} . r}{(1 - K)^m} = \frac{Kr}{S} \left(\frac{S}{1 - K} \right)^m \qquad (1\text{-}14)$$

L'équation (1-13) donne pour P_5 une population de 19 208 000.

Le modèle de la structure du système urbain de type Beckman a été appliqué par plusieurs chercheurs. Par exemple, Löch a prouvé que la structure actuelle du système urbain de l'Iowa (États-Unis) correspondait bien à la structure théorique. Un groupe de chercheurs a mené une étude sur la structure du système urbain de la région du Midwest des États-Unis et a démontré que les commerces étaient hiérarchisés selon la structure théorique du système urbain[9].

Il semble se dégager de ces études que la distribution des villes selon la taille démographique et la structure hiérarchique des activités tertiaires n'est pas faite au hasard. Il y a un certain mécanisme qui l'explique; un plus grand nombre d'études semblent s'imposer si on veut le mieux comprendre. On peut se demander comment le système évolue dans le temps. Bien qu'il soit difficile de l'affirmer, faute d'études empiriques, le coût du transport et les économies d'agglomération pourraient jouer un rôle important dans l'évolution du système urbain. La diminution du coût du transport, rendue possible par l'évolution de la technologie du transport, signifie la substitution de ce service pour d'autres intrants de la production; les firmes peuvent donc se localiser dans des villes de taille moins importante. Ceci aurait pour effet de consolider et de favoriser la croissance des capitales sous-régionales. Ainsi, la diminution du coût du transport aurait pour effet d'accélérer la croissance des villes de taille moins importante. D'un autre côté, l'accroissement général du revenu et les économies d'agglomération peuvent favoriser les villes de taille plus importante. En premier lieu, la demande de biens et services produits dans les grosses villes (biens durables manufacturés et activités tertiaires quaternaires) tend à être plus élastique, par rapport au revenu, que la demande de biens et services produits par les villes moins importantes. Par conséquent, l'accroissement général du revenu favorise la croissance des grosses villes. De même, dans la mesure où les économies d'agglomération varient avec la taille démographique des villes, elles stimulent la croissance des grosses villes.

Le coût du transport d'une part, et le revenu et les économies de transport d'autre part, affectent l'évolution de la structure du système urbain en sens inverses: l'un favorise une déconcentration et les autres stimulent une concentration; l'un favorise la croissance des villes de taille

(9) Voir: SEGAL, D. ***Op. cit.***, chap. 3.

intermédiaire, les autres stimulent celle de la métropole nationale ou régionale. Comme l'indique le tableau 1.1, dans l'ensemble du Canada, le système urbain canadien a évolué en favorisant les villes de 500 000 habitants ou plus. Par exemple, la population des villes de la classe de 200 000 à 500 000 habitants n'a augmenté, dans la période de 1961-1971, que de 26,4%, contre 30,0% pour les villes de 500 000 habitants ou plus. L'impact de l'accroissement du revenu et l'effet des économies d'agglomération semblent avoir excédé l'effet de la diminution du coût du transport. Cependant, le Québec fait exception; la population des villes de 500 000 habitants ou plus n'a augmenté que de 23,8%, contre un accroissement de 26,8% pour les villes de 200 000 à 500 000 habitants. De plus, au Québec, les villes de 10 000 à 50 000 ainsi que les villes de 100 000 à 200 000 habitants ont démontré une croissance relativement forte. Effectivement, au Québec, il y a eu une tendance de déconcentration régionale de la croissance économique aux dépens de Montréal et en faveur des capitales régionales (Hull, Québec, Rimouski, Sept-Îles, Sherbrooke, Trois-Rivières, Chicoutimi—Jonquière).

Le phénomène de déconcentration régionale de la croissance économique au Québec nécessite une étude plus approfondie si l'on veut en comprendre les causes. S'expliquerait-il par le fait que les capitales régionales ont atteint un seuil critique suffisant pour générer leurs propres économies d'agglomération? Serait-il attribuable aux réseaux routiers et à la diminution du coût du transport? ou bien, aux politiques gouvernementales en matière de développement régional?

1.5 SYSTÈME URBAIN CANADIEN

L'étude de Michel Boisvert[10] est une des rares qui analyse les systèmes urbains à travers le Canada. La définition des systèmes urbains canadiens est basée sur les critères suivants.

En premier lieu, une ville primatiale doit avoir une population d'au moins 100 000 habitants. En deuxième lieu, la distance séparant deux villes primatiales de deux systèmes urbains différents doit être au plus 200 milles. En troisième lieu, si plusieurs villes de 100 000 habitants ou plus se trouvent à l'intérieur de la limite de 200 milles, la ville primatiale est celle qui a le poids démographique le plus grand. Par exemple, les villes (régions métropolitaines) de London et de Hamilton font partie du système urbain de Toronto même si elles ont une population dépassant 100 000 habitants. En quatrième lieu, les villes de moins de 100 000 habitants sont rattachées à une ville primatiale en fonction d'une force d'attraction

---

(10) BOISVERT, M. ***Op. cit.***

mesurée par la loi de la gravité. En cinquième lieu, si une ville se trouve dans les limites (200 milles) de deux villes primatiales, elle est rattachée à celle qui a la force d'attraction la plus forte.

Michel Boisvert a réussi à définir 13 systèmes urbains à travers le pays, composés de 178 villes de plus de 5 000 habitants et de 7 régions de ressources comprenant 26 villes de plus de 5 000 habitants. Les systèmes urbains et les régions de ressources ainsi que quelques caractéristiques sont présentés au tableau 1.7. L'auteur distingue trois types de régions: région de ressources, région de transformation et région de fabrication. La région de ressources est celle qui se consacre principalement à l'exploitation des matières premières. La région de transformation se spécialise dans les activités de transformation; une activité de transformation con-

TABLEAU 1.7: Systèmes urbains canadiens: population, chômage, revenu per capita

Systèmes urbains	Population 1976	Taux de croissance de la population 1961-71 (%)	1971-76 (%)	Taux de chômage juin 1971 (%)	Revenu 1970 ($)
Rég. de ressources					
Labrador	111 211	2,6	1,8	n.d.	1 236
Nord de la C.-B.	129 603	3,5	1,0	9,2	2 766
Grand-nord	139 269	3,4	2,0	10,5	2 129
Nord-Ouest qué.	141 100	-0,8	-0,2	13,7	2 007
Gaspésie	167 214	0,8	0,6	18,8	1 487
Régina-Saskatoon	897 484	0,0	-0,2	7,1	2 091
Calgary-Edmonton	1 838 037	2,0	2,5	7,2	2 590
Moyenne pondérée				11,1	2 043
Rég. de transformation					
Sud-Est de la C.-B.	162 587	1,8	2,1	8,6	2 631
Centre de la C.-B.	257 343	4,5	4,0	9,4	2 303
Chicoutimi	423 691	1,2	1,1	12,2	2 000
St-Jean (T.-N.)	444 682	1,1	1,1	11,4	1 651
Sudbury	383 746	0,9	0,0	8,2	3 078
St-Jean (N.-B.)	677 250	0,6	1,3	8,3	1 960
Halifax	946 800	0,7	1,0	8,9	2 133
Ottawa	1 014 220	1,9	1,8	7,8	3 001
Québec	1 136 125	0,9	0,7	10,6	2 159
Winnipeg	1 182 070	0,3	0,7	6,9	2 519
Vancouver	1 938 811	2,9	2,4	9,2	3 030
Moyenne pondérée				9,2	2 406
Rég. de fabrication					
Montréal	4 232 313	1,7	0,6	11,2	2 686
Toronto	6 509 634	2,4	1,4	7,1	3 189
Moyenne pondérée				9,2	2 937

Source: BOISVERT, M. ***Op. cit.*** Divers tableaux.

siste à transformer les matières premières et à produire surtout des biens intermédiaires. La région de fabrication, quant à elle, se spécialise dans les activités de fabrication; une activité de fabrication consiste à intégrer divers intrants et à produire des biens finis. Ces distributions sont relatives et excluent les activités tertiaires.

Les industries de transformation comprennent: aliments et boissons, tabac, caoutchouc et produits plastiques, cuir, textile, bois, papier et produits connexes, première transformation des métaux, produits minéraux non métalliques et produits du pétrole et du charbon. Les industries de fabrication comprennent: bonneterie, habillement, meubles et articles d'ameublement, imprimerie, édition et articles connexes, fabrication de produits métalliques, machinerie, équipement de transport, produits électriques, produits chimiques, divers produits manufacturés.

1.5.1 Population

Comme l'indique le tableau 1.7, la taille démographique des systèmes urbains dans les régions de ressources est relativement petite; elle varie entre 111 211 (Labrador) et 167 214 (Gaspésie), exception faite des systèmes des régions des Prairies (Régina, Saskatoon, Calgary et Edmonton). La taille démographique des systèmes urbains des régions de transformation est beaucoup plus considérable si on exclut les systèmes du Sud-est et du centre de la Colombie-Britannique. En effet, la population varie de 423 691 (Chicoutimi) à presque 2 000 000 (Vancouver). Quant aux systèmes urbains qui se trouvent dans les régions de fabrication, il n'y en a que deux: Montréal avec 4 232 000 habitants et Toronto avec 6 500 000 habitants. Il est quelque peu étonnant de voir que les systèmes urbains des Prairies sont classés comme appartenant aux régions de ressources et de constater que les systèmes urbains du Sud-est et du centre de la Colombie-Britannique sont classés comme régions de transformation. Cependant, il convient de noter que ces distinctions ne sont pas faites arbitrairement; au contraire, elles sont faites à l'aide de techniques statistiques sophistiquées.

Il y a donc sept systèmes urbains appartenant aux régions de ressources, onze systèmes appartenant aux régions de transformation et deux systèmes relativement spécialisés dans les activités de fabrication. Si la taille démographique absolue des systèmes urbains augmente à mesure que la spécialisation de ces derniers passe de l'exploitation des matières premières à la fabrication des produits, le taux d'accroissement de la population n'indique pas une tendance bien définie, sauf que plusieurs systèmes des régions de ressources continuent à décliner depuis 1961.

1.5.2 Chômage et revenu

En moyenne, le taux de chômage est plus élevé dans les régions de ressources que dans celles de transformation et de fabrication. En effet, en 1971, le taux moyen de chômage (non pondéré) était de 11,1% dans les régions de ressources contre 9,2% pour les deux autres types de régions. Le taux était élevé surtout dans les systèmes de la Gaspésie et du Nord-ouest québécois. Parmi les systèmes urbains des régions de transformation qui avaient un taux très élevé, notons les systèmes de Chicoutimi (22,0%), St-Jean - T.-N. (11,4%) et Québec (10,6%).

Toujours d'après le tableau 1.7, le revenu per capita est plus élevé dans les systèmes urbains de fabrication ($4 453 en 1974) suivi de ceux de transformation ($3 776) et de ceux de ressources ($3 299). Relativement à ces derniers par contre, il semble y avoir un certain rattrapage. En effet, le revenu per capita moyen dans les régions de ressources a augmenté de 63,7% contre un accroissement de 58,8% dans les régions de transformation et de 51,3% dans les régions de fabrication.

1.5.3 Les caractéristiques spatiales du système urbain et la croissance économique

A priori, plus le système urbain est équilibré dans sa structure, plus les villes membres du système sont intégrées et interreliées, plus la ville primatiale joue le rôle de catalyseur de la croissance économique, plus facile est la participation des villes membres dans la croissance et moins grande est la variation intrasystème de la croissance. Au tableau 1.8, on lit quelques caractéristiques spatiales des systèmes urbains canadiens. Dans l'ensemble, au fur et à mesure que la principale activité manufacturière atteint un niveau élevé de transformation, le nombre de villes membres augmente, l'importance de la ville primatiale devient plus grande, le taux d'urbanisation s'intensifie et la densité démographique augmente. Ceci peut vouloir dire qu'au fur et à mesure que la spécialisation industrielle du système urbain passe de l'exploitation des matières premières à la fabrication des biens finis, la probabilité d'avoir une armature urbaine mieux équilibrée et plus intégrée augmente.

De plus, dans la mesure où le système urbain est plus intégré, les probabilités que toutes les villes membres bénéficient de la croissance (ou de la stagnation) augmentent, et par conséquent les variations intrasystèmes de la croissance diminuent. En effet, le tableau 1.8 démontre que la variation intrasystème du taux de croissance démographique représentée par le coefficient[11] de variation est de 2,41 pour les régions de

(11) L'écart type divisé par la moyenne.

ressources, de 1,23 pour les régions de transformation et de 1,04 pour les régions de fabrication. De même, le coefficient de variation pour le taux de chômage est de 0,36 pour les régions de ressources, de 0,23 pour les régions de transformation et de 0,18 pour les régions de fabrication.

Ces chiffres semblent indiquer que la structure de l'armature du système urbain, le rôle de la ville primatiale et l'intégration spatiale du système affectent la répartition intrasystème de la croissance économique. Au fait, ceci n'est guère étonnant. Dans les régions de ressources, comme l'indique Michel Boisvert, la principale activité est l'exploitation

TABLEAU 1.8: Systèmes urbains canadiens: coefficients de variation de l'accroissement de la population et du taux de chômage et caractéristiques spatiales

Systèmes urbains	Coefficient de variation		Caractéristiques spatiales				
	Accroissement de la population 1961-1971	Taux de chômage juin 1971	Densité (m^2)	Taux d'urbanisation (%)	Nombre de villes	Concentration primatiale (%) 1971	Concentration primatiale (%) 1976
Rég. de ressources							
Labrador	1,64	n.d.	.91	1,5	1	7,5	10,7
Nord de la C.-B.	0,74	,23	.34	38,2	4	12,8	11,0
Grand-nord	1,54	,99	.08	32,2	4	15,1	12,3
Nord-Ouest québ.	4,46	,24	1.89	44,4	5	20,0	19,2
Gaspésie	6,00	,35	14.92	23,3	4	10,0	10,0
Régina-Saskatoon	0,83	,15	7.60	43,2	11	15,6	16,6
Calgary-Edmonton	1,69	,19	6.61	64,0	11	30,5	29,6
Moyenne	2,41	,36					
Rég. de transformation							
Sud-Est de la C.-B.	2,21	,05	4.23	27,4	4	8,2	8,2
Centre de la C.-B.	0,59	,01	2.17	26,2	2	23,2	22,7
Chicoutimi	1,10	,25	.96	57,8	7	33,3	31,7
St-Jean (T.-N.)	2,51	,66	13.30	47,4	7	31,4	31,0
Sudbury	0,98	,27	5.24	64,7	10	26,7	26,2
St-Jean (N.-B.)	1,11	,13	22.96	45,3	9	16,8	16,2
Halifax	1,38	,30	39.87	50,1	13	24,7	24,5
Ottawa	1,29	,36	45.55	74,4	11	64,8	64,1
Québec	1,18	,17	50.57	58,1	12	43,8	45,0
Winnipeg	0,60	,19	4.55	65,4	10	47,3	48,3
Vancouver	0,60	,16	37.46	87,2	11	62,9	58,5
Moyenne	1,23	,23					
Rég. de fabrication							
Montréal	1,34	,20	117.50	84,3	26	66,8	65,2
Toronto	0,74	,15	186.97	84,2	42	43,3	42,3
Moyenne	1,04	,18					

Source: BOISVERT, M. ***Op. cit.*** Divers tableaux.

des matières premières et les villes se développent près des sites de ces mêmes matières sans grand rapport entre elles. De plus, la plupart des matières premières exploitées étant exportées, le taux de croissance des villes dépend avant tout des fluctuations de la demande externe et, par conséquent, la performance de l'économie locale peut varier considérablement d'une ville à l'autre.

La localisation des activités de transformation est motivée par une multitude de variables selon le type d'activité. La localisation de certaines est motivée par l'abondance de main-d'oeuvre à bon marché (textile, cuir), celle de certaines autres s'explique par le souci d'assurer l'économie d'échelle (raffinerie). La localisation des unes est attribuable à la proximité de producteurs de biens finis et celle des autres est motivée par l'accès aux nouvelles technologies et aux économies d'agglomération. La localisation des activités de fabrication est motivée surtout par les économies d'agglomération, et par conséquent elles se localisent dans les régions les plus urbanisées où se trouvent les grandes villes. Ce n'est pas par hasard que les systèmes urbains de Montréal et de Toronto constituent les régions de fabrication.

Les études quantitatives de l'impact de l'armature urbaine sur la croissance des villes sont peu nombreuses et se trouvent encore au stade expérimental. Ceci s'explique, entre autres, par l'absence de théories économiques de croissance des villes. Michel Boisvert a tenté, à l'aide du modèle Logit, d'expliquer le taux de croissance de la population des villes. Comme variables explicatives, l'auteur a choisi l'indice d'intégration spatiale des villes et l'indice d'intégration industrielle du système urbain. Le premier se définit comme suit:

$$S^J = \frac{1}{100} \cdot \frac{1}{P} \cdot \sum_{K=1}^{K} \sum_{\ell=1}^{n_K} \frac{(P_{K\ell})(P_J)}{D_{\ell_J}} \qquad (1\text{-}16)$$

où S^J : indice d'intégration spatiale du système urbain J
P : population du système urbain
$P_{K\ell}$: population de la ville "ℓ" de niveau "K" dans la hiérarchie urbaine; il faut noter que $P_{K\ell}$ est la population de la ville primatiale
n_K : nombre de villes du niveau (rang) (K)
P_J : population de la ville "J" du niveau supérieur et la plus rapprochée géographiquement de la ville "Kℓ"
D_{ℓ_J} : distance routière en milles entre la ville "J" et la ville "ℓ"

Cette variable indique le degré d'intégration des villes de rang inférieur aux villes de rang supérieur normalisé par la population totale du système urbain.

L'indice de l'intégration industrielle se définit:

$$I_j^J = 1 - \frac{1}{2} \sum_{i=1}^{N} (X_i - X_{j-1}) (Y_i + Y_{i-1}) \qquad (1\text{-}17)$$

où I_j^J : indice de l'intégration industrielle pour l'industrie "J" dans le système urbain donné

X_i : pourcentage cumulé de la main-d'oeuvre de l'industrie "i" en commençant par la ville qui y consacre la plus grande part

Y_i : pourcentage cumulé de la main-d'oeuvre totale suivant l'ordre imposé par l'évolution de X_i

Cet indice détermine tout simplement le degré d'uniformité de la répartition spatiale de l'industrie à l'intérieur du système urbain.

Dans le modèle de Michel Boisvert, la variable dépendante est la proportion des villes qui ont connu un taux d'accroissement supérieur à la moyenne du système urbain. Le résultat(12) du modèle suggère deux tendances: plus l'intégration spatiale est forte, plus la probabilité de croissance rapide est grande, d'une part; plus les industries sont dispersées à l'intérieur du système urbain, plus la probabilité de croissance rapide est grande, d'autre part. Quoique intéressants, il est difficile de généraliser ces résultats. Cependant, ils indiquent que non seulement les caractéristiques industrielles, mais aussi certains aspects spatiaux du système urbain peuvent affecter la croissance des villes.

1.6 SYSTÈME URBAIN DU QUÉBEC ET CROISSANCE DES VILLES

Nous avons effectué une étude sur 9 systèmes urbains du Québec, à l'aide des analyses de régression. Les phénomènes étudiés sont l'accroissement de la population (1961-1971) et celui de la main-d'oeuvre des trois secteurs de l'économie (1961-1971).

Nous avons défini une série de caractéristiques spatio-industrielles des villes et des systèmes urbains qui constituent les variables explicatives de notre analyse de régression.

A. Caractéristiques spatiales

- Taux d'urbanisation (en 1961) du système urbain "S" (TU_S)

---

(12) BOISVERT, M. ***Op. cit.,*** p. 85.

- Intensité d'interactions socio-économiques du système "S" (1961) (INT_S)
- Degré de concentration de la population au système dans les villes primatiales (CPR_S)
- Répartition de rang-dimension (armature) urbaine (DSP_S)
- Distance entre la ville donnée "i" et la ville primatiale (D_{Ki})

B. *Caractéristiques économiques*

- Spécialisation économique du système "S" par rapport au Québec (SES_{SQ})

- Spécialisation économique de la ville "i" par rapport au Québec (SEV_{iQ})

C. *Rang de la ville*

Le rang d'une ville est défini comme suit:

Population de la ville	Rang
1 000 000 ou plus	1
450 000 - 1 000 000	2
90 000 - 450 000	3
30 000 - 90 000	4
21 000 - 30 000	5
8 000 - 21 000	6
4 500 - 8 000	7
4 500 ou moins	8

Les caractéristiques spatiales et économiques sont définies de la manière suivante:

TU_S = population du système urbain "S" divisée par celle de la région administrative dont fait partie le système urbain. Il faut noter que la population du système comprend les populations des villes de 4 500 habitants ou plus. En 1961, il y avait 69 villes de 4 500 habitants ou plus.

$$INT_S = \sum_{i}^{N-1} \left(\frac{P_K P_i}{D_{K_i}}\right)_S$$

où

P_K: population de la ville primatiale du système "S"
P_i : population de la ville "i" qui fait partie du système "S"

D_{K_i}: distance routière entre la ville primatiale et la ville "i" du système "S"
N: nombre total de villes du système "S"

CPR_S = population de la ville primatiale du système "S" divisée par la population totale du système "S"

DSP_S = $1 - (X_i - X_{i-1})\ (Y_i + Y_{i-1})$

X_i : le pourcentage cumulé de la population du système "S" en commençant par la ville primatiale

Y_i : le pourcentage cumulé du nombre de villes suivant l'ordre imposé par l'évolution de X_i

$$SES_{SQ} = \frac{1}{100} \sum_{j}^{M} \left[\frac{\ell_{sj} - E_{Qj}}{2} \right] \qquad M = 1, 2, 3$$

où

ℓ_{sj} : pourcentage d'emploi du secteur "j" du système "S"

E_{Qj}: pourcentage d'emploi "j" du Québec

$$SES_{iS} = \frac{1}{100} \sum_{j}^{M} \left[\frac{\ell_{Vj} - E_{sj}}{2} \right]$$

où

ℓ_{Vj}: pourcentage d'emploi du secteur "j" dans la ville "v"

E_{sj} : pourcentage d'emploi du secteur "j" dans le système "S"

En ce qui concerne la croissance de la main-d'oeuvre des trois secteurs de l'économie, nous avons ajouté une autre variable explicative, soit le quotient de localisation, qui indique le niveau de spécialisation des villes dans chacun des secteurs:

$$QL_{vi} = \frac{\ell_{vi}}{E_{Qi}}$$

où

QL_{vi}: quotient de localisation pour le secteur "i" dans la ville "v"

ℓ_{vi} : pourcentage de main-d'oeuvre du secteur "i" dans la ville "v"

E_{Qi} : pourcentage de main-d'oeuvre du secteur "i" au niveau du Québec

Plus le quotient de localisation est élevé, plus spécialisée est la ville donnée dans le secteur étudié.

Le tableau 1.9 résume l'analyse de l'accroissement de la population. L'ensemble de 8 variables indépendantes expliquent 92% de la variation de la croissance de la population des villes. Les caractéristiques spatiales qui semblent affecter la croissance démographique sont le taux d'urbanisation, l'intensité d'interaction interville, le degré de concentration de la population de la ville primatiale et la répartition de rang-dimension des villes. L'accroissement de la population des villes varie inversement au taux d'urbanisation et au degré de concentration de la population dans la ville primatiale. Il s'avère donc que les régions moins urbanisées ont rattrapé les régions plus urbanisées sur le plan de l'accroissement de la population au cours de la période 1961-1971. Toutes choses étant égales par ailleurs, dans les systèmes où la population est trop concentrée dans la ville primatiale, les villes membres semblent avoir connu un taux de

TABLEAU 1.9: Analyse de régression, variation de la population

Variables indépendantes	Variables dépendantes: population	
	B*	t*
A) Caractéristiques spatiales		
A1. Taux d'urbanisation (TU_S)	- 178 799.2	- 1.76**
A2. Intensité d'interaction (INT_S)	17.0	2.21*
A3. Degré de concentration (CPR_S)	- 82 383.1	- 2.22*
A4. Répartition de rang-dimension (DSP_S)	94 725.6	1.71**
A5. Distance à l'agglo. primatiale (D_{K_i})	- 69.6	- 0.60
B) Caractéristiques économiques		
B1. Spécialisation sectorielle du système par rapport au Québec (SES_{SQ})	- 28 728.3	- 2.68*
B2. Spécialisation de l'agglomération par rapport au Québec (SES_{VS})	76 534.9	1.19
C) Rang démographique		
X	- 305 067.9	- 14.98*
X^2	30 536.5	13.08*
D) Constante	838 946.9	12.59
E) Coefficient de détermination ($\bar{R}^2$)	-	0.92
F) Statistique Fisher (F)	-	35.2

B: coefficient de régression
t : valeur Student

croissance de la population moins rapide. Ceci peut s'expliquer par la trop grande force d'attraction de la ville primatiale, qui aurait pu empêcher une distribution plus uniforme de la croissance de la population.

Par contre, l'intensité d'interactions socio-économiques intervilles et une distribution plus uniforme de la population intrasystèmes semblent favoriser la croissance des villes. Plus la configuration spatiale du système est compacte et les interactions intervilles intenses, plus le taux de croissance des villes membres est grand. En ce qui concerne la variable de la répartition de rang-dimension, il faut noter que plus la valeur numérique de OSP_S est grande, plus nombreuses sont les villes de taille relativement importante, et inversement. Par conséquent, le fait qu'il y ait une relation positive entre la croissance de la population des villes et la variable DSP_S signifie que les villes qui font partie d'un système urbain mieux structuré ont une meilleure chance de connaître une expansion démographique plus rapide.

La seule caractéristique économique qui affecte d'une façon significative la croissance des villes est l'indice de spécialisation économique; que la croissance des villes soit inversement reliée à cet indice signifie que plus l'économie locale est diversifiée, plus le taux de croissance des villes est grand. Le rang démographique est une variable qui représente les économies d'agglomération. Il est intéressant de noter que l'impact de ces économies d'agglomération augmente à mesure que la taille des villes augmente d'une manière quadratique. Autrement dit, l'impact des économies d'agglomération augmente à un rythme accéléré à mesure que la taille des villes augmente.

Au tableau 1.10, on peut voir les résumés de l'analyse de la croissance de la main-d'oeuvre. Comme on pouvait s'y attendre, la croissance de la main-d'oeuvre du secteur primaire n'est pas très liée aux caractéristiques spatiales du système urbain, sauf pour l'armature urbaine. L'armature urbaine semble nuire à l'expansion du secteur primaire. Plus l'armature urbaine est forte, c'est-à-dire que plus les villes de taille relativement importante sont nombreuses, moins le taux de croissance du secteur primaire est fort. Autrement dit, les activités primaires sont concentrées loin des régions très urbanisées, ce qui n'est guère étonnant. Le quotient de localisation a un impact négatif sur la croissance du secteur primaire. Ceci peut s'expliquer par le caractère instable de la spécialisation en primaire. D'après le résultat, une ville qui était spécialisée en primaire, en 1961, aurait perdu quelque peu ses avantages au cours de la période 1961-1971. Enfin, l'impact des économies d'agglomération sur la croissance du secteur privé est négatif, ce qui confirme encore une fois la tendance du secteur à se localiser loin des grands centres urbains.

TABLEAU 1.10: Analyse de régression, variation de la population active

Variables indépendantes	Population active							
	Total		Primaire		Secondaire		Tertiaire	
	B	t	B	t	B	t	B	t
A) Caractéristiques spatiales								
Taux d'urbanisation (TU_S)	- 99 611.9	- 1.67	1 148.6	1.01	- 245.5	-0.07	- 95 138.6	- 1.71
Intensité d'interaction (INT_S)	10.0	2.21*	- 0.02	-0.19	0.4	1.54	7.15	2.17*
Degré de concentration (CPR_S)	60 936.6	- 2.79*	271.1	0.63	2 706.3	1.99*	- 36 064.5	- 2.12*
Répart. de rang-dimension (DSP_S)	62 311.7	1.91*	-1 315.4	-2.10*	- 1 850.2	-1.08	53 970.7	2.06*
Distance (D_{Ki})	43.3	- 0.63	- 0.8	-0.65	4.46	1.37	- 39.7	- 0.83
B) Caractéristiques économiques								
Spéc. du système p/r au Québec (SES_{SQ})	-164 094.1	- 2.61*	1 056.2	-0.86	- 1 346.1	-0.67	7 210.0	0.24
Spéc. de l'agglo. p/r au Québec (SES_{VS})	- 28 779.2	0.76	113.1	0.10	5 285.7	1.39	-107 614.0	- 2.49*
Quotient de localisation sectoriel de l'agg. p/r au Québec (QL_i)	-	-	- 48.8	-2.18*	- 85.3	-0.13	- 13 545.8	- 0.77
C) Rang démographique								
X	-136 177.7	-11.36*	438.0	1.92*	- 9 936.0	-4.70*	- 90 292.1	-10.99*
X^2	13 806.7	10.05*	- 24.4	-0.93	2 192.9	3.56*	9 117.3	9.67*
X^3	-	-	-	-	- 156.6	-2.94*	-	-
D) Constante	386 817.6	9.84	-1 476.7	-1.94	13 498.7	6.29	279 609.2	7.08
E) Coefficient de dét. ($\bar{R}^2$)	-	0.86	-	0.62	-	0.80	-	0.86
F) Statistique F	-	19.54	-	4.50	-	9.62	-	16.47

B: coefficient de régression
t : valeur Student
* : significatif à 5%.

L'impact des caractéristiques spatiales du système urbain sur la croissance des activités secondaires semble plus considérable par rapport au secteur primaire. En effet, le degré de concentration de la population dans la ville primatiale semble affecter directement la croissance du secteur secondaire. Là où la ville primatiale domine, la probabilité de croissance du secteur secondaire semble grande. Aucune des caractéristiques économiques n'affectent la croissance du secteur. L'impact des économies d'agglomération est très significatif et il prend une forme non linéaire. Il augmente rapidement à mesure que la taille des villes augmente de 10 000 à 1 000 000 ou plus. Dans l'ensemble, la croissance du secteur secondaire paraît mieux assurée dans les systèmes urbains où la ville primatiale domine et dépend d'une manière significative des économies d'agglomération.

L'impact des caractéristiques spatiales est particulièrement évident surtout quand il s'agit du secteur tertiaire. Toutes les variables, à l'exception de la distance entre la ville donnée et la ville primatiale sont significatives. Le taux d'urbanisation et le degré de concentration de la population dans la ville primatiale ont un effet négatif sur la croissance des tertiaires. Ceci peut s'expliquer par la déconcentration inter et intrasystème de ces activités. L'intensité d'interaction et la répartition de rang-dimension ont un effet positif sur l'expansion du secteur tertiaire. Autrement dit, plus les interactions socio-économiques intervilles sont intenses, plus l'armature urbaine est dominée par l'importance des villes de taille intermédiaire, et plus la croissance du secteur secondaire est rapide. La tendance de déconcentration des activités tertiaires est confirmée par le fait que la spécialisation de la ville en tertiaire, en 1961, par rapport au Québec, a un effet négatif sur la croissance. L'impact des économies d'agglomération est particulièrement fort d'après la valeur "F".

En résumé, il faut noter qu'une ville est une entité économique fort complexe et que ses limites territoriales sont déterminées par celles du marché du travail urbain. La performance économique d'une ville dépend non seulement de sa propre vie économique, mais aussi de sa place et de son rôle au sein du système urbain. Par conséquent, le mécanisme de croissance de la ville ne peut être compris que lorsqu'on le traite comme une partie du système urbain. Ceci s'explique par l'importance des relations socio-économiques entre les villes. Cependant, la croissance des villes dans les régions de ressources, où les interrelations entre les villes ne sont pas considérables, est affectée surtout par la demande externe. Quoique préliminaires, deux études canadiennes démontrent que certaines caractéristiques spatiales et industrielles du système urbain et des villes peuvent avoir des impacts significatifs sur la croissance des villes.

LECTURES SUGGÉRÉES

BECKMAN, M.-J. "City Hierarchies and the Distribution of City Size". ***Economic Development and Cultural Change.*** 1958, vol. 6, pp. 243-248.

BERRY, B. et GARRISON, W. "Alternative Explanation of Urban Rank - Size Relationship". ***Annals of Association of American Geographers.*** 1958, vol. 4, pp. 83-91.

LÖCH, A. ***The Economics of Location.*** New Haven, Conn.: Yale University Press, 1954.

MILLS, E.-S. ***Urban Economics.*** London: Scott Foresman and Co., 1972, chap. 6.

RICHARDSON, H.-W. ***The Economics of Urban Size.*** Saxon House: Lexington Books, 1973.

SEGAL, D. "Are there Return to Scale in City Size?". ***Review of Economics and Statistics.*** Août 1976, vol. 58.

CHAPITRE 2

THÉORIES DE LA CROISSANCE URBAINE

La croissance économique des villes est sans doute un des phénomènes économiques les moins connus et les moins exploités dans la littérature économique. Ceci tient en partie à la difficulté d'obtenir des données statistiques pertinentes au niveau local, et en partie également au fait qu'il n'y a pas de théorie générale de croissance urbaine, ce qui rend difficile une formalisation rigoureuse. Cet état de choses est déplorable et a pour conséquence de laisser aux géographes, urbanistes et autres spécialistes le soin d'expliquer le phénomène et de minimiser la contribution des économistes à la compréhension et à la solution des problèmes de croissance urbaine.

Le but de ce chapitre est, d'une part, d'examiner une série de théories partielles qui ne sont pas nécessairement toutes des théories économiques et, d'autre part, de voir le moyen d'arriver à une théorie plus générale de la croissance des villes.

On peut regrouper les théories partielles selon les causes et les mécanismes de croissance urbaine (identifiés et expliqués par chacune d'elles).

A. ***Théories qui expliquent la croissance urbaine en termes de la demande externe***

- théories de base économique
- théories keynésiennes

B. ***Théories qui attribuent la croissance à l'économie d'échelle et à la productivité***

- théories néo-classiques

C. ***Théories qui associent la croissance au pôle de développe-***

ment sectoriel et à la structure industrielle de l'économie locale

- théories de pôle de développement sectoriel

D. ***Théories qui mettent l'accent sur la taille et les caractéristiques socio-économiques comme source de la croissance***

- théories de place centrale
- théories des économies d'agglomération
- théories sociologiques

E. ***Théories qui s'intéressent aux rapports socio-économiques intervilles comme facteurs déterminants de la croissance***

- théories de flux migratoires des facteurs de production
- théories de pôle de croissance spatial
- théories de la diffusion des innovations

Ce chapitre comporte plusieurs sections; les sections 2.1 à 2.5 s'intéressent à l'examen des différentes théories partielles, tandis que la section 2.6 porte sur une synthèse de ces théories. La section 2.7 examine les implications des théories de croissance urbaine sur la politique en matière de croissance urbaine et régionale.

2.1 DEMANDE EXTERNE

Deux théories expliquent la croissance des villes en termes de la demande d'exportation: la *théorie de base économique* et la *théorie keynésienne.*

2.1.1 Théorie de base économique

La théorie de base économique attribue l'origine de la croissance d'une ville (ou d'une région) aux exportations des biens et des services. Les activités consacrées à la production des biens et des services qui sont exportés sont dites "basiques", tandis que les activités allouées à la production de biens et de services pour la consommation locale sont qualifiées de "résidentiaires"[(1)].

---

(1) ALEXANDRE, J.-W. "The Basis and non Basis Concept of Urban Economic Function". ***Economic Geography.*** 1954; ANDERSON, K.-J. Jr. "A Note on Economic Base Studies and Regional Econometric Forecasting Models". ***Journal of Regional Science.*** 1967, vol. 7, no 2, pp. 325-334; LANE, T. "The Urban Base Multiplier: an Evaluation of the State of Art". ***Land Economics.*** Août 1966, vol. 42, no 3; TERRY, E.-F. "Linear Estimates of the Export Employment Multiplier". ***Journal of Regional Science.*** Été 1965, vol. 6, no 1.

Une bonne partie des activités primaires et manufacturières peut être considérée comme "basique", tandis que la plupart des activités tertiaires peuvent être qualifiées de "résidentiaires". Cependant, dans la mesure où une partie des biens primaires et manufacturiers est consommée par les résidents locaux, et certaines activités tertiaires, quaternaires (finances, assurances, publicité, tourisme, etc.) sont achetées par les non-résidents, une partie des secteurs primaires et secondaires est "résidentiaire" et une partie des secteurs tertiaires est "basique".

La relation entre l'activité "basique" et l'activité "résidentiaire" s'établit comme suit:

$$E^T = E^B + E^R \qquad (2\text{-}1)$$

$$E^R = f\,(E^B) = kE^B \qquad (2\text{-}2)$$

En substituant à E^R, l'équation (2-2) dans l'équation (2-1), on obtient:

$$E^T = E^B + kE^B$$

$$= (1+k)\ E^B \qquad (2\text{-}3)$$

où

E^T = emploi total dans la ville
E^R = emploi "résidentiaire"
E^B = emploi "basique"
k = multiplicateur d'emploi d'exportation

L'équation (2-1) n'est qu'une définition et indique que l'emploi total est composé de l'emploi "basique" et de l'emploi "résidentiaire". D'après l'équation (2-2), l'emploi "résidentiaire" est une fonction de l'emploi "basique". Dans notre exemple, il est supposé que l'emploi "résidentiaire" est un multiple de l'emploi "basique". L'équation (2-2) simplifie donc la définition de l'emploi total (équation (2-3)), et ce dernier ne dépend alors que de l'emploi "basique". En effet, d'après l'équation (2-3), dès que l'on connaît la valeur numérique de "k", on peut estimer l'emploi total en multipliant (1+k) à l'emploi "basique".

La relation entre E^R et E^B peut être illustrée par un exemple concret.

Supposons qu'une mine d'or vienne d'être ouverte quelque part au nord du pays; supposons aussi que 100 mineurs soient embauchés. Dans la mesure où la totalité de l'or extrait est exporté, la totalité des 100 emplois créés constitue l'emploi "basique". Cependant, l'arrivée des 100 mineurs conduit obligatoirement à l'ouverture de restaurants, de salons de barbiers, d'épiceries et de toute une série d'activités créées indirectement par l'arrivée des 100 mineurs. Supposons que l'emploi créé dans le secteur des services est de 150. Autrement dit, E^R *est de 150, tandis que* E^B *est de 100, le multiplicateur d'emploi "k" serait:*

$$k \quad = \quad E^R/E^B \quad = \frac{150}{100} \quad = 1,5$$

chaque emploi basique crée 1,5 emploi non basique. L'emploi total serait:

$$E^T \quad = \quad (1+k)\ E^B = (1+1,5)\ E^B = (2,5)(100) = 250$$

La théorie de base économique explique donc l'origine et la diffusion locale de la croissance économique, en fonction de la demande extérieure et de la structure de l'économie locale, définie par les importances relatives du secteur basique et du secteur non basique.

La théorie de base économique peut être fort utile pour expliquer la croissance d'une ville au début de son existence. En effet, dans bien des cas au début, l'économie d'une ville est axée sur une ou deux industries primaires destinées à la production des biens exportés. D'ailleurs, l'histoire économique du Canada s'explique, jusqu'au début du XXe siècle, par l'exportation des matières premières, telles que le bois, les fourrures, le blé, les minerais. Même à l'heure actuelle, un grand nombre de villes canadiennes au nord du pays sont relativement jeunes et leur économie dépend des exportations des biens.

Cependant, au fur et à mesure que la population augmente, l'économie locale devient plus diversifiée, l'importance du secteur basique diminue et le secteur non basique prend de l'ampleur. La croissance de l'économie locale peut être générée, tant par le secteur basique que par le secteur non basique. De plus, la composition du secteur basique change. Même certaines activités tertiaires (finances, communications, immeubles, marketing, publicité, etc.) sont exportées. Autrement dit, aux stades avancés de la vie d'une ville, si l'importance du secteur basique diminue, la composante de ce secteur se modifie. Bref, la première limitation de la théorie de base économique est que sa validité s'affaiblit à mesure que la taille de la ville augmente et que l'économie locale se diversifie.

La deuxième limitation de la théorie de base économique est la difficulté de mesurer la base économique. La technique de mesure souvent appliquée est celle du quotient de localisation.

$$(QL)_i \quad = \quad e_i/E_i \qquad (2\text{-}4)$$

où

$(QL)_i$ = quotient de localisation du secteur "i" dans une ville donnée

e_i = proportion d'emploi du secteur "i" dans une ville donnée

E_i = proportion d'emploi du secteur "i" au pays.

Le nombre d'emplois consacrés aux activités exportatrices peut être estimé à l'aide de la formule suivante:

$$(eL)_i \quad = \quad e_T\left[(QL)_i - 1\right] \qquad (2\text{-}5)$$

où

$(eL)_i$ = nombre d'emplois du secteur "i" dans la ville donnée, destinée à l'exportation

e_T = emploi total dans la ville donnée.

L'estimation de la partie exportée de la production d'une industrie locale par le quotient de localisation est basée sur l'hypothèse fondamentale, à savoir que si le quotient de localisation est égal à 1.0, la ville est autosuffisante pour le bien. Si le quotient dépasse 1.0, la ville en exporte une partie; si le quotient de localisation est inférieur à 1.0, la ville en importe une partie. Cependant, cette hypothèse n'est vraie que si les conditions sont satisfaisantes:

- la fonction de consommation des biens est identique à travers le pays,
- la fonction de production est identique à travers le pays.

Si la fonction de production n'est pas identique, on peut importer même si le quotient dépasse 1.0, et on peut exporter si le quotient est inférieur à 1.0. De même, si la fonction de consommation n'est pas identique, même si le quotient est plus grand que 1.0, il faudrait peut-être importer. Il est évident qu'il n'est pas facile de satisfaire ces conditions. Si toutes ces hypothèses et toutes ces conditions sont satisfaisantes, on peut estimer la valeur des exportations à l'aide de la formule suivante:

$$(EV)_i \quad = \quad (V_i)\,(eL_i) \qquad (2\text{-}6)$$

où

$(EV)_i$ = valeur des exportations du secteur "i"

V_i = valeur totale de production du secteur "i".

La troisième limitation de la théorie de base économique est qu'elle est une théorie à court terme et ne met l'accent que sur la demande. Dans la mesure où la croissance économique est accompagnée de changements structurels de l'économie locale, une théorie plus complète devrait également examiner le rôle que joue l'évolution de la structure de l'économie locale.

2.1.2 Théorie keynésienne

La théorie keynésienne n'est pas initialement conçue pour expliquer la croissance de l'économie locale. Cependant, plusieurs auteurs ont construit des modèles économiques à partir de cette théorie[2].

Dans la théorie keynésienne, c'est la demande qui joue le rôle crucial dans la croissance économique. L'économie, qu'elle soit nationale, régionale ou locale, peut se définir comme la somme des différentes composantes de la demande:

$$R_i = C_i + I_i + G_i + (X_i - M_i) \qquad (2\text{-}7)$$

où

R_i = revenus d'une ville donnée

C_i = consommation

I_i = investissements

G_i = dépenses gouvernementales effectuées dans la ville

X_i = exportations des biens et des services pour la ville

M_i = importations des biens et des services pour la ville.

On peut supposer que:

$$C_i = bR_i \qquad (2\text{-}8)$$

$$I_i = \bar{I}_i \qquad (2\text{-}9)$$

$$G_i = \bar{G}_i \qquad (2\text{-}10)$$

$$E_i = \bar{E}_i \qquad (2\text{-}11)$$

$$X_i = dR_i \qquad (2\text{-}12)$$

(2) BELL, F.-W. "An Econometric Forecasting Model for a Region". ***Journal of Regional Science.*** 1967, vol. 7, no 2, pp. 109-127.

CHAU, L. ***An Econometric Model for Estimating Income and Employment in Hawaï.*** University of Hawaï: Economic Research Center, juin 1970.

D'après l'équation (2-8), la consommation par les résidents est une fraction du revenu total de la ville. Les équations (2-9) à (2-11) indiquent que l'investissement, les dépenses gouvernementales et les exportations sont des variables exogènes et connues à l'avance. Enfin, l'équation (2-12) indique que les importations sont une fraction (d) du revenu. La substitution des équations (2-8) à (2-12) dans l'équation (2-7) donne:

$$R_i = \frac{1}{1-(b-d)}\left[\bar{E}_i + \bar{G}_i + \bar{X}_i\right] \qquad (2\text{-}13)$$

Supposons que "b" soit égal à 0.70, c'est-à-dire que pour chaque dollar de l'accroissement du revenu local, \$0.70 soit consacré à la consommation.

Supposons que "d" soit égal à 0.05, c'est-à-dire que pour chaque dollar de l'accroissement du revenu local, \$0.05 soit consacré aux importations des biens et des services.

La constante $1/1-(b-d)$ est le multiplicateur de revenu et permet de calculer l'accroissement du revenu de l'économie locale à la suite de l'accroissement de la demande $\bar{E} + \bar{G} + \bar{X}$.

La valeur numérique du multiplicateur est de:

$$1/1-(0.70-0.05) = 1/0.25 = 4.0$$

Autrement dit, si la demande augmente de \$1, le revenu augmente de \$4.

Le modèle keynésien peut être mieux adapté à la croissance de l'économie locale en supposant qu'à long terme les dépenses gouvernementales et les investissements privés dépendent aussi du revenu de l'économie locale, soit:

$$G_i = f(R_i) \qquad (2\text{-}14)$$

et

$$I_i = f(R_i) \qquad (2\text{-}15)$$

ou plus spécifiquement:

$$G_i = gR_i \qquad (2\text{-}16)$$

et

$$I_i = iR_i \qquad (2\text{-}17)$$

Dans ce cas, l'équation (2-13) devient:

$$R_i = \frac{1}{1-(b-d+g+i)}\,(\bar{E}_i) \qquad (2\text{-}18)$$

C'est ainsi que la croissance de l'économie locale ne dépend que de la demande externe et le modèle keynésien devient équivalent à la théorie de base économique.

Si l'on supposait que "g" est de $0.03 et que "i" est de $0.05, la valeur numérique du multiplicateur serait de 7.6, c'est-à-dire que l'accroissement de la demande d'exportation de $1 se traduirait par l'accroissement du revenu global de $7.6.

Le modèle keynésien a plusieurs limitations. En premier lieu, tout comme la théorie de base économique, il met l'accent principalement sur la demande et minimise le rôle que joue l'offre dans le processus de la croissance de l'économie locale. En deuxième lieu, tout comme la théorie de base, le modèle keynésien est à court terme et, par conséquent, il ne peut expliquer que les comportements cycliques de l'économie locale. En troisième lieu, il est très difficile d'en faire un modèle opérationnel à cause d'énormes difficultés à obtenir des données statistiques valables.

2.2 ÉCONOMIE D'ÉCHELLE ET PRODUCTIVITÉ

Les théories néo-classiques de croissance économique cherchent l'origine de la croissance économique dans l'efficacité de la fonction de production et dans l'économie d'échelle. Une fonction de production décrit la manière dont sont combinés les différents facteurs de production selon une technologie de production donnée. Le modèle néo-classique typique peut être décrit comme suit:

$$R_i = a_iK_i + b_iT_i + c_it_i \qquad (2\text{-}19)$$

où R_i = revenu réel (production) de l'économie locale (valeur logarithmique)

K_i = le stock de capital (valeur logarithmique)

t_i = la technologie

T_i = la main-d'oeuvre (valeur logarithmique)

a_i, b_i, c_i = constantes

La présence de l'économie d'échelle peut être vérifiée en voyant si:

$$a_i + b_i \gtreqless 1.0$$

Si la somme des deux constantes dépasse 1.0, on dit qu'il y a économie d'échelle; si elle est plus petite que 1.0, on dit qu'il y a déséconomie d'échelle; si la somme est égale à 1.0, on dit qu'il y a une économie d'échelle constante. L'importance de la présence de l'économie d'échelle s'explique par le fait que le revenu de l'économie locale augmente plus vite que le taux de croissance des stocks de capital et de main-d'oeuvre.

La faiblesse du modèle (2-19) est que, techniquement, la somme de a_i et b_i est un indicateur douteux de l'économie d'échelle à cause de l'interdépendance entre K_i et T_i. De plus, dans la mesure où la technologie affecte l'économie d'échelle, il vaudra mieux que la technologie soit reflétée dans un paramètre global de l'économie d'échelle, γ^i.

$$R_i = \left[a_i K_i + (1 - a_i)^{T} \right]^{\gamma i} \qquad (2\text{-}20)$$

où le paramètre γ^i représente l'économie d'échelle.

Si γ^i excède 1.0, il y a une économie d'échelle. Le modèle de Kaldor[(3)], tout en respectant le cadre des théories néo-classiques, établit une relation dynamique entre, d'une part, le progrès technologique et l'amélioration de la productivité et, d'autre part, la croissance de l'économie régionale ou locale. L'idée maîtresse du modèle de Kaldor est qu'une économie en expansion peut connaître une croissance rapide soutenue, selon le rapport entre la productivité et le taux de salaire nominal. On suppose que:

a) plus le taux de croissance de l'économie est rapide, plus le taux d'amélioration de la productivité est grand;

$\frac{dt}{dR} > 0$ où "t" représente le taux d'amélioration de la productivité
"R" le revenu

b) le ratio de salaire nominal par rapport à la productivité est inversement relié au taux de technologie;

$\frac{d(w/T)}{dt} < 0$ où "w" représente le taux de salaire nominal
"T" la productivité

c) la croissance de l'économie est inversement reliée au w/T;

$$\frac{dR}{d(w/T)} < 0$$

La théorie de Kaldor peut être résumée d'après le graphique suivant (graphique 2.1).

---

(3) KALDOR, N. "The Case for Regional Policies". ***The Scottish Journal of Political Economy.*** 1971, vol. 17, pp. 337-347.

GRAPHIQUE 2.1: Théorie de croissance de Kaldor

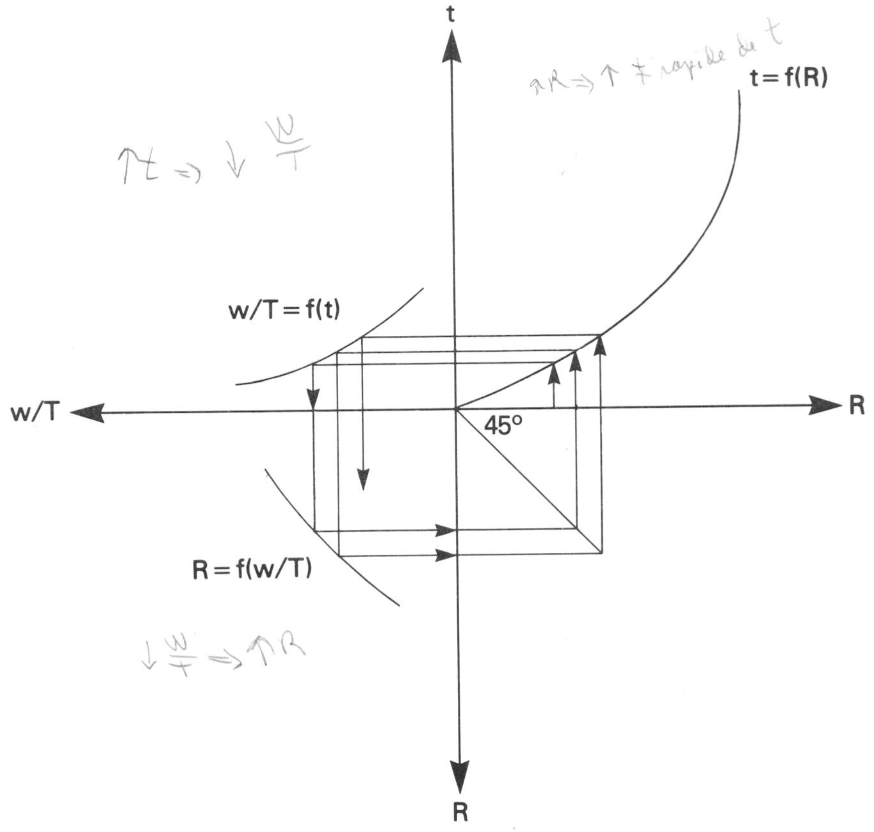

Au cadran I, on voit que le taux de progrès technologique varie directement avec la croissance économique. Au cadran II, le progrès technologique est tel que le salaire relatif (salaire nominal divisé par la productivité) diminue, et au cadran III, la diminution de w/T fait augmenter le revenu. Cette augmentation est reproduite au cadran I via le cadran IV. L'augmentation du revenu, rendue possible par la diminution du taux de salaire relatif, provoque une autre ronde de croissance économique. Dans ce modèle, c'est la disparité entre l'accroissement du taux de salaire nominal et la productivité qui explique la croissance.

Le modèle de Kaldor a deux faiblesses principales. Il ne montre pas très bien l'origine de la croissance économique; le modèle a besoin d'un mécanisme qui déclenche le processus cumulatif. De plus, il n'est pas nécessaire que le taux de salaire relatif diminue pour assurer la croissance; il n'est pas impossible qu'un taux de salaire relativement élevé n'empêche pas une croissance rapide, si la ville n'est pas en concurrence directe avec d'autres villes. Enfin, tout comme le modèle néo-classique, le modèle de Kaldor met l'accent uniquement sur l'offre et ignore complètement la demande.

A priori, on peut imaginer que même si le progrès technologique est rapide et que la productivité s'améliore, l'impact de la productivité sur la croissance économique sera très limité, à moins que la demande des produits par rapport au prix ne soit élastique. L'amélioration de la productivité signifie une diminution du prix réel des biens. Cette baisse de prix n'amènera pas l'expansion de la production, à moins que la demande ne soit élastique. D'après une étude[4], l'élasticité du prix de 22 groupes de biens manufacturés au Canada, par rapport à la productivité (valeur ajoutée par travailleur), est de -0.39, tandis que l'élasticité du coût unitaire de travail par rapport à la même productivité est de -0.91. Ceci semble donc indiquer que la productivité fait baisser effectivement le prix et le coût de travail. L'élasticité de la production totale par rapport à la productivité est de 1.36. Dans la mesure où la demande de biens manufacturés est élastique par rapport au prix, le résultat obtenu peut signifier que plus la productivité s'améliore, dans le secteur industriel où "l'élasticité-prix" est grande, plus les possibilités de croissance rapide sont grandes.

2.3 PÔLE DE DÉVELOPPEMENT ET STRUCTURE INDUSTRIELLE

La théorie de pôle de croissance sectoriel est associée au professeur F. Perroux[5].

Pour ce dernier, le développement économique est ponctuel et discontinu; il n'est ni spontané, ni généralisé. Il se produit dans des pôles de développement avec une intensité variable et se propage à travers différentes voies et produit différents degrés d'impact sur l'ensemble de l'économie. Le pôle de développement est composé des industries propulsives qui connaissent un taux de croissance rapide utilisant la haute technologie. Il importe de noter que la théorie de Perroux fait abstraction de l'espace; c'est son disciple Jacques Boudeville qui lui a donné la dimension spatiale. La théorie de pôle de développement, chez Perroux, est une théorie de pôle de développement sectoriel; il est donc clair que l'origine

(4) CHUNG, J.-H. "Théories de croissance urbaine et régionale et systèmes urbains". ***Comptes rendus, congrès sur la méthodologie de l'aménagement et du développement.*** ACFAS, 1977, pp. 137-144.

(5) PERROUX, F. ***L'économie du XXe siècle*** (partie II). Presses universitaires de France, 1961; "Les mesures des progrès économiques et l'idée d'économie progressive". ***Cahier de l'Institut de science économique appliquée.*** Série no 1, déc. 1956.

de la croissance économique se trouve dans l'expansion des secteurs industriels de pointe.

Maintenant, la diffusion de la croissance qu'a générée le pôle de développement dépend de la nature et de l'intensité de l'impact. Il y a deux types d'effet d'entraînement (impact): effet en amont et effet en aval. L'effet d'entraînement en amont se mesure par l'accroissement de la production de biens intermédiaires et des matières premières et d'autres impacts occasionnés par l'accroissement de la production des biens finis. Par exemple, l'accroissement de la production d'automobiles entraîne l'accroissement de la production d'acier, de vitres, de matériel, de produits électriques, de produits en caoutchouc et d'une série d'autres produits. Par contre, l'effet d'entraînement en aval est créé par l'impact des biens et des matières premières sur la production de biens finis. Par exemple, la découverte de nouveaux produits plastiques peut élargir le champ d'utilisation et faciliter l'expansion de différents produits finis utilisateurs des plastiques.

Autrement dit, d'après Perroux, il ne suffit point d'avoir des pôles de développement pour assurer la croissance économique. Il faut que la structure industrielle de l'économie soit telle que les effets d'entraînement en amont et en aval soient maximisés. Quelques auteurs ont essayé d'"opérationnaliser" la théorie de Perroux(6). Le projet de Saint-Jean, Nouveau-Brunswick, s'est inspiré de la théorie du pôle de développement et a essayé d'implanter une filière de production industrielle basée sur la fabrication d'équipement et de machines(7). Il y a eu également des tentatives afin de quantifier les effets d'entraînement. Par exemple, Aujac et Peters ont essayé de "triangulariser" les tableaux d'input-output en vue de mesurer l'effet de domination du pôle(8).

---

(6) LUTTRELL, W. "Industrial Complexes and Regional Economic Development in Canada". ***Growth Poles and Growth Centers in Regional Policy*** (A. Kuklinski, éd.). Paris: Mouton, Hague, 1977; WINSBOROUGH, "Variations in Industrial Composition with City Size". ***Regional Science Association Papers and Proceedings.*** 1959, vol. 5, pp. 121-131; CZAMANSKI, S. "Some Empirical Evidence of the Strength of Linkage between Groups of Related Industries in Urban-Regional Complexes". ***Regional Science Association Papers and Proceedings.*** 1971, vol. 27, pp. 137-150.

(7) Atlantic Development Council. "A Strategy for the Development of the Atlantic Region, 1971-1981". ***Readings in Canadian Geography*** (Robert M. Irving, éd.). Édition révisée. Toronto: Holt, Rinehart and Winston of Canada, 1972.

(8) AUJAC, H. "La hiérarchie des industries dans les échanges industriels, et ses conséquences dans la mise en oeuvre d'un plan national décentralisé". ***Revue Appliquée.*** Mars 1960, vol. II, pp. 169-238;

PETERS, W.-S. "Measuring of Regional Interchange". ***Regional Science Associa-***

Si la théorie du pôle de développement de Perroux est bien fondée, en pratique, les villes dotées de secteurs propulsifs et d'une structure industrielle supérieure devraient démontrer un taux de croissance plus grand. Malheureusement, il n'y a pas d'études quantitatives portant précisément sur la relation entre, d'une part, l'existence des secteurs pôles et la structure industrielle, et d'autre part, la croissance de l'économie locale. Cependant, il y a une étude sommaire qui démontre tout au moins la relation entre la productivité et la structure industrielle des villes canadiennes. En effet, une étude de Chung(9) démontre que la faible productivité des travailleurs dans la région métropolitaine de Montréal par rapport à l'ensemble des 18 régions métropolitaines canadiennes s'explique à la fois par une mauvaise structure industrielle et par des facteurs locaux de qualité inférieure. Ces derniers peuvent comprendre la qualité des infrastructures, la qualité de la main-d'oeuvre, les aménités sociales, la qualité du leadership de l'élite locale et d'autres causes.

L'étude de Chung démontre que dans la région métropolitaine de Montréal, en 1970, les industries propulsives (machineries, équipement de transport, produits électriques, produits non métalliques, produits pétroliers, produits chimiques, produits divers manufacturés) représentaient 31,0% d'emplois manufacturiers dans l'ensemble des régions métropolitaines canadiennes contre 43,5% pour la région métropolitaine de Toronto. Ainsi on peut affirmer que les pôles de développement sectoriels sont plus rares dans la région de Montréal. La même étude démontre également qu'à Montréal les filières de production industrielle d'acier, de machinerie et de produits métalliques sont relativement faibles. Cependant, la filière de production industrielle des produits électriques s'avère relativement forte à Montréal.

Pour revenir aux composantes de la différence de la productivité, l'étude de Chung indique que la productivité (valeur ajoutée par travailleur) de la région montréalaise était inférieure de $1 270 par rapport à celle de l'ensemble des 18 régions métropolitaines canadiennes, alors que celle de la région de Toronto était supérieure de $1 100. Des $1 270 représentant l'infériorité de la productivité du secteur manufacturier de Montréal, 28% ($354) était attribuable à une mauvaise structure industrielle, et

---

(suite) (8)

tion, Papers and Proceedings. 1963, vol. II, pp. 285-294;

MARTIN, F. ***Domination, Integration and Propulsive Region in Canada.*** Conseil économique du Canada, août 1974 (diffusion limitée).

(9) CHUNG, J.-H. "Montréal, pôle de développement". ***OPDQ, Prospective socio-économique du Canada, 1ère étape, sous-système urbain régional.*** Dossier technique (4.1), 1977.

72% ($916) aux facteurs locaux. Des $1 100 représentant la supériorité de la productivité du secteur manufacturier de la région torontoise, 74% ($816) était attribuable à une bonne structure industrielle et 23% ($293) aux facteurs locaux.

L'analyse des composantes de la disparité interville de la productivité du secteur manufacturier est effectuée à l'aide du modèle Shift and Share qui se définit comme suit:

$$\overline{L} - \overline{N} = \sum_{i}^{N} (l_i L_i - n_i N_i) \tag{2-21}$$

où

$\overline{L}$ = la productivité moyenne pondérée locale

$\overline{N}$ = la productivité moyenne pondérée de l'ensemble des 18 régions métropolitaines canadiennes

l_i = l'importance relative de l'industrie "i" dans le secteur manufacturier local

L_i = la productivité de l'industrie "i" locale

n_i = l'importance relative de l'industrie "i" dans le secteur manufacturier de l'ensemble des régions métropolitaines

N_i = la productivité de l'industrie "i" dans l'ensemble des régions métropolitaines

L'équation (2-21) n'est qu'une définition; elle peut s'écrire comme suit:

$$\overline{L} - \overline{N} = \sum_{i}^{N} \left[l_i (L_i - N_i) + L_i (l_i - n_i) - (l_i - n_i)(L_i - N_i) \right] \tag{2-22}$$

et peut être résumée par:

$$\overline{L} - \overline{N} = \sum_{i}^{N} \left[\left(\frac{l_i + n_i}{2}\right) \left(L_i - N_i\right) + \left(\frac{L_i + N_i}{2}\right) \left(l_i - n_i\right) \right] \tag{2-23}$$

Le premier terme de la partie droite de l'équation (2-23) représente l'effet des facteurs "locaux", tandis que le second terme représente l'effet de la structure industrielle.

Le modèle de Shift and Share est sensible aux niveaux d'agrégation et, par conséquent, il faut être prudent dans l'interprétation des résultats. Cependant, dans la mesure où l'étude a pour but de comparer, pour différentes villes, l'importance relative des effets de facteurs locaux et des effets de la structure industrielle, la faiblesse du modèle s'atténue.

L'étude de Chung ainsi que d'autres études démontrent qu'effectivement, la présence des industries propulsives caractérisée par une croissance rapide et par l'application des nouvelles technologies, de même que l'existence d'une structure industrielle appropriée constituent une des conditions de la croissance de l'économie[10]. Si la théorie de Perroux a le mérite de mettre en évidence l'importance de la structure industrielle et des industries propulsives, elle n'explique pas très bien le rôle des autres facteurs telle la qualité de la main-d'oeuvre.

2.4 TAILLE DÉMOGRAPHIQUE ET CARACTÉRISTIQUES SOCIO-ÉCONOMIQUES DE LA VILLE

Trois théories mettent l'accent sur la taille et sur les caractéristiques socio-économiques de la ville:

- théorie de place centrale,
- théorie des économies d'agglomération,
- théorie sociologique.

2.4.1 Théorie de place centrale

Contrairement aux théories néo-classique et de pôle de croissance, la théorie de place centrale, en tant que théorie de croissance, explique la localisation des activités économiques, surtout les activités tertiaires, en fonction du rang et de la taille démographique des villes. Comme nous l'avons constaté au chapitre précédent, dans une région donnée ou dans un pays donné, les villes forment un système hiérarchisé. L'idée centrale de la théorie est que les activités tertiaires sont hiérarchisées en fonction du rang qu'occupe la ville à l'intérieur du système urbain. En principe, une ville d'un rang donné produit les biens et les services pour la demande locale et pour la demande des villes des rangs inférieurs à l'intérieur du système. Ceci veut dire que les biens et les services supérieurs tendent à se localiser dans les villes de taille relativement importante, tandis que les biens et les services inférieurs ont tendance à se regrouper dans des villes de taille moins importante. Ainsi, les commerces de détail et la plupart des services se trouvent dans toutes les villes, alors que les finances, les firmes

(10) PERRIN, J.-C. ***Le développement régional.*** PUF, 1974.

de marketing et de publicité se trouvent dans des villes de taille plus importante.

Nombreuses sont les études qui ont tenté de vérifier le bien-fondé de la théorie de place centrale(11).

Au Québec, l'étude de Ouellet-Polèse(12) examine la "centralité" de différentes activités tertiaires. L'étude indique, en effet, que les activités tertiaires supérieures sont concentrées dans des villes de taille importante, alors que les activités tertiaires inférieures se concentrent dans des villes de taille moins importante. L'étude de Ouellet-Polèse fait appel, comme mesure de centralité, entre autres, au seuil minimum critique et au degré de concentration.

La méthode de seuil minimum critique consiste à déterminer la taille démographique minimum d'une ville, nécessaire pour justifier la présence d'une activité tertiaire donnée. Ceci est illustré au graphique suivant (graphique 2.2).

GRAPHIQUE 2.2: Seuil critique minimum

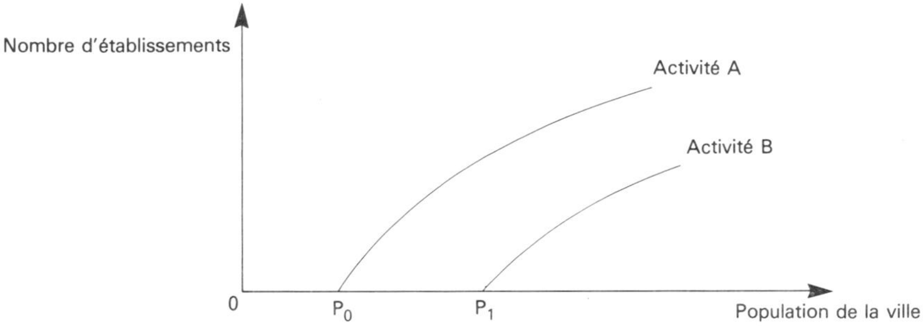

---

(11) HARRIS, C.-D. "A Functional Classification of Cities in the United States". ***Geographical Review.*** 1943, vol. 33, pp. 86-89.

NELSON, H.-J. "A Service Classification of American Cities". ***Economic Geography.*** 1955, vol. 31.

GARRISON, W.-L. "The Functional Bases of Central Place Theory". ***Economic Geography.*** 1958, vol. 54, no 2.

HAGGET, P. et GUNAWARDEN, K.-A. "Détermination of Population Threshold for Settlement Function by the Reed - Muench Method". ***Professional Geographer.*** Juillet 1964, vol. 16, no 4.

(12) OUELLET, N. et POLÈSE, M. "Activités tertiaires et hiérarchies urbaines: une évaluation de six méthodes d'analyse". ***Comptes rendus, congrès sur la méthodologie de l'aménagement et du développement.*** ACFAS, 1977, pp. 111-121.

Pour l'activité A le seuil critique est P_0, lorsque le seuil critique pour l'activité B est P_1. Il convient de noter que plus l'activité est centrale (supérieure), plus le seuil critique est élevé. C'est ainsi que l'activité B est plus centrale que l'activité A. Il convient de noter également que la courbe pour l'activité B est au-dessous de l'activité A. Ceci s'explique par le fait que le nombre d'établissements des activités centrales est plus petit que celui d'établissements des activités moins centrales. La mesure de concentration des activités tertiaires se lit comme suit:

$$C_i = \sum_{J}^{N} \left| \frac{(e_{iJ} / E_{is}) - (e_J / E_s)}{2} \right| \qquad (2\text{-}24)$$

où

C_i = le coefficient de concentration de l'activité "i"

e_{iJ} = le nombre d'établissements de l'activité "i" de la ville J

E_{is} = le nombre d'établissements de l'activité "i" du système urbain "s"

e_J = le nombre de l'ensemble des établissements de la ville J

E_s = le nombre de l'ensemble d'établissements du système urbain "s"

Le coefficient de concentration varie entre 0 et 1.0. Si les établissements d'une activité donnée sont répartis à travers le système urbain de la même manière que la répartition de l'ensemble des activités, le coefficient est de 0. Si l'activité donnée ne se retrouve que dans une seule ville, et si cette dernière n'a aucune autre activité, e_{iJ} / E_{is} serait 1.0, tandis que e_J / E_s serait 0. Par conséquent, le coefficient de concentration serait 1.0. À mesure que le coefficient tend vers 1.0, le niveau de concentration de l'activité dans des villes de taille importante tend à augmenter.

L'étude de Ouellet-Polèse arrive à des résultats intéressants. L'étude porte sur 59 villes québécoises et 27 activités tertiaires, en 1971. Les indices de seuil minimum varient de 7 209 pour l'épicerie et 7 276 pour l'hôtellerie, à 40 824 pour les quotidiens et 107 880 pour la construction industrielle. Il est intéressant de noter que le seuil critique pour les magasins généraux est de 13 717. Les coefficients de concentration correspondent, avec une certaine régularité, au seuil critique. Plus le seuil est petit, plus le coefficient est petit, et inversement. Les coefficients pour l'épicerie et pour les hôtels sont respectivement 0.108 et 0.208, tandis que les coefficients pour les quotidiens et la construction industrielle sont respectivement de 0.828 et 0.723[13].

Bref, des études empiriques tendent à confirmer l'implication de la théorie de place centrale, à savoir que les activités tertiaires sont hiérarchisées en fonction de la hiérarchie des villes. La théorie de place centrale, en tant que théorie de croissance économique, suggère que l'origine de la croissance économique soit le marché représenté par la taille des villes; elle est cependant limitée. La théorie explique mal la localisation des activités non tertiaires. Quoi qu'il en soit, elle demeure fort utile, dans la mesure où le secteur tertiaire augmente son importance en tant que créateur d'emplois dans l'économie postindustrielle.

2.4.2 Théorie des économies d'agglomération

La théorie des économies d'agglomération est axée, tout comme la théorie de la place centrale, sur les activités tertiaires. Cependant, contrairement à la théorie de la place centrale, la théorie des économies d'agglomération attribue la croissance des villes à l'ensemble des avantages créés par la présence des finances, des immeubles, des transports, des centres de recherche et d'autres activités tertiaires motrices, par les aménités locales, par la qualité des infrastructures, par l'accès au marché de la main-d'oeuvre qualifiée et par d'autres facteurs. Une des principales faiblesses de la théorie des économies d'agglomération est qu'elle se prête difficilement à la formalisation et à la quantification des variables qui forment l'économie d'agglomération.

Il y eut quelques tentatives pour mesurer les économies d'agglomération. Selon Marcus[14], on peut mesurer l'économie d'agglomération par le modèle suivant:

$$A_{vi} = Y_{vi} - Y_{ni} \frac{P_v}{P_n} \qquad (2\text{-}25)$$

A_{vi} = économies d'agglomération de l'industrie "i" de la ville "v"

Y_{vi} = taux de croissance (production) de l'industrie "i" de la ville "v"

Y_{ni} = taux de croissance de l'industrie "i" du pays

P_v = taux de croissance de la population de la ville "v"

---

(13) OUELLET, N. et POLÈSE, M. ***Op. cit.***, p. 119.

(14) MARCUS, M. "Agglomeration Economics: a Suggested Approach". ***Land Economics.*** 1965, vol. 41, pp. 279-284.

P_n = taux de croissance de la population du pays

Le modèle indique que l'on peut mesurer l'économie créée par chaque industrie, en trouvant la différence entre le taux de croissance de l'industrie de la ville et celui de la croissance de la même industrie, pondérée par les taux de croissance de la population. Étant donné Y_{vi} et Y_{ni}, plus le taux de croissance démographique local est grand par rapport à la croissance de la population nationale, plus les économies d'agglomération sont grandes.

Baumol[15] postule que les économies d'agglomération dépendent de la taille démographique des villes, de façon quadratique:

$$A = KN^2 \qquad (2\text{-}26)$$

où

A = économies d'agglomération

K = constante

N = population des villes

Le modèle de Baumol suggère que l'économie d'agglomération augmente en fonction de la population au taux géométrique. La difficulté de ce modèle est qu'on ne peut pas le tester; faute de mesurer, A. Laven[16] mesure l'énoncé d'agglomération en termes de coût de transport, alors que Richardson[17] prétend que le loyer de terrains représente l'économie d'agglomération.

2.4.3 Théorie sociologique

La croissance économique des villes peut être affectée également par des variables non économiques. La structure des classes sociales, la stratification raciale, le style de vie et les activités des différents groupes sociaux peuvent jouer un rôle dans la croissance des villes. Par exemple, d'après Hoselitz[18], le système de valeurs axé sur l'universalisme et l'accomplissement favorise la croissance. D'ailleurs, Hoselitz souligne l'importance historique qu'a jouée la déviation sociale des capitalistes dans le processus de croissance. De même, la fluidité de la structure sociale qui constitue la caractéristique des villes facilite les immigrations et permet aux

---

(15) BAUMOL, W.-J. "Macro-économics of Unbalanced Growth the Anatomy of Urban Growth". ***American Economic Review.*** 1967, vol. 57, pp. 415-426.

(16) LAVEN, A. "Congestion and Urban Location". ***Papers and Proceedings of the Regional Science Association.*** 1970, vol. 25, pp. 133-169.

(17) RICHARDSON, H.-W. ***Regional Growth Theory.*** MacMillan, 1973, chapitre 5.

(18) HOSELITZ, B.-F. "Generative and Parasite Cities". ***Economic Development and Cultural Change.*** 1954-1955, vol. 3, pp. 378-394.

citadins de mieux assurer le risque et de faciliter les innovations.

En résumé, la croissance de l'économie d'une ville peut s'expliquer par une multitude de variables: la demande d'exportations, la présence du pôle de développement sectoriel accompagné d'une structure industrielle appropriée, la taille démographique, les économies d'agglomération, la structure sociale, les attitudes des citadins, tous contribuent à la génération de la croissance et à l'intensité des effets d'entraînement local de la croissance. De plus, dans la mesure où la ville fait partie d'un système urbain et que l'économie locale est très ouverte, les rapports intervilles peuvent être également un facteur déterminant important dans la croissance de l'économie locale.

2.5 RAPPORTS SOCIO-ÉCONOMIQUES INTERVILLES

Les théories portant sur les relations intervilles et la croissance des villes peuvent être regroupées de la manière suivante:

- théories néo-classiques de flux migratoire des facteurs de production,
- théories de pôle de croissance spatiale,
- théories de croissance dissymétrique,
- théories de diffusion d'innovations.

2.5.1 Théories néo-classiques de flux migratoire des facteurs de production

A. *Main-d'oeuvre et population*

D'après la théorie néo-classique, la main-d'oeuvre se déplace d'une ville à l'autre en fonction de la différence du taux de salaire, jusqu'à ce que les taux de salaires deviennent égaux à travers l'espace économique. Il importe de noter que cet équilibre présuppose une série de conditions:

- homogénéité de la main-d'oeuvre,
- économie d'échelle constante,
- absence de coût de déplacements,
- marché parfaitement concurrentiel de la main-d'oeuvre.

De plus, la théorie suppose que la différence du taux de salaire constitue la seule variable motivationnelle du déplacement.

Le modèle de Lowry[19] est un modèle qui s'inspire de la théorie néo-classique. Le modèle peut se résumer comme suit:

---

(19) LOWRY, I.-S. Migration and Metropolitan Growth: Two Analytical Models. San Francisco, 1966 (Coll. Chandler).

$$M_{ij} = f\left[\frac{U_i}{U_j}, \frac{W_j}{W_i}, \frac{L_iL_j}{D_{ij}}\right] \qquad (2\text{-}27)$$

où

M_{ij} = flux migratoire de la main-d'oeuvre de la ville "i" à la ville "j"

U_i = taux de chômage dans la ville "i"

U_j = taux de chômage dans la ville "j"

W_i = taux de salaire dans la ville "i"

W_j = taux de salaire dans la ville "j"

L_i = population non agricole de la ville "i"

L_j = population non agricole de la ville "j"

D_{ij} = distance entre les deux villes

L'expression L_iL_j / D_{ij} représente la notion de "revenu potentiel" et l'intensité des relations socio-économiques ou du flux d'informations entre les deux villes. Lowry a estimé le modèle et obtenu un coefficient de détermination de 68%. Galloway[20] a développé un modèle qui s'inspire également de la théorie néo-classique:

$$M_{ij} = f\left[Y_j - Y_i \;\; D_{ij} \;\; U_i - U_j \;\; W_j - W_i\right] \qquad (2\text{-}28)$$

Les symboles sont les mêmes que ceux du modèle de Lowry, sauf pour Y_i et Y_j qui représentent les revenus de deux villes. Galloway a obtenu un coefficient de détermination de 29%.

Les modèles de Lowry et Galloway, et d'autres modèles qui s'inspirent de la théorie néo-classique, ont tous les faiblesses suivantes:

- traitement inadéquat d'incertitude,
- définition insuffisante de la distance,
- traitement incomplet de l'économie d'agglomération.

Il convient de noter que même si la différence du taux de salaire était très élevée, les gens ne seraient pas nécessairement incités à se déplacer à cause de l'incertitude concernant l'avenir. Le traitement de la distance et du coût de déplacement dans les modèles néo-classiques est insuffisant. Les coûts de déplacement comprennent au moins le coût monétaire de déménagement, le coût psychique de quitter la ville à laquelle on est

(20) GALLOWAY, L.-E. "The Economics of Labor Mobility: an Empirical Analysis". ***Western Economic Journal.*** 1967, vol. 5, pp. 211-223.

habitué et le coût attribuable aux déficiences de revenu psychique. Enfin, il y a une foule de facteurs économiques et sociaux qui peuvent être qualifiés "d'économies d'agglomération" et qui jouent un rôle important dans le flux migratoire de la main-d'oeuvre. Bref, un modèle plus réaliste du flux migratoire, de la main-d'oeuvre et de la croissance de la ville doit aller au-delà des théories néo-classiques et tenir compte, non seulement de la différence du taux de salaire, mais aussi de la fonction de la préférence localisationnelle de la main-d'oeuvre.

B. *Mobilité du capital*

La théorie néo-classique de la mobilité interrégionale (ou interville) de capital est principalement axée sur la différence du rendement de capital. Tout comme la mobilité de la main-d'oeuvre, le déplacement de capital provoqué par la différence du rendement de capital continue jusqu'à ce que le rendement devienne égal à travers la région. La théorie néo-classique de la mobilité de capital suppose que le coût de déplacement est nul et que la connaissance sur les conditions du marché de capital est parfaite. En réalité, le mécanisme de la mobilité de capital est beaucoup plus complexe.

Par exemple, Olsen(21), dans son modèle, tient compte de la différence du revenu, de la différence du rendement de capital et, ce qui est plus intéressant, de la différence de "revenu potentiel". A priori, le capital doit se déplacer d'une région de faible rendement de capital à une région de rendement plus élevé. En réalité, ceci ne se produit pas nécessairement, à cause d'une série de variables qui s'ajoutent à la différence du rendement de capital.

Quelle que soit la vraie différence du rendement de capital, si la diffusion d'informations pertinentes n'est pas efficace, la mobilité du capital ne se produira pas nécessairement. Le risque et l'incertitude du rendement à long terme peuvent affecter également la mobilité du capital. Dans la mesure où les investissements ne sont pas toujours divisibles, une petite différence du rendement de capital ne provoquera pas le déplacement. Dans la mesure où le stock de capital est immobile (équipement, machinerie, infrastructure), la mobilité du capital physique est un processus lent. De plus, une bonne partie du capital investi dans une région se fait par les firmes nationales ou multinationales, et le déplacement du capital affecté par ces firmes n'est pas nécessairement motivé par la différence interrégionale du rendement. Il faut noter que la maximisation de rendement n'est pas nécessairement le seul facteur motivationnel; les investissements d'une firme peuvent être motivés plutôt par la considération de la sécurité et de la stabilité du profit. Surtout dans le régime oligopolistique

---

(21) OLSEN, E. ***International Trade Theory and Regional Income Difference, United States, 1880-1950.*** Amsterdam, North Holland, 1971.

où la stratégie d'investissements d'une firme dépend de celle d'une autre; la différence du rendement de capital n'est pas nécessairement la variable la plus importante.

En résumé, la croissance d'une ville dépend de sa capacité d'attirer de la main-d'oeuvre, du capital et d'autres facteurs de production. Les théories néo-classiques expliquent le flux migratoire interville de ces facteurs de production en termes de différence de rendement. Cependant, tout semble indiquer que la mobilité des facteurs de production est déterminée par un mécanisme beaucoup plus complexe que le mécanisme suggéré par les néo-classiques.

2.5.2 Théories de pôle de croissance spatiale

La théorie de pôle de croissance spatiale de Perroux, qui est essentiellement une théorie de croissance sectorielle, a été appliquée par Boudeville(22) à la croissance régionale. Pour Boudeville, un pôle de développement est un espace, alors que pour Perroux, il est un secteur ou une industrie de l'économie. Boudeville distingue l'espace homogène de l'espace polarisé. Ce dernier est un ensemble des espaces homogènes qui constituent une hiérarchie et qui se relient les uns aux autres, en vertu des rapports socio-économiques. L'espace polarisé peut avoir des centres polarisants qui diffusent à travers la région les effets propulsifs. Ainsi, le pôle de développement sectoriel de Perroux est devenu le pôle de développement spatial de Boudeville.

La théorie de pôle de développement spatial a fortement marqué l'évolution des pensées économiques en matière de développement régional et urbain. Par exemple, l'ouvrage de Higgins - Martin - Raynauld s'intéresse(23), entre autres, à la question de savoir si la région de Montréal constitue le pôle de développement de l'ensemble du Québec. Raynauld apporte d'ailleurs une distinction intéressante entre une activité de développement et une activité de croissance. Les activités de croissance sont:

> *Des activités induites qui s'inscrivent dans un schéma de continuité et dont les grandeurs se modifient à un rythme prévisible et régulier. Ces activités se poursuivent dans des conditions continues de marché, de technologie et de coûts de production.*(24)

---

(22) BOUDEVILLE, J. ***Les espaces économiques.*** Presses universitaires de France, 1961.

(23) HIGGINS, B., MARTIN, F. et RAYNAULD, A. ***Les orientations du développement économique régional dans la province de Québec.*** Ministère de l'Expansion économique régionale (MEER), 1970.

(24) RAYNAULD, A. ***Op. cit.***, p. 165.

Ou encore:

> *Les activités de croissance sont à la remorque des innovateurs: elles assurent la conservation et le maintien des choses établies; les activités de développement, beaucoup plus réduites, quand elles sont exprimées en indices statistiques, brisent pourtant les monopoles de la tradition et des droits acquis.* (25)

C'est une distinction fort utile car elle permet de mesurer l'impact possible d'une ville sur la croissance d'autres villes. À toutes fins utiles, une ville qui constitue un pôle de croissance peut assurer sa propre croissance, tandis qu'une ville qui est un pôle de développement peut non seulement assurer sa propre croissance, mais aussi favoriser la croissance des autres villes avec lesquelles elle est reliée. En termes graphiques, dans un pôle de croissance, la croissance peut se faire le long de la courbe établie, alors que dans un pôle de développement, la courbe de croissance peut se déplacer vers le haut.

Le rôle principal du pôle de développement est de générer et de diffuser les innovations. On entend par innovations, non seulement l'introduction de nouveaux procédés ou de nouvelles techniques de production qui font accroître le volume de production, mais aussi l'application de nouvelles méthodes dans les domaines de l'organisation et de la gestion de l'entreprise. La diffusion des innovations et d'effet d'entraînement à travers la région nécessite un réseau adéquat de transmission et de communication. Au sujet de la diffusion des innovations par la région de Montréal à travers le Québec, Raynauld affirme:

> *Cette diffusion des effets d'entraînement ne peut profiter à l'ensemble des territoires québécois que s'il existe entre lui et Montréal des circuits d'échanges de produits, de facteurs, de services et d'information. Si de tels mécanismes, de tels circuits, n'existent pas ou sont insuffisants, les effets induits par les activités de développement seront exportés, ce qui contribuera à désintégrer l'économie de la province. Le rôle moteur de Montréal profitera à d'autres espaces économiques. Dit d'une façon positive, il faut que les différentes régions du Québec s'intègrent à un même espace économique hiérarchisé.* (26)

Le débat se continue afin de savoir si la région de Montréal est un pôle de développement ou un pôle de croissance. Dans la mesure où le rôle du

---

(25) RAYNAULD, A. ***Op. cit.,*** p. 105.

(26) RAYNAULD, A. ***Le rapport revu et corrigé.*** Montréal: Écoles des hautes études commerciales, le 13 mars 1975.

pôle de développement est de diffuser des effets d'entraînement plus ou moins grands, on peut imaginer l'existence d'une série de pôles de développement aux différents paliers de l'armature urbaine. Si la région de Toronto est un pôle de développement pour l'ensemble de l'Ontario, Berry l'est également pour sa zone d'influence. De même, si la région de Montréal constitue le pôle de développement pour l'ensemble du Québec, Sept-Îles peut être le pôle de développement pour la région de la Côte-Nord. Bref, tout comme les villes sont hiérarchisées à l'intérieur d'un système urbain, les pôles de développement sont hiérarchisés à l'intérieur d'une région. Au fait, chaque ville est un peu pôle de croissance et pôle de développement.

Quelques données statistiques et des études antérieures permettent d'avoir une idée sur la hiérarchisation des pôles de développement au Québec. On peut distinguer neuf systèmes urbains et neuf villes primatiales: Montréal, Sherbrooke, Trois-Rivières, Québec, Rimouski, Chicoutimi, Jonquière, Rouyn-Noranda et Hull. Il est évident que la ville de Montréal constitue le pôle de développement le plus important au Québec, tant par sa taille que par la structure industrielle et sectorielle de son économie. La population de la ville primatiale du système urbain de Montréal (la région métropolitaine de Montréal) était de 2 215 627 en 1971, soit 57,5% de la population urbaine (population de la ville de 4 000 habitants ou plus). La quasi-totalité des industries manufacturières motrices est concentrée à Montréal. Ceci se manifeste par le fait que les quotients de localisation des différentes industries montréalaises de pointe dépassent 1.0 (tableau 2.1).

Cependant, c'est surtout dans le domaine des tertiaires moteurs que le rôle de Montréal, en tant que pôle de développement du Québec, devient apparent. D'après le tableau 2.2, la part de Montréal dans le secteur quaternaire (transports, communications, immeubles, finances, assurances) est relativement plus grande (76% à 79%) que sa part dans le commerce (72%), les services socio-culturels (67%) et l'administration publique (52%). De plus, d'après les quotients de localisation, la structure du secteur montréalais est fortement représentée par les quaternaires. La présence relativement importante de transport et de communication à Rimouski et à Sept-Îles s'explique sans doute par l'éloignement géographique de Montréal.

Le tableau 2.3 permet de voir le rôle des pôles de développement en dehors de la région de Montréal. Il s'avère que d'après les quotients de localisation, le rôle prépondérant des pôles de développement régionaux est d'assurer les services des activités tertiaires aux villes sous leur influence. Les quotients de localisation des tertiaires, calculés par rapport à chaque système urbain, dépassent 1.0, sauf dans le cas de Rouyn-Noranda.

Bref, si la région métropolitaine de Montréal constitue le pôle de développement pour l'ensemble du Québec, les capitales régionales jouent un rôle de pôle de développement régional, surtout dans le domaine des activités tertiaires.

Il est intéressant de noter que l'efficacité du système urbain de Montréal, en tant que pôle de développement de l'ensemble du Québec, est plutôt faible à cause, d'une part, de la faiblesse de sa propre économie, et d'autre part, à cause de l'absence de réseau urbain et d'une armature urbaine appropriée.

La faiblesse de l'économie montréalaise s'explique par le déplacement vers l'ouest des centres de gravité économique au Canada et aux États-Unis et par une faible structure industrielle de son économie[27]. Par exemple, le déplacement des centres de gravité économique au Canada et aux États-Unis a eu pour résultat de rétrécir le marché nord-américain, pour la région montréalaise. Le marché nord-américain, mesuré en termes de population et d'accessibilité, est de 28 millions pour la région montréalaise, contre 50 millions pour la région torontoise. En 1973, les exportations torontoises vers les villes américaines représentaient 6,1 millions de tonnes contre à peine 1,4 million de tonnes pour Montréal. La structure du secteur manufacturier de Montréal est fortement représentée par les secteurs mous par rapport à Toronto. L'industrie de la bonneterie montréalaise compte pour 88% des emplois totaux de la même industrie dans les 18 régions métropolitaines canadiennes. La part correspondante de Montréal pour l'industrie des vêtements est de 61%. Par contre, le secteur manufacturier torontois est fortement représenté par la fabrication des métaux (34%), la machinerie (45%), les équipements de transport (33%) et les produits électriques (41,3%).

La faiblesse de l'armature urbaine du Québec qui empêche la région montréalaise de jouer efficacement son rôle de pôle de développement est attribuable à l'absence des villes de taille intermédiaire. Contrairement au système urbain de l'Ontario, où il y a plusieurs villes de 100 000 habitants ou plus dans un rayon de 50 milles autour de Toronto, le système urbain du Québec se dote de deux villes de cette taille à part Montréal, et elles (Québec et Chicoutimi-Jonquière) sont relativement éloi-

---

(27) CHUNG, J.-H. "La nature du déclin économique de la région de Montréal". ***Actualité économique.*** 3 nov. 1974, vol. 50.

--- "Montréal: pôle de développement, sous-système urbain et régional (4.1.), prospective socio-économique du Québec". ***OPDQ.*** 1ère étape, 1977.

--- "Le déplacement du centre de gravité économique du Canada". ***Le Québec et ses partenaires économiques canadiens: perspectives d'avenir.*** ASDEQ, Duinz, 1979.

TABLEAU 2.1: Quotient de localisation du secteur tertiaire, 1971

	SECTEURS TERTIAIRES					
SYSTÈMES URBAINS	TOTAL	TRANSPORT-COMMUNICATIONS	COMMERCE	IMMEUBLES, FINANCE, ASSURANCE	SERVICES SOCIO-CULTURELS	ADMINISTRATION PUBLIQUE
1. Rimouski	1.136 (2.0)*	1.286 (2.0)	0.965 (2.0)	0.631 (1.0)	1.337 (2.0)	0.972 (2.0)
2. Chicoutimi-Jonquière	0.961 (3.0)	0.669 (2.0)	0.919 (3.0)	0.545 (2.0)	0.997 (3.0)	1.053 (3.0)
3. Québec	1.145 (13.0)	0.733 (9.0)	0.967 (11.0)	0.838 (10.0)	1.142 (13.0)	2.260 (26.0)
4. Trois-Rivières	0.873 (4.0)	0.727 (4.0)	0.959 (5.0)	0.593 (3.0)	1.007 (5.0)	0.602 (3.0)
5. Sherbrooke	0.946 (3.0)	0.594 (2.0)	0.900 (3.0)	0.619 (2.0)	1.251 (4.0)	0.617 (2.0)
6. Montréal	0.982 (69.0)	1.098 (76.0)	1.024 (72.0)	1.129 (79.0)	0.961 (67.0)	0.748 (52.0)
7. Hull	1.127 (4.0)	0.779 (3.0)	0.876 (3.0)	0.709 (2.0)	0.941 (3.0)	2.873 (9.0)
8. Rouyn-Noranda	1.015 (1.0)	0.885 (1.0)	1.146 (1.0)	0.576 (1.0)	1.054 (1.0)	1.091 (1.0)
9. Sept-Îles	0.857 (1.0)	1.275 (2.0)	0.772 (1.0)	0.526 (1.0)	0.917 (1.0)	0.636 (1.0)

* Le chiffre entre parenthèses représente la part de chaque système urbain.

TABLEAU 2.2: Quotients de localisation des industries manufacturières par rapport au Québec, 1961 et 1971

	RIMOUSKI		CHICOUTIMI-JONQUIÈRE		QUÉBEC		TROIS-RIVIÈRES		SHERBROOKE		MONTRÉAL		HULL		ROUYN-NORANDA		SEPT-ÎLES	
	1961	1971	1961	1971	1961	1971	1961	1971	1961	1971	1961	1971	1961	1971	1961	1971	1961	1971
1. Aliments et boissons	2.56	2.63	0.63	0.54	1.55	1.56	0.47	0.44	0.92	0.98	1.01	1.01	0.39	0.75	1.80	1.57	0.41	0.41
2. Tabac	0.00	0.00	0.00	0.00	1.52	1.99	0.00	0.06	0.00	0.00	1.12	1.23	0.00	0.00	0.00	0.00	0.00	0.00
3. Caoutchouc	0.00	0.00	0.00	0.00	0.65	0.48	0.21	0.26	1.33	1.63	1.17	1.17	0.85	0.33	0.00	0.00	0.00	0.00
4. Cuir	0.16	1.21	0.07	0.15	3.06	2.07	0.35	0.44	1.26	2.04	0.91	0.96	0.00	0.00	0.00	0.00	0.00	0.00
5. Textile	0.15	0.46	0.00	0.00	0.92	0.69	2.56	2.59	3.49	3.55	0.78	0.83	0.00	0.21	0.00	0.00	0.00	0.00
6. Bonneterie	1.25	0.00	0.01	0.00	0.47	0.60	0.61	0.28	2.11	0.56	1.10	1.21	0.00	0.52	0.05	0.00	0.00	0.00
7. Habillement	0.06	0.85	0.02	0.02	0.54	0.51	0.84	0.98	0.41	0.775	1.18	1.13	0.00	0.17	0.00	0.01	0.00	0.00
8. Bois	13.28	4.91	2.43	2.20	1.77	1.86	1.59	1.81	2.00	2.003	0.48	0.54	7.54	4.17	12.24	14.96	0.06	0.16
9. Meubles, etc.	1.01	0.25	0.25	0.23	0.84	1.10	1.11	1.30	0.54	0.481	1.05	1.06	2.37	0.14	0.14	0.04	0.16	0.08
10. Papier, etc.	2.20	2.68	3.53	3.25	1.57	1.50	3.06	2.78	1.74	1.38	0.43	0.48	7.49	7.40	0.00	0.00	5.38	5.53
11. Imprimerie et édition	0.79	0.43	0.28	0.30	1.22	1.27	0.44	0.61	0.57	0.55	1.10	1.08	0.32	0.38	1.37	1.25	0.58	0.37
12. Première transformation des métaux	0.62	0.08	11.24	10.83	0.12	0.18	1.29	1.24	0.24	0.44	0.59	0.61	0.00	0.00	7.89	7.35	9.98	8.12
13. Production de métaux	0.70	0.32	0.22	0.29	0.58	0.65	0.27	0.42	0.65	0.76	1.20	1.16	0.08	0.17	0.53	0.37	0.016	0.50
14. Machinerie	0.00	2.46	0.00	0.00	0.96	1.39	0.34	0.32	2.92	2.69	1.04	1.00	0.00	0.16	0.17	0.51	0.00	0.00
15. Équipement de transport	0.03	0.21	0.01	0.02	1.22	1.63	0.04	0.19	0.03	0.07	1.21	1.14	0.00	0.00	0.01	0.00	0.00	0.00
16. Produits électriques	0.00	0.24	0.00	0.00	0.32	0.55	0.57	0.76	0.00	0.00	1.25	1.20	0.00	0.16	0.00	0.00	0.00	0.00
17. Produits minéraux non métalliques	0.64	1.11	0.58	0.58	0.86	1.38	0.74	0.70	1.04	0.95	1.07	1.00	0.82	1.45	0.75	0.21	0.51	0.92
18. Produits de pétrole et de charbon	0.00	0.00	0.00	0.00	0.01	0.21	0.00	0.00	0.00	0.00	1.34	1.30	0.00	0.00	0.00	0.00	0.00	0.00
19. Produits chimiques	0.00	0.21	0.00	0.00	0.79	0.60	1.57	0.94	0.02	0.02	1.07	1.16	1.23	0.62	0.04	0.00	0.07	0.04
20. Divers	0.21	0.12	0.08	0.08	0.91	0.91	0.32	0.75	0.68	1.28	1.17	1.08	0.01	0.95	0.12	0.05	0.01	0.03

Source: Compilation spéciale de l'OPDQ.

gnées de Montréal. La conséquence de ceci est la concentration excessive, à Montréal, des industries manufacturières de pointe et des activités tertiaires motrices.

TABLEAU 2.3: Quotient de localisation des activités secondaires et tertiaires pour les villes primatiales du Québec, 1971

Villes primatiales	Activités secondaires	Activités tertiaires
Sherbrooke	0.95	1.09
Trois-Rivières	0.88	1.14
Québec	0.96	1.02
Rimouski	0.78	1.08
Chicoutimi-Jonquière	1.01	1.01
Rouyn-Noranda	1.06	0.96

N.B.: La variable utilisée est la population active. Sept-Îles et Hull sont exclues à cause des données. Le quotient de localisation est calculé par rapport à chaque système.

Il faut se rappeler que les deux tiers des industries manufacturières et des activités tertiaires sont dans la région de Montréal.

Quels sont donc les effets d'entraînement de Montréal sur l'ensemble du Québec? En principe, l'effet d'entraînement de Montréal sur le reste du Québec dépend des importations, par Montréal, des biens et des services produits ailleurs au Québec, et de la retombée technologique de Montréal sur le Québec. Les importations par Montréal des produits provenant du reste du Québec sont limitées, car la plupart des produits manufacturés sont produits à Montréal. Au contraire, ce sont les régions non montréalaises qui achètent les biens produits à Montréal. De même, la retombée technologique est limitée également, à cause de la faible capacité d'absorption des régions non montréalaises. Il est vrai que la région montréalaise exporte au reste du Québec les services de marketing, de publicité et d'autres activités tertiaires supérieures(28). Cependant, pour qu'il y ait une retombée technologique, il faut que les régions non montréalaises produisent elles-mêmes ces services et utilisent les technologies provenant de Montréal.

---

(28) CHUNG, J.-H. ***Une stratégie du développement de l'économie et du secteur de la construction de la région de Montréal.*** OPDQ, nov. 1980.

Toutefois, l'efficacité de la région de Montréal en tant que pôle de développement du Québec pourra s'améliorer dans les années à venir à cause de la tendance de déconcentration de croissance. Comme l'indique le tableau 2.4, la population et la main-d'oeuvre ont augmenté rapidement dans certaines régions non montréalaises (Hull, Québec, Rimouski et Sept-Îles). La tendance de déconcentration a été observée non seulement dans le secteur tertiaire, mais aussi dans le secteur manufacturier. Cette tendance observée dans les années soixante a été intensifiée au cours de la période 1971-1980[(29)]. Par exemple, la part de Montréal dans la construction au Québec est passée de 66% pour la période 1961-1965, à 46,4% en 1980. Dans la mesure où les villes dans les régions non montréalaises continuent de croître et atteignent un seuil critique minimum, la structure industrielle pourra s'améliorer et leur capacité d'absorber les innovations pourra augmenter. Les relations économiques entre Montréal et le reste du Québec seront plus équilibrées, et l'effet d'entraînement de Montréal pourra être plus grand.

La théorie de pôle de croissance spatial de Boudeville pose sans doute certaines difficultés sur les plans de la formalisation et des mesures quantitatives. Cependant la théorie demeure fort utile, en ce sens qu'elle permet un cadre spatial à l'intérieur duquel on peut analyser les relations socio-économiques intervilles.

2.5.3 Théories de croissance dissymétrique

La croissance du pôle de développement ne favorise pas nécessairement celle d'autres villes ou d'autres régions. C'est un fait fort bien connu.

La théorie de pôle de croissance et la notion des espaces polarisés suggèrent implicitement cette possibilité. Cependant, ce sont les théories de Myrdal-Hirschman-Friedman qui l'exposent d'une manière plus explicite. Hirschman[(30)] conçoit la croissance économique régionale comme un processus essentiellement dissymétrique, et distingue deux types d'effets:

- l'effet "trickledown",
- l'effet de polarisation.

L'effet "trickledown" est produit par les achats des biens et services, par la ville entraînante, en provenance des centres entraînés, et par la diffusion des idées et des technologics provenant du centre entraînant à

(29) CHUNG, J.-H. ***Op. cit.***

(30) HIRSCHMAN, A.-O. ***The Strategy of Economic Development.*** New-Haven: Yale University Press, 1958.

TABLEAU 2.4: Croissance de la population et de la population active, 1961-1971

SYSTÈMES	POPULATION		TAUX DE CROISSANCE DÉMOGRAPHIQUE (A)	POPULATION ACTIVE		TAUX DE CROISSANCE POPULATION ACTIVE (B)
	1961	1971		1961	1971	
Grand Montréal	3 009 527	3 675 042	22%	1 055 835	1 378 746	30%
Montréal	2 493 041	3 077 939	23%	909 440	1 188 370	30%
Sherbrooke	141 208	160 654	14%	36 265	47 770	32%
Trois-Rivières	246 369	269 642	9%	74 867	86 990	16%
Hull	128 909	166 807	29%	35 263	55 610	58%
Québec	456 944	589 372	29%	148 697	198 695	34%
Rimouski	110 056	114 623	14%	21 004	28 760	37%
Chicoutimi-Jonquière	169 059	190 189	12%	40 976	52 890	29%
Sept-Îles	28 132	49 610	76%	9 959	17 365	74%
Rouyn-Noranda	70 864	71 373	8%	16 675	18 915	13%

Source: BSQ, Statistique Canada. OPDQ.

travers le système urbain. L'effet "trickledown" a pour résultat de favoriser l'expansion de l'économie des villes entraînées et d'améliorer la productivité des économies de ces dernières. Donc, l'effet "trickledown" est favorable aux régions et aux villes entraînées. Par contre, l'effet de polarisation est produit au détriment des villes entraînées, à cause du déplacement du capital, de la main-d'oeuvre qualifiée et même des industries des villes entraînées vers la ville entraînante.

L'effet net de l'impact de la croissance de l'économie de la ville dominante (pôle de développement) sur son hinterland dépend de la force relative de ces deux types d'effets.

La théorie de Myrdal(31) est plus spécifique que celle de Hirschman, en ce qui concerne les forces relatives des effets.

Myrdal fait une distinction entre ce qu'il qualifie de "spread effect", qui est similaire à l'effet "trickledown" de Hirschman, et ce qu'il qualifie de "backwash effect", qui se compare à l'effet de polarisation de Hirschman. Myrdal soutient que le "backwash effect" est plus fort que le "spread effect" à cause de la tendance du terme d'échange des commerces entre le centre dominant et les centres dominés en faveur du premier, et à cause d'autres éléments des processus cumulatifs, tels que des effets externes dans le centre dominant et l'incapacité des centres dominés de concurrencer.

Par conséquent, l'économie du centre dominant continue à connaître une expansion économique accélérée, alors que celle des centres dominés continue d'être stagnante.

Le processus de la croissance dissymétrique cumulative de Myrdal-Hirschman est davantage raffiné que chez Friedman(32). D'après ce dernier, la loi du rendement décroissant ne s'applique plus quand il s'agit de la croissance de centres urbains. Une fois que la croissance se produit, elle s'accélère à cause d'une série de facteurs, dont la tendance des investisseurs à surestimer les meilleures possibilités économiques dans les grands centres urbains, la présence des activités quaternaires et la structure sociale favorable aux innovations.

La théorie de la croissance dissymétrique a sans doute des faiblesses importantes, surtout celle de la difficulté à formaliser. De plus, le mécanisme responsable du processus n'est pas très bien expliqué. Quoi

---

(31) MYRDAL, C. ***Richland and Poor.*** New York: Harper and Brothers, 1957.

(32) FRIEDMAN, J. ***Regional Development Policy: a Case Study of Venezuela.*** The M.I.T. Press, 1966.

qu'il en soit, elle met en évidence ce qu'on observe partout à travers le monde; par exemple, en dépit des efforts et des ressources considérables déployés par le gouvernement, la disparité économique interrégionale persiste. Le déclin économique relatif du Québec et des Provinces de l'Atlantique par rapport à l'Ontario, à l'Alberta et à la Colombie-Britannique est bien connu; les difficultés de l'économie montréalaise par rapport à la force de l'économie torontoise sont bien connues également.

Les théories de la croissance dissymétrique ne sont donc pas dépourvues de réalisme. Par contre, le mécanisme de ce phénomène n'est pas encore suffisamment connu et articulé pour qu'on puisse le généraliser.

Une autre faiblesse de ces théories consiste en ce qu'elles n'étudient pas les possibilités de l'évolution des rapports entre le centre urbain dominant et les centres urbains dominés. À mesure que la population du pays augmente, la population et la densité démographique d'une région peuvent augmenter suffisamment pour développer des marchés régionaux et locaux et, par conséquent, la région peut remplacer les importations des biens et des services par la production locale, et diversifier l'économie locale. La distance qui sépare les centres périphériques du centre dominant peut même constituer une protection contre la domination de ce centre. Le centre dominant peut connaître, à un moment donné de sa croissance, des déséconomies externes telles la désuétude de certaines industries, la détérioration de la qualité de la vie et la hausse du coût de la vie. Le réseau routier peut également jouer un rôle important dans l'évolution des rapports centre-périphérie.

2.5.4 Théories de diffusion d'innovations

La diffusion d'innovations à travers la région ou à travers le système urbain constitue une autre variable qui peut modifier substantiellement les rapports économiques intervilles et les rapports centre-périphérie. Ce sont d'abord les géographes et les mathématiciens qui s'intéressèrent à la diffusion spatiale des innovations. Par exemple, Morrill[33] soutient que l'acceptation des innovations dans le temps peut être quantifiée par le modèle logistique.

$$P = K/ 1 + ae^{-bt} \qquad (2\text{-}29)$$

Plusieurs économistes se sont également intéressés à la diffusion des

---

(33) MORRIL, R. "Moves of Spatial Diffusion". ***Journal of Regional Science.*** 1968, vol. 8, pp. 1-18.

innovations[34].

On peut envisager différents types d'innovations: innovations dans les techniques de production, introduction de nouveaux produits, innovations sociales et culturelles, innovations dans la gestion et innovations dans l'agriculture. Malheureusement, les contributions des économistes aux innovations dans les techniques de production et dans la gestion sont très limitées. L'étude de Pedersen[35] est d'un intérêt particulier, car elle porte spécifiquement sur la relation entre la diffusion des innovations et le système urbain. Pedersen soutient que la diffusion des innovations dépend des contraintes suivantes: conditions d'adoption, volonté d'adoption, applicabilité économique et technique, et présence d'entrepreneurs potentiels.

Pour que soit adoptée l'innovation, il faut qu'il y ait une quantité d'information minimale. La quantité d'information nécessaire pour que la ville "i" adopte l'innovation dépend de l'intensité des interactions inter-villes qui peut être estimée en fonction de la loi de la gravité.

$$I_{ij} = K P_i P_j d_{ij}^{-b} \qquad (2\text{-}30)$$

où

I_{ij} = le flux d'informations entre les villes "i" et "j"

K = constante

P_i = population de la ville "i"

d_{ij} = distance entre la ville "i" et la ville "j"

b = constante

La volonté d'adopter l'innovation dépend de la présence des gens engagés dans le secteur de communication. Maintenant, l'application de l'innovation nécessite un seuil minimum de la population. Enfin, la présence d'entrepreneurs potentiels est déterminée par la loi probabiliste, par exemple la loi Poisson.

Le modèle de Pedersen a quelques implications intéressantes: plus le coefficient "b" est petit, plus rapide est la diffusion de l'innovation; plus

---

(34) MANSFIELD, E. "The Spread of Response of Firms to New Technique". ***Quarterly Journal of Economics.*** 1963, vol. 77, pp. 290-311.

SHUTERLAND, A. "The Diffusion of an Innovation in Cotton Spining". ***Journal of Industrial Economics.*** 1958, vol. 7, pp. 117-135.

(35) PEDERSEN, P.-O. "Innovation Diffusion within and between National Urban System". ***Geographical Analysis.*** 1970, vol. 2, pp. 203-254.

le seuil critique de la population est élevé, plus rapidement finit la diffusion et plus petit est le rayon de la diffusion. Dans la mesure où la proportion de la main-d'oeuvre engagée dans la communication diminue avec la taille des villes, la diffusion de l'innovation est plus lente. Enfin, puisque la présence d'entrepreneurs est probabiliste, la diffusion de l'innovation est asymétrique et aléatoire.

Le modèle de Pedersen donne un cadre conceptuel intéressant et fort utile pour des tests empiriques. Ce qui se dégage des études empiriques est que la diffusion des innovations se fait le long de la hiérarchie des villes et se limite aux échelons supérieurs de la hiérarchie. Ceci s'explique par une série de facteurs; le réseau des communications et des innovations technologiques est avant tout un réseau de transport interville. La structure sociale des villes et l'attitude des citadins affectent aussi l'adoption des innovations. La répartition spatiale des élites favorables aux innovations est faite en fonction de la hiérarchie des villes. Un facteur qui explique la diffusion des innovations en fonction de la hiérarchie urbaine est la structure hiérarchisée des firmes multinationales ayant leurs sièges sociaux dans les grands centres urbains, et des succursales dans des centres de taille moins importante. De plus, dans la mesure où la diffusion des innovations se fait par les distributeurs, la hiérarchie des villes joue un rôle prédominant, car les distributeurs sont répartis en fonction de la hiérarchie urbaine. Enfin, il ne faut pas oublier que bien des innovations dépendent de l'économie d'agglomération, (soit la) caractéristique fondamentale des grandes villes.

2.6 UNE THÉORIE GÉNÉRALE DE LA CROISSANCE URBAINE

Une théorie générale de la croissance urbaine doit expliquer les phénomènes suivants: origine de la croissance, effets d'entraînement local et effets d'entraînement régional de la croissance.

Nous avons jeté un coup d'oeil sur une série de théories, et le moyen le plus efficace pour arriver à une théorie générale de la croissance urbaine serait d'en faire une synthèse.

La théorie de base économique et la théorie keynésienne attribuent la croissance à la demande externe. La théorie de place centrale met l'accent sur la taille de la ville en tant que variable déterminante de la présence des activités économiques, surtout des activités tertiaires. La théorie de pôle de développement trouve la source de la croissance dans les secteurs et dans les industries propulsives. La théorie de l'économie de l'agglomération soutient que l'ensemble des avantages intangibles de la ville constitue un facteur important de la croissance, alors que la théorie culturelle met l'accent sur la structure sociale et l'attitude des citadins. Enfin, la théorie néo-classique trouve la source de la croissance dans l'économie d'échelle et dans la productivité de l'économie locale.

Certaines de ces théories sont en mesure d'expliquer les effets d'entraînement local de la croissance. Pour la théorie de pôle de développement sectoriel, les effets d'entraînement local sont déterminés par la structure industrielle (filière de production industrielle) qui affecte les effets en amont et en aval. Pour la théorie keynésienne, l'effet d'entraînement de la croissance provoquée est déterminé par la propension à consommer, à importer et à investir. Concernant la théorie de base économique, l'effet d'entraînement de la croissance est déterminé par le rapport entre les activités basiques et les activités résidentiaires.

Quant aux effets d'entraînement régional de la croissance, certaines des théories examinées sont très utiles pour l'expliquer. La théorie de place centrale permet de voir la domination des centres urbains de taille importante sur ceux de taille moins importante, surtout dans le domaine des activités tertiaires. La théorie de pôle de développement spatial, ainsi que la théorie de croissance dissymétrique expliquent les possibilités des effets négatifs de la croissance du pôle de développement sur les villes de taille moins importante. Par contre, la théorie de la diffusion des innovations examine les conditions dans lesquelles la croissance peut être dissymétrique. Enfin, la théorie néo-classique s'intéresse à la mobilité spatiale des facteurs de production et à l'impact de cette dernière sur la croissance de la ville.

C'est ainsi que, si une théorie particulière donnée est insuffisante pour expliquer la croissance de la ville, l'ensemble des théories partielles peut donner un cadre conceptuel global conduisant à une théorie générale de la croissance de la ville.

2.7 POLITIQUE DE LA CROISSANCE URBAINE

Toute politique gouvernementale, qu'elle soit de nature économique ou sociale, doit s'inspirer d'une compréhension adéquate du mécanisme responsable du problème qu'on veut régler. Le mécanisme de la croissance économique d'une ville est extrêmement complexe et l'état de la connaissance actuelle est loin d'être suffisant. Quoi qu'il en soit, la révision des diverses théories que nous avons faite dans ce chapitre permet de constater que l'approche néo-classique de la croissance économique est trop simpliste et naïve pour pouvoir en dégager une politique valable. Il faut avant tout reconnaître l'importance de l'aspect spatial de la région, des réseaux routiers, de la structure spatiale de l'armature urbaine, de la distribution des tailles des villes, de la qualité des infrastructures, du rôle du pôle de développement, des économies d'agglomération, de la diffusion des innovations et d'autres variables qui ont été trop souvent ignorées dans les débats portant sur l'économie régionale et urbaine.

Les principales conclusions des différentes théories examinées peuvent se résumer comme suit: l'importance de différents facteurs de croissance varie selon la phase et selon la taille des villes. Dans les petites villes, qui se trouvent au début de leur existence, la demande extérieure joue un rôle important et primordial dans la croissance. À mesure que la ville devient importante en taille, qu'elle atteint la maturité, et que son économie devient plus diversifiée, la croissance peut débuter, non seulement par la demande externe, mais aussi par de nouvelles idées et de nouvelles innovations. La croissance des villes de taille importante dépend de la présence des industries manufacturières motrices, de l'importance relative des quaternaires, de la qualité des infrastructures, des aménités sociales, de la qualité du leadership local et de toute une série d'autres variables qui constituent l'économie d'agglomération.

La croissance de la ville dépend aussi des rapports socio-économiques intervilles. La capacité d'attirer la main-d'oeuvre, le capital et d'autres facteurs de production dépend non seulement de la différence de revenus, mais également de l'économie d'agglomération qu'offre la ville. De plus, la croissance de l'économie d'une ville dépend de la taille de sa population, de la structure industrielle de son économie, de la distance entre elle et d'autres villes, des caractéristiques spatiales et industrielles du système urbain dont elle fait partie et de sa capacité de créer ou d'adopter les innovations.

La politique en matière de croissance de l'économie régionale et urbaine ne doit jamais perdre de vue le stade de l'évolution de la ville et la position relative de cette dernière dans l'ensemble du système urbain. Ainsi, pour les petites villes des régions de ressources, la politique doit consister à découvrir d'autres matières premières et à assurer la croissance de la ville en fonction de la demande externe. En ce qui concerne les villes des régions de transformation, il faudrait consolider la population régionale dans le pôle de développement régional et assurer le rayonnement régional de ce dernier au moyen d'aides pour l'amélioration des réseaux routiers et de communication, des infrastructures, de l'implantation des nouvelles industries et de l'expansion des industries existantes. Quant aux villes de régions de production très urbanisées, la politique consisterait à moderniser les infrastructures du pôle de développement, à maximiser les économies d'agglomération du pôle de développement, à redéfinir la spécialisation économique des villes de la région, à déconcentrer les industries traditionnelles et à les amener vers les villes de rangs inférieurs, à centraliser davantage les industries motrices et les tertiaires de pointe dans le pôle de développement et à renforcer les positions des villes intermédiaires au sein du système urbain régional.

LECTURES SUGGÉRÉES

ACHOUR, D. "Montréal: éléments d'une stratégie de développement et problèmes de croissance". ***L'Actualité économique.*** N° spécial, juillet-septembre 1974.

HIRSCH, W.-Z. ***Urban Economics, Analysis.*** New York: McGraw-Hill Book Co., 1973, chap. 7 à 9.

LEAHY, W.-H. et al. ***Urban Economics.*** New York: The Free Press, 1970.

MILLS, E.-S. ***Urban Economics.*** Glenview: Scott, Foresman and Co., 1972, chap. 7.

RICHARDSON, H.-W. ***The Economics of Urban Size.*** Saxon House, Lexington Books, 1973.

RICHARDSON, H.-W. ***Regional Growth Theory.*** Macmillan, 1973.

SIEBERT, H. ***Regional Economic Growth: Theory and Policy.*** International Textbook Co., 1969.

CHAPITRE 3

UTILISATION DU SOL URBAIN ET STRUCTURE URBAINE

Deux éléments caractérisent les zones urbanisées: la forte densité du développement et l'utilisation très intense du sol qui en résulte. S'est-on déjà demandé pourquoi, dans les centres des plus grandes villes, de hauts édifices sont construits au-dessus des autoroutes ou des voies ferrées? Pourquoi les stations-service, les parcs ou encore les maisons individuelles y sont-ils si rares? En fait, chaque parcelle de terrain possède diverses utilisations possibles: édifices à bureaux, commerce, habitation, station-service ou autre. Quels sont les facteurs qui déterminent une telle affectation du sol? Pourquoi certains types d'activités se retrouvent surtout en banlieue, et d'autres au centre?

L'objet de ce chapitre est précisément de nous fournir un cadre de référence qui nous permettra de répondre à ces diverses interrogations. Dans le contexte d'une économie de marché, chaque parcelle est allouée au plus offrant, de telle sorte que l'analyse de l'affectation du sol doit nécessairement passer par l'étude des déterminants de la valeur foncière. Ainsi, à une structure donnée d'affectation du sol correspond une structure de la rente foncière; structure définie par rapport aux différents types d'activités mais aussi par rapport à la dimension spatiale. Plusieurs problèmes urbains comme la dégradation des centres, le financement des villes centrales, etc., proviennent des transformations dans la structure spatiale de l'affectation du sol. Par exemple, les villes centrales ont vu fondre graduellement leur base fiscale au rythme même du processus de décentralisation des emplois et des résidences vers les banlieues.

Nous aborderons ce chapitre en examinant d'abord les caractéristiques de l'utilisation du sol au Québec et au Canada. Nous insisterons, dans cette première partie, sur les grandes tendances qui ont marqué l'affectation du sol: l'étalement des villes et la décentralisation des emplois et de l'habitat. La seconde partie sera consacrée à l'étude des déterminants de la valeur foncière et du mécanisme d'affectation du sol par le marché.

Nous étudierons d'une façon plus particulière la composante spatiale de cette affectation par l'intermédiaire des divers modèles de localisation; une section sera consacrée plus spécifiquement à la localisation résidentielle. Enfin, la dernière partie traitera des questions plus normatives d'efficacité du marché en tant que mécanisme d'affectation du sol. Les phénomènes d'externalités et les diverses politiques permettant d'assurer leur contrôle seront alors introduits.

3.1 LES CARACTÉRISTIQUES ET TENDANCES DE L'UTILISATION DU SOL AU CANADA

3.1.1 La structure interne des villes

La structure interne d'une ville, ou encore la place relative que prennent les diverses fonctions urbaines, que ce soit le commerce, l'industrie, le résidentiel ou autre, est le résultat d'un ensemble d'influences où se confondent les facteurs technologiques, démographiques et culturels. Par exemple, les villes dont la plus grande partie du développement s'est fait au cours des dernières années ont pu profiter d'une technologie de transport hautement avancée. Elles présentent généralement des densités plus faibles et les espaces réservés aux infrastructures routières y sont plus importants que dans les villes plus anciennes. Lorsque l'on compare Los Angeles à Boston ou encore Calgary à Québec, on peut constater une structure de développement fort différente. De la même façon, la densité moyenne du développement est généralement plus élevée dans les grandes zones métropolitaines telles Montréal, Toronto et Vancouver que dans les agglomérations plus petites. Enfin, les facteurs socio-culturels favorisent la formation d'enclaves résidentielles facilement identifiables; la concentration spatiale de certains groupes ethniques, dans des régions métropolitaines comme Montréal ou Toronto, témoigne de l'importance de ces facteurs culturels.

Les données sur l'utilisation du sol au Canada ne sont généralement pas présentées sous une forme compatible d'une ville ou d'une région à l'autre. Plusieurs villes ne possèdent pas de telles statistiques et pour celles qui en ont, il y a une grande diversité dans les définitions. Il est donc difficile d'obtenir une image d'ensemble des relations entre la structure interne des villes et les divers facteurs mentionnés précédemment. Par contre il existe, au niveau des 23 zones métropolitaines du Canada, un ensemble de données comparables pour la ou les villes centrales de ces zones. Nous reproduisons au tableau 3.1 le pourcentage moyen de l'espace affecté aux résidences, commerces, institutions, industries et autres fonctions. Ce tableau synthétique ne montre malheureusement pas la grande diversité de l'affectation du sol d'une ville à l'autre, mais permet quand même d'isoler un des facteurs explicatifs de ces différences, la taille des villes. C'est pourquoi nous présentons les données séparément pour les trois plus grandes zones métropolitaines: Montréal, Toronto et Vancouver.

TABLEAU 3.1: Utilisation des terres urbaines par zone au Canada: 1976-1978* (en pourcentage du total)

	Ensemble des villes**		Montréal-Toronto-Vancouver	
	Centre	Banlieues adultes	Centre	Banlieues adultes
Résidences	32,1%	46,3%	22,6%	57,1%
Commerces et bureaux	25,6	6,9	18,7	7,1
Institutions	10,1	8,8	9,7	6,9
Usages industriels	18,6	19,6	26,0	14,8
Parcs, golfs, cimetières	11,3	11,7	20,3	12,3
Terrains vacants	2,3	6,7	2,7	1,8
Total	100,0	100,0	100,0	100,0

* Les estimations proviennent de la dernière série des cartes militaires des villes canadiennes publiées par le Service de cartographie du ministère de la Défense.

** Il s'agit de la moyenne des pourcentages pour dix-sept villes correspondant aux zones métropolitaines du Canada. Les six villes exclues, Edmonton, Québec, Calgary, Victoria, Sudbury, Saint-Jean (N.-B.) l'ont été, soit parce que les données dataient d'avant 1976, soit qu'elles comprenaient l'ensemble de la zone métropolitaine. Dans le cas de Montréal, il s'agit de l'Île de Montréal.

Source: Statistique Canada. ***Perspective Canada III.*** Cat. no 11.511 F, tableau 11.23.

Pour les mêmes raisons, nous distinguons deux zones: le centre, constitué du quartier des affaires du centre-ville et de la superficie qui lui est contiguë, de même que la banlieue adulte(1).

(1) La banlieue adulte comprend les secteurs de recensement pour lesquels le pour-

Pour l'ensemble des villes, on constate que c'est l'activité résidentielle qui accapare la plus grande partie du sol; la part consacrée à cette activité étant naturellement plus importante en banlieue qu'au centre. Ce dernier phénomène est encore plus accentué dans les grandes zones métropolitaines telles Montréal, Toronto et Vancouver. On observe ici les effets d'une concurrence plus grande sur les terrains localisés au centre; ceci a pour conséquence de déplacer certaines activités tel le résidentiel au profit des usages industriel ou commercial. Il est intéressant de constater enfin que la part réservée aux parcs, golfs et cimetières est supérieure, tant dans les villes des trois plus grandes zones que pour les autres.

Au Québec, une étude exhaustive de l'utilisation du sol[2] a été effectuée pour les agglomérations urbaines de plus de 4 500 personnes. Nous reproduisons, au tableau 3.2, les principales données de cette étude selon un ordre hiérarchique défini par la taille de la population. Les agglomérations de Montréal et de Québec forment à elles seules les

TABLEAU 3.2: Affectation du sol des principales agglomérations du Québec, 1971

	Groupes					
	I	II	III	IV	V	VI
Résidences	50,80	47,16	43,07	43,82	40,30	46,47
Commerces et services	6,58	8,43	4,99	6,33	7,44	8,65
Espaces verts	6,83	7,01	18,19	7,18	3,99	8,32
Institutions	8,17	10,44	8,42	9,10	6,98	8,05
Industries	12,45	5,46	11,24	17,27	16,70	13,91
Parcs urbains	15,17	21,50	14,09	16,30	24,59	15,57
Total	100,00	100,00	100,00	100,00	100,00	100,00

Source: MONTESINOS, J.-P. "Les espaces urbains du Québec". ***Annuaire du Québec 1973.*** Québec: BSQ, 1974.

(suite) (1) centage des logements construits avant 1946 était supérieur au pourcentage des logements construits avant 1946 pour l'ensemble de la ville (voir les définitions au chapitre 1).

(2) Office de planification du Québec. ***Utilisation du sol des principales agglomérations du Québec.*** Québec, 1973.

groupes I et II respectivement. Le groupe III est constitué par les agglomérations dont la population se situe entre 60 000 et 140 000 personnes. Le groupe IV englobe les agglomérations dont la population varie entre 30 000 et 50 000. Le groupe V est constitué des agglomérations de 22 000 à 27 000 et le groupe VI, des autres.

Comme nous pouvions nous y attendre, l'image que l'on retire de ces informations est sensiblement la même que celle observée pour l'ensemble du Canada. C'est l'activité résidentielle qui accapare la plus grande part de l'espace urbain québécois. Les cinq autres catégories se partagent l'autre moitié, la plus forte proportion allant aux espaces para-urbains, soit les grandes entreprises affectées aux liaisons et aux transports. La comparaison de l'affectation du sol selon la taille des agglomérations révèle très peu de relation. Québec se distingue plus nettement des autres en raison de sa vocation particulière, i.e. comme siège du gouvernement. Ainsi, on peut constater que la part des institutions y est beaucoup plus importante et celle des industries beaucoup plus faible.

Une dimension importante de la structure interne des villes est la densité de leur développement. Le tableau 3.3 nous donne l'information pour les 23 zones métropolitaines du Canada sur l'importance relative de diverses formes d'habitat. Ceci nous permet de juger de la densité du

TABLEAU 3.3: Type de logement par zone* (en pourcentage du total)

	Ensemble des régions métropolitaines			Montréal - Toronto - Vancouver		
	Centre**	Banlieues adultes	Banlieues nouvelles	Centre**	Banlieues adultes	Banlieues nouvelles
Individuel - autonome	13,4%	40,5%	59,7%	3,4%	27,3%	49,7%
Appartements	78,5	52,4	29,0	91,1	63,6	40,1
Autres	8,1	7,1	11,3	5,5	19,1	10,2
Total	100,0	100,0	100,0	100,0	100,0	100,0

* Il s'agit de la moyenne des pourcentages observés pour les 23 zones métropolitaines du Canada.

** Pour la définition de ces zones, se référer au texte.

Source: Statistique Canada. ***Perspectives Canada III.*** Cat. no 11.511 F, tableau 11.25.

développement résidentiel. On peut constater que la densité résidentielle augmente à mesure qu'on se rapproche du centre. En effet, la part des appartements passe de 29,0% dans les banlieues nouvelles à 52,4% et 78,5% dans les banlieues adultes et le centre respectivement. Ce phénomène est encore plus accentué lorsqu'on limite notre examen aux trois plus grandes zones métropolitaines. La densité du développement y est plus élevée quelle que soit la zone indiquant l'intensité de la pression sur le prix du terrain, et l'économie que l'on tente de réaliser sur ce facteur en densifiant davantage. C'est le reflet d'une rationalité économique dont nous exposerons les mécanismes dans les prochaines sections.

3.1.2 Les tendances du développement urbain

Plus importante peut-être que l'image statique de l'affectation du sol qui nous est révélée par les données précédentes, la dynamique du développement urbain a été marquée par deux phénomènes interreliés: l'étalement urbain et la dégradation des centres. En fait, depuis le développement accéléré des moyens de transport individuels (automobiles, camions), on assiste à une forte décentralisation de la population et des emplois vers les banlieues. Ce phénomène soulève plusieurs problèmes dont celui du financement des villes centrales et de la dégradation de leur stock immobilier. Il pose également le problème de l'empiètement du développement urbain sur les zones agricoles.

Les données du tableau 3.4 illustrent ce phénomène de la décentralisation de la population et des emplois, phénomène qui, comme on peut le constater en comparant les deux parties du tableau, est davantage accentué dans les très grandes zones métropolitaines. Si on s'attarde d'abord à la première partie du tableau portant sur l'ensemble des zones métropolitaines au Canada, on observe qu'en 1961, 51,3% de la population vivait dans la ville centrale alors que 58,9% des emplois y étaient localisés; en 1971, ces chiffres passent respectivement à 50,1% et 65,7%. La dislocation entre zone d'emploi et de résidence s'est accentuée durant la période en raison d'une forte décentralisation de la population et un raffermissement des concentrations d'emploi au centre. Cela a été rendu possible par un développement sans précédent des grands réseaux de transport.

Ces données sur l'ensemble des zones métropolitaines cachent l'ampleur des problèmes spécifiques aux plus grandes zones telles que Montréal, Toronto et Vancouver. La forte concurrence que s'y font certaines activités, comme celles des services pour les localisations les plus centrales, tend à favoriser le déplacement d'autres activités vers la périphérie en raison du coût trop élevé du terrain. En effet, la seconde partie du tableau indique d'une part que la décentralisation de la population a été beaucoup

TABLEAU 3.4: Répartition de la population et des emplois dans les zones métropolitaines au Canada, 1961-71

	Ensemble des zones métropolitaines*								Montréal - Toronto - Vancouver							
	1961				1971				1961				1971			
	ville		reste de la zone		ville		reste de la zone		ville		reste de la zone		ville		reste de la zone	
	(000)	%	(000)	%	(000)	%	(000)	%	(000)	%	(000)	%	(000)	%	(000)	%
A) Population	4 607,8	51,3	4 371,0	48,7	5 842,0	50,1	5 914,0	49,9	2 247,9	48,9	2 353,4	51,1	2 715,3	39,8	4 100,2	60,2
B) Emploi																
- primaire	32,5	47,7	35,7	52,3	36,1	43,5	46,9	56,5	7,6	32,2	16,0	67,8	7,5	28,5	18,8	71,5
- manufacturier	466,4	55,3	377,3	44,7	604,1	56,7	460,8	43,3	271,3	49,6	276,0	50,4	328,5	48,6	348,0	51,4
- construction	128,2	57,1	36,3	42,9	176,0	60,5	115,0	39,5	64,1	50,3	63,2	49,7	69,5	45,8	82,2	54,2
- transports	187,1	58,5	132,5	41,5	289,8	71,9	113,3	28,1	99,9	52,0	92,4	48,0	158,6	64,3	87,8	35,7
- commerce	335,2	57,8	245,9	42,2	501,9	64,5	275,7	35,5	164,7	49,2	170,1	50,8	238,2	52,5	215,2	47,5
- services	717,2	62,0	440,2	38,0	1 341,0	71,9	522,9	28,1	337,7	54,6	280,6	45,4	636,7	64,2	354,7	35,8
- indéterminé	51,3	64,8	27,9	35,2	26,5	62,3	16,0	37,7	28,5	59,7	19,2	40,3	12,8	53,4	11,2	46,6
TOTAL	1 917,8	58,9	1 336,0	41,1	2 968,6	65,7	1 550,3	34,3	973,9	51,5	917,4	48,5	1 451,8	56,5	1 117,9	43,5

* Comprend l'ensemble des 22 zones métropolitaines telles que définies par Statistique Canada.

Source: Statistique Canada. ***Recensements, 1961-1971.***

plus accentuée dans ces zones. De plus, certaines activités, telles les activités manufacturières et celles reliées au secteur de la construction et au secteur primaire, se sont déplacées vers les banlieues au profit des activités de services et de commerce.

Ce phénomène de décentralisation de la population et des emplois, basé sur un développement à faible densité, n'est pas sans soulever d'autres problèmes: les villes centrales subissent un rétrécissement de leur base fiscale et un gonflement de leurs dépenses; leurs citoyens les plus fortunés se déplaçant vers les banlieues, leur stock immobilier tend à se dégrader, phénomène qui d'ailleurs est accentué par les externalités négatives occasionnées par les longs déplacements domicile-travail. Ces problèmes particuliers seront repris dans des chapitres ultérieurs. Pour le moment, nous nous attarderons aux conséquences de l'étalement urbain sur l'affectation du sol et plus particulièrement sur le transfert irréversible du sol agricole à des fins urbaines.

Une étude exhaustive(3) de ce processus de transfert du sol agricole à des fins d'urbanisation a été effectuée en 1977 et permet d'évaluer l'importance du phénomène en même temps que sa gravité. Les données du tableau 3.5 résument les principales informations sur l'urbanisation des terres rurales entre 1966 et 1971 au Canada.

Ainsi, la superficie des terres urbaines au Canada entre 1966 et 1971 s'est accrue au rythme de 42 548 acres par année, pour un total de 212 740 acres. Ceci correspond à un accroissement de 17,12% par rapport au territoire urbain en 1971. C'est l'Ontario qui, parmi les provinces, possédait le taux annuel moyen le plus élevé avec 18 152 acres urbanisées par année. Toronto représentait la zone urbaine où le taux annuel était le plus élevé soit 5 809 acres par année. Le phénomène le plus frappant de ce processus: les sols convertis sont majoritairement à forte potentialité agricole. C'est l'Ontario et l'Île-du-Prince-Édouard qui présentent le tableau le plus sombre à cet égard. Par exemple à Toronto, 97,3% des terres converties avaient un fort potentiel agricole. Pour Montréal, 73,9% des terres urbanisées avaient un tel potentiel.

Ces quelques données permettent de saisir l'ampleur du phénomène d'urbanisation et le transfert, d'une façon irréversible, du sol agricole à des fins urbaines. On comprendra pourquoi certaines provinces ont cru bon d'adopter des lois de zonage permettant de préserver les terres agricoles. De telles lois ne sont pas sans affecter les paramètres d'affecta-

---

(3) GIERMAN, D.-M. ***Urbanisation des terres rurales.*** Pêches et environnement Canada, Direction générale des terres, 1977.

TABLEAU 3.5: Taux d'urbanisation annuel moyen, 1966-1971

	Potentiel agricole élevé*		Autres		Total	
	acres	%	acres	%	acres	%
Canada	26 918	63,3	15 630	36,7	42 548	100
Colombie-Britannique	637	16,7	3 182	83,3	3 819	100
Vancouver	135	7,5	1 674	92,5	1 809	100
Manitoba	2 339	91,0	230	9,0	2 569	100
Nouveau-Brunswick	145	16,3	747	83,7	892	100
Terre-Neuve	—	—	350	100,0	350	100
Nouvelle-Écosse	327	36,5	568	63,5	895	100
Ontario	14 301	78,9	3 831	21,1	18 132	100
Toronto	5 652	97,3	157	2,7	5 809	100
Île-du-Prince-Édouard	152	99,9	1	0,1	153	100
Québec	4 146	53,6	3 595	46,4	7 741	100
Montréal	2 821	73,9	995	26,1	3 816	100
Saskatchewan	469	63,9	265	36,1	734	100

* C'est-à-dire les sols permettant des cultures de plein champ d'une manière soutenue.

Source: GIERMAN, D.-M. ***Urbanisation des terres rurales.*** Ottawa: Pêches et environnement Canada, 1977.

tion du sol. Afin de pouvoir analyser l'impact de telles interventions, nous passons d'abord à l'étude des déterminants de l'affectation du sol urbain.

3.2 LE PROCESSUS ÉCONOMIQUE D'AFFECTATION DU SOL URBAIN

3.2.1 Les déterminants de la valeur foncière

Comme nous l'avons vu dans la section précédente, le sol urbain peut être affecté à différents usages. Le mécanisme de marché qui conduit à une telle affectation n'est pas fondamentalement différent du problème d'allocation de n'importe quel bien, et le prix qui résulte du processus d'échange largement décentralisé sert à véhiculer l'information nécessaire à une telle allocation. Nous supposerons donc, dans la discussion qui suit, l'existence d'une information complète de la part des agents économiques impliqués dans un tel marché. D'après cette hypothèse, chaque utilisateur potentiel de terrain est en mesure d'établir, pour chaque parcelle, le prix qu'il serait prêt à payer. C'est ce que nous appellerons les prix d'enchères. Connaissant ces prix d'enchères, il y va de l'intérêt même du propriétaire foncier de céder son terrain au plus offrant. L'étude des déterminants de l'affectation du sol peut donc être abordée par le biais de l'analyse des facteurs qui en déterminent la valeur. Toutefois, deux caractéristiques particulières distinguent le sol de la plupart des autres biens: sa durabilité et le fait qu'il soit non reproduisible.

Un premier élément qui caractérise le sol et affecte la détermination de son prix est qu'il s'agit d'un bien non reproduisible et que son offre est fixe; sa valeur est donc déterminée par l'intensité de la demande. En effet si la population, pour des raisons que nous avons déjà mentionnées dans les chapitres précédents, désire se concentrer en un point donné de l'espace, la concurrence que se font les individus pour les terrains en fera augmenter le prix. Plus la population est grande, plus la demande pour ces terrains sera grande et plus les prix seront élevés. La demande de terrain, dans ce cas, est dérivée de la demande pour une plus grande accessibilité, et comme la quantité de terrain spatialement définie est fixe, c'est l'intensité de la demande qui en détermine le prix.

Il existe cependant une différence importante entre le prix du sol et celui des autres biens: le prix du sol représente une rente pure. La rente est constituée du paiement supplémentaire par rapport au prix minimum nécessaire pour attirer le sol à un usage productif. Ce prix minimum, dans le cas du sol urbain, est déterminé par la valeur du sol pour des fins agricoles. Ainsi, à la périphérie de l'agglomération, c'est le prix qu'il faut offrir pour transférer le sol agricole à une fin urbaine: il s'agit du prix de transfert.

Donc, ce qui caractérise la rente associée à un facteur de production, c'est que son niveau est déterminé par l'intensité de la demande et non par les coûts de production. Ainsi, l'importance des revenus que retirent les propriétaires fonciers est déterminée entièrement par les conditions de la demande. Comme nous l'avons vu, cette demande est dérivée du marché pour les biens et services requérant du terrain pour leur production. Ainsi, pour l'agglomération urbaine dans son ensemble, la rente foncière ne détermine pas les prix des biens mais est déterminée par eux.

Si on considère maintenant que le sol urbain peut être affecté à différents usages, il sera transféré à cet usage qui offre le meilleur prix. Ainsi, pour un usage particulier à une localisation donnée, l'offre peut être très élastique. En effet, si la demande pour un usage particulier augmente, les prix d'enchères qui y sont associés s'accroissent et contribuent à attirer un certain nombre de terrains à ce type d'usage. De cette façon, le prix du sol exerce une fonction comme dans n'importe quel autre marché, celle de guider les décisions de tous les participants sur ce marché.

Une seconde caractéristique importante du sol est sa durabilité. Il s'agit en effet d'un actif dont la valeur dépend des revenus reliés aux services qu'il procure. Les différents utilisateurs du sol ne sont pas directement intéressés à l'actif lui-même mais plutôt aux services qu'il procure, que ce soit dans la production de biens et services, l'habitation ou encore les autres fonctions urbaines. Ainsi, la valeur de cet actif qu'est le sol, ou encore le prix qu'un utilisateur sera prêt à payer, dépendra du flux de revenu actualisé sur la période de durée de l'actif. Dans le cas d'un actif qui génère un flux constant de revenu R sur une durée infinie, sa valeur peut être obtenue de la façon suivante:

$$V = \frac{R}{i} \qquad (3\text{-}1)$$

où i est le taux d'escompte ou encore le coût d'opportunité. Il s'agit de la valeur actualisée. Par exemple, si le loyer provenant de la location d'un terrain est de $10 000 par année et que le taux d'intérêt sur l'emprunt permettant d'acheter ce terrain est de 8%, sa valeur capitalisée est de $125 000. Cette valeur représente en quelque sorte le prix qu'un éventuel utilisateur serait prêt à payer pour cet actif.

La formulation précédente de la valeur actualisée d'un terrain représente une simplification de la réalité à plusieurs égards. D'abord, en milieu urbain, le sol est généralement affecté à des fonctions spécifiques tels le commerce, la production, la résidence, etc. Ainsi, il faut tenir compte, dans le calcul de la valeur actualisée, des coûts de construction C_t et des coûts d'opération O_t. Ensuite, l'utilisation du sol peut changer après une certaine période, de telle sorte que la période de vie de l'actif dans un usage spécifique est finie. Si l'on tient compte des considérations précédentes, la valeur peut être obtenue de la façon suivante:

$$V = \sum_{t=1}^{T} \left[\frac{R_t - O_t}{(1+i)^t} - \frac{C_t}{(1+i)^t} \right] \qquad (3\text{-}2)$$

où T représente la période de l'actif. Bien sûr, si la bâtisse désirée par l'acheteur est déjà sur le terrain, les coûts de construction C_t sont alors nuls. Dans le cas du choix résidentiel, le revenu n'est pas explicite mais implicite; il s'agit du loyer que l'utilisateur devrait payer pour un logement procurant un niveau de service comparable.

Pour résumer, le prix d'enchère qu'un utilisateur est prêt à payer pour un terrain est la valeur actualisée des flux implicites ou explicites associés à son usage. Ces revenus dépendent à leur tour de l'ensemble des caractéristiques particulières à ce terrain. Dans le cas d'un commerce, une caractéristique importante pouvant affecter les revenus sera la proximité du marché. Dans le cas d'une entreprise manufacturière, ce sera la proximité des facteurs de production, de la clientèle et des grands réseaux de communication. Dans le cas d'un logement, ce seront l'accessibilité à l'emploi, les aménités, les services publics, etc. D'une façon générale, quels que soient les usages, un facteur très important de la détermination de la valeur du sol en milieu urbain sera l'accessibilité. Nous allons discuter cet aspect de façon plus spécifique dans la prochaine section.

Nous avons présenté les divers facteurs qui déterminent ce que les utilisateurs potentiels sont prêts à payer pour un terrain. Maintenant, nous devons nous poser la question de la détermination du prix du marché et de l'affectation de chaque parcelle de terrain. Il y va bien sûr de l'intérêt du propriétaire foncier de vendre au plus offrant. Pour illustrer ce principe d'allocation optimale du sol, on suppose que la ville peut être divisée en un nombre donné de parcelles et que les utilisateurs sont en mesure d'établir ce qu'ils sont prêts à payer pour chaque parcelle. Dans l'exemple du tableau 3.6, la ville est composée de cinq parcelles et de cinq utilisateurs dont on a reproduit les prix d'enchères.

TABLEAU 3.6: Prix d'enchères et prix d'équilibre* (en millier de $)

Utilisateurs	Parcelles de terrain				
	I	II	III	IV	V
1	4	(10)	7	1	2
2	5	8	12	9	4
3	(11)	2	6	7	3
4	2	5	4	8	5
5					(6)

* Les cercles indiquent le prix d'équilibre, et les rectangles identifient les bornes entre lesquelles l'équilibre devrait se situer.

On constate d'abord que chaque utilisateur évalue différemment chaque parcelle en fonction des particularités reliées à sa structure de profit ou de préférences. Pour chacun des utilisateurs, la structure de prix qu'il associe aux différentes parcelles est celle qui le laisse indifférent, soit parce que ses profits demeurent constants, s'il s'agit d'une entreprise, ou encore que sa satisfaction demeure inchangée dans le cas d'un ménage. Par exemple, la lecture de la première ligne du tableau indique que l'utilisateur 1 est indifférent entre la première parcelle à $4 000, la seconde à $10 000 et ainsi de suite. L'utilisateur 2 évalue plus fortement la première parcelle, mais c'est l'utilisateur 3 qui offre le plus fort montant; c'est lui qui s'y localisera, puisque le propriétaire foncier connaît les enchères sur son terrain et vend au plus offrant. Le prix du marché sera de $11 000.

On peut faire un raisonnement analogue pour chaque utilisateur et pour chaque parcelle. Toutefois, dans le cas de la troisième et quatrième parcelle, l'utilisateur 2 est le plus offrant dans chaque cas. Le choix se fera par arbitrage. Dans l'hypothèse où il connaît les autres enchères, il sait qu'il peut obtenir la troisième parcelle pour un peu plus de $7 000, alors qu'il était prêt à payer $12 000. De même, dans le cas de la quatrième parcelle, il peut l'obtenir pour un peu plus que $8 000 et il était prêt à payer $9 000. Son avantage relatif est plus élevé s'il se localise dans la troisième parcelle. Il est à noter que l'utilisateur 2 est en mesure de payer moins que le prix d'enchère maximum en raison de l'avantage qu'il possède sur le marché. Il représente le seul acheteur de parcelles appartenant à deux propriétaires fonciers qui se concurrencent. S'il n'y avait qu'un seul propriétaire pour les deux parcelles, le prix tendrait vers $12 000. Ainsi, la structure de marché détermine le partage de la rente foncière entre utilisateurs et propriétaires. Toutefois, l'équilibre n'est pas encore atteint, puisque la quatrième parcelle n'est pas affectée. Par exemple, l'utilisateur 4 a constaté qu'il peut occuper la quatrième parcelle en offrant un peu plus de $7000, alors qu'il était prêt à offrir $8 000. Ainsi donc, comme nous le mentionnions au début, à la structure d'affectation du sol correspond une structure de prix fonciers décrite par les valeurs encerclées.

L'exemple précédent peut sembler irréaliste, et il l'est à plusieurs égards. L'utilisateur typique ne calcule pas de prix d'enchères pour l'ensemble des parcelles, sauf peut-être pour deux ou trois possibilités tout au plus. De plus, les négociations sur le prix sont généralement secrètes de telle sorte qu'on est bien loin de l'hypothèse d'information complète que nous avons faite. En dépit de cela, cet exemple simple illustre passablement bien le mécanisme par lequel le sol est affecté aux différents usages. Avec le temps, les changements dans les facteurs qui déterminent la demande pour les terrains, ou encore les modifications dans les caractéristiques mêmes du site, vont changer les prix d'enchères et on assistera à une nouvelle allocation du sol.

3.2.2 La primauté des facteurs de localisation

Nous avons traité dans la section précédente du problème général d'allocation de cette ressource rare que représente le sol urbain. Nous avons vu comment se ferait le partage de cette ressource sur la base de l'information contenue dans les prix d'enchères.Or, un des éléments importants dans la détermination de ces prix est l'accessibilité.

En effet, les revenus dérivés de l'utilisation d'un terrain vont varier selon la localisation par rapport aux concentrations d'emploi, ou encore par rapport aux grands réseaux de communication. De plus, l'importance de l'accessibilité varie selon les usages: elle est capitale pour les activités de service et de commerce, mais beaucoup moins pour les entreprises manufacturières et les activités de résidence. L'objectif de cette section est donc d'examiner la structure spatiale des activités telle qu'elle découle du processus d'affectation du sol que nous avons décrit précédemment. La plupart des modèles qui se sont penchés sur le problème d'allocation en milieu urbain se sont attardés à cet aspect de la localisation. On distingue les modèles de type inductif basés sur l'observation de la structure de localisation des diverses activités et les modèles économiques de type déductif.

Selon le processus d'affectation du sol présenté dans la section précédente, les forces qui orientent l'organisation spatiale des activités sont surtout d'ordre économique, mais aussi de nature culturelle et sociale. En fait, la complexité des facteurs empêche le développement d'un modèle général et universel. Toutefois, certaines tendances dans l'affectation du sol se dessinent dans les villes appartenant à un même système économique et plusieurs auteurs ont tenté de rassembler, à l'intérieur de modèles descriptifs, les principales constantes de la localisation qui s'en dégagent. D'autres auteurs ont construit des modèles déductifs basés sur les principes économiques. Nous allons présenter successivement ces différents types de modèles en insistant sur la répartition spatiale des activités à laquelle ils conduisent.

Les premières tendances d'analyse de la distribution spatiale des activités ont été l'oeuvre surtout de sociologues et d'écologistes. Elles constituent un effort de généralisation de la structure urbaine observée dans les villes nord-américaines. Les principales contributions se sont concentrées autour de deux conceptions différentes de la croissance urbaine: le développement par zones concentriques proposé par Burgess(4)

---

(4) BURGESS, E.-W. ***The Growth of the City: an Introduction to a Research Project*** (Park R.E., Burgess, E.-W. et MacKensie, R.D., éd). Chicago: The City, Chicago University Press, 1925.

et le développement par secteur de Hoyt[5], la théorie des "noyaux multiples" de Harris et Ullman[6] n'étant qu'une extension de la dernière.

La théorie des zones concentriques présente le développement de la ville comme le résultat de mutations qui prennent leur origine au centre et qui se propagent de façon uniforme sur le territoire. Par un processus de succession résidentielle qui demeure mal défini dans la théorie, la croissance de la ville se fait par l'empiètement successif d'une zone sur l'autre. Sous l'impulsion de cette croissance, les entreprises du centre empiètent progressivement sur une seconde zone, dite de transition, composée de résidences de très faible qualité. Les ménages ainsi déplacés provoquent une vague de successions résidentielles à travers trois autres zones: une zone occupée par des travailleurs à faible revenu, une zone résidentielle de qualité supérieure et occupée par les gens à revenus élevés et enfin une zone suburbaine formée des villes satellites. Ce modèle décrit assez bien les villes américaines avant l'avènement de l'automobile, où la plupart des activités étaient concentrées au centre, mais semble beaucoup moins pertinent comme description des villes modernes.

La théorie des secteurs de Hoyt se veut d'abord une critique de la précédente et du développement concentrique des villes qu'elle propose. De plus, elle comble ses lacunes dans la mesure où on y trouve un début d'explication de la dynamique de la croissance urbaine. La cause des mutations est liée au vieillissement du patrimoine immobilier, lequel en modifie la qualité. Le mouvement s'effectue à partir du centre. Les logements n'offrent plus les services suffisants pour les ménages à revenu élevé et ceux-ci se déplacent vers les quartiers plus récents. Contrairement à ce qu'affirme la théorie précédente, le phénomène de déplacement des populations, provoqué par le vieillissement relatif du stock immobilier, ne se fait pas de façon uniforme et concentrique, mais par une structuration de l'espace selon des secteurs homogènes du point de vue du revenu et du statut social. Les zones des loyers élevés polarisent le développement de la ville en raison de la tendance des ménages à se rapprocher des secteurs associés au prestige. On observe ainsi autour de ces secteurs une structure décroissante des loyers. Deux éléments nouveaux apparaissent importants: d'une part, la place que cette théorie accorde aux caractéristiques du voisinage dans la détermination des choix résidentiels, et d'autre part, l'ébauche d'une explication des phénomènes de succession résiden-

---

(5) HOYT, H. ***The Structure and Growth of Residential Neighborhoods in American Cities.*** Washington: US Government Printing Office, 1939.

(6) HARRIS, C.-D. et ULLMAN, L. "The Nature of Cities". ***The Annals of the American Academy of Political and Social Science.*** Nov. 1945, vol. 24.

tielle. Il faut noter cependant que cette théorie, largement basée sur le vieillissement du capital immobilier, établit à tort une relation nécessairement négative entre l'âge et la qualité.

La théorie des "noyaux multiples" n'est en quelque sorte qu'une extension de la précédente dans la mesure où le développement prévu par la théorie des secteurs se fait à partir de plusieurs noyaux qui se développent autour d'activités particulières, soit financières, commerciales ou industrielles, soit culturelles ou de loisirs. Il s'agit d'une extension que l'on retrouvera d'ailleurs dans la plupart des modèles économiques. Elle permet d'offrir plus de réalisme mais ne fait que reproduire la dynamique observée dans le cas d'un centre unique.

Un premier aspect intéressant de ces théories inductives de la localisation est l'explication générale qu'elles offrent de la répartition des groupes de revenus sur le territoire. La cause de la localisation des ménages à revenus élevés en périphérie doit être recherchée dans le phénomène de spéculation et de détérioration auquel sont soumises les zones centrales. Comme nous le verrons, cela contraste avec l'explication essentiellement statique des théories économiques de localisation. Un autre aspect intéressant de ces théories est qu'elles mettent en évidence, chacune à leur manière, des éléments spécifiques de la localisation et en particulier des facteurs tels que le désir d'identification à un "groupe d'appartenance" et les effets de voisinage en général.

Les modèles économiques(7) sont essentiellement des modèles de type déductif basés sur un ensemble d'hypothèses dont certaines sont passablement restrictives. On suppose que la ville possède un centre unique autour duquel s'étend une plaine uniforme de telle sorte que les coûts de transport sont les mêmes dans toutes les directions. De plus, l'utilisateur est intéressé à la maximisation de ses bénéfices: les profits dans le cas d'une entreprise, la satisfaction ou l'utilité dans le cas d'un ménage.

---

(7) Les modèles les plus représentatifs sont ceux d'Alonso, Kain, Muth et Wingo:

ALONSO, W. ***Location and Land Use: Toward a General Theory of Law Rent.*** Harvard University Press, Cambridge Press, 1964.

KAIN, J.-F. "The Journey to Work as a Determinant of Residential Location". ***Papers and Proceedings of the Regional Science Association.*** 1962, vol. IV.

MUTH, R.-F. ***Cities and Housing: The Spatial Pattern of Urban Residential Law Use.*** Chicago: University of Chicago Press, 1969.

WINGO, L. ***Transportation and Urban Land.*** Washington DC., Resources for the Future, 1961.

Tous ces modèles sont une adaptation plus ou moins poussée du contexte urbain du modèle d'utilisation du sol agricole de Von Thünen[8]. Ainsi, nous introduisons les principaux concepts à l'aide de ce modèle simple basé sur les quatre hypothèses suivantes: 1) il y a un marché où tous les produits agricoles sont vendus; 2) le prix de chaque produit est déterminé par le jeu de l'offre et de la demande; 3) les terrains sont d'égale fertilité de telle sorte que les coûts de production et les rendements à l'acre pour un même produit sont les mêmes partout; 4) les coûts de transport sont directement liés à la distance et sont les mêmes dans toutes les directions. Comme résultat des différences des coûts de transport, des prix et du rendement à l'acre d'un type de production à l'autre, une structure d'utilisation du sol émerge du processus de concurrence alors que chaque producteur en vient à occuper les terrains pour lesquels il est capable de payer le prix le plus élevé.

On peut exposer très simplement ce processus en examinant d'abord la concurrence spatiale des producteurs d'un même produit, et ensuite entre producteurs de produits différents. Supposons qu'il en coûte $150 pour cultiver un acre de blé, que les coûts de transport sont de $4 du mille et que la production d'un acre rapporte $178 sur le marché; alors, la fonction de profit peut être résumée par l'expression suivante:

$$P_{\text{blé}} = (178 - 150) - 4t = 28 - 4t \qquad (3\text{-}3)$$

où $P_{\text{blé}}$ représente le profit associé à la production d'un acre de blé, à la distance t du marché. Cette fonction de profit est présentée à la figure 3.1.

FIGURE 3.1: Fonction de profit dans la production d'un acre de blé

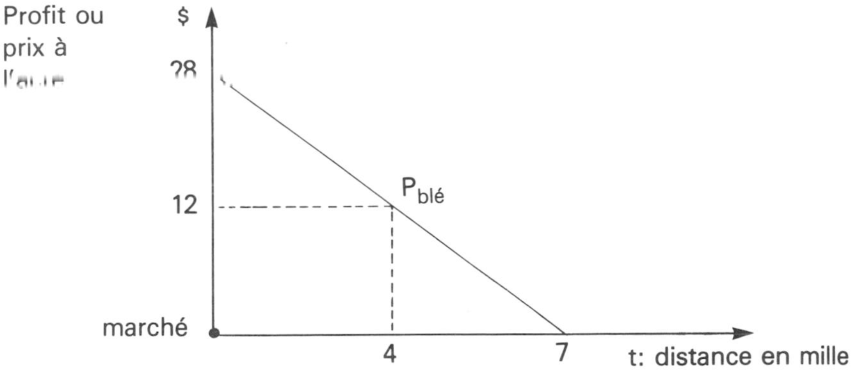

(8) VON THÜNEN, J. ***Der Isoliate Staat in Beziehung auf Landwirtschaft und National Ekonomic.*** Hamburg, 1826.

Dans la mesure où les coûts de production incluent déjà un profit normal, soit la rémunération de l'entrepreneur et de son capital au maximum de ce qu'il pourrait recevoir ailleurs, la fonction $P_{blé}$ représente alors le profit excédentaire. Toutefois, la concurrence entre producteurs pour les localisations les plus près du marché va faire en sorte que chacun sera prêt à payer au propriétaire foncier la rente indiquée par la fonction $P_{blé}$. En fait, le producteur sera indifférent entre un terrain situé à quatre milles du marché au prix de $12 l'acre et un autre situé à proximité du marché à $28 l'acre, puisque dans chaque cas il ne gagne que le profit normal. La fonction $P_{blé}$ détermine donc la courbe d'enchère des producteurs de blé et la surface sous la courbe, la rente totale allant aux propriétaires fonciers. Pour s'en convaincre, supposons temporairement que le prix soit constant à $14 quelle que soit la distance. Le producteur situé près du marché fait des profits anormaux par rapport aux producteurs plus éloignés. Ces derniers sont alors prêts à offrir plus que $14 pour les terrains à proximité du marché. Ce processus conduit à une augmentation du prix des terrains au centre et une diminution en périphérie du marché. Il se poursuit jusqu'à ce que la structure de prix corresponde à celle décrite par la fonction $P_{blé}$.

De façon analogue, on peut définir des courbes d'enchères pour d'autres productions: maïs, légumes, etc. tel qu'illustré à la figure 3.2. Le type de production ayant les coûts de transport les plus élevés présentera la courbe d'enchère dont la pente est la plus grande.

Comme le propriétaire foncier cède le terrain au plus offrant, la rente à chaque localisation est égale au prix d'enchère le plus élevé et la structure de la rente foncière correspond à l'enveloppe des courbes d'enchères de chaque utilisateur. On peut constater que, lorsque seuls les coûts de transport varient, une structure concentrique de rente foncière et d'utilisation du sol émerge[(9)]. Les producteurs de légumes sont les plus près du marché, suivis des producteurs de blé et de maïs.

Le modèle de Von Thünen, développé dans un contexte de production agricole, peut être facilement adapté au contexte urbain. D'une part, le centre des affaires (Central Business District CBD) remplace le marché et les entreprises auront des revenus ou des ventes plus ou moins élevés selon leur localisation par rapport au centre. Pour certains types d'activités, l'accessibilité au centre est plus importante et leur courbe d'enchère sera plus accentuée; pour d'autres, elle l'est moins. D'autre part, les décisions de localisation de certains utilisateurs ne sont pas liées à

---

(9) La forme concentrique découle de l'hypothèse d'un marché unique autour duquel se déploie un sol agricole d'égale fertilité. On retrouvera des hypothèses analogues dans la transposition urbaine de ce modèle.

FIGURE 3.2: Courbes d'enchères de différents types de production

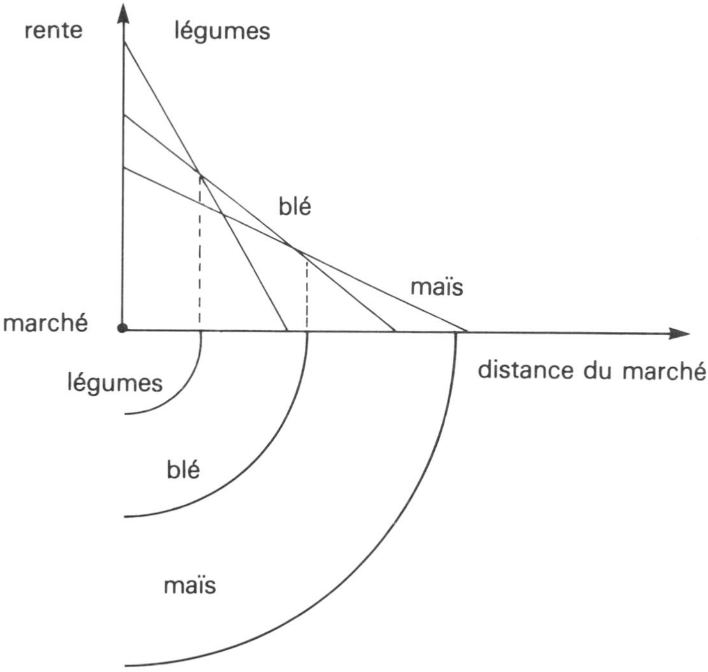

la maximisation des profits. C'est le cas des choix de résidence sur lesquels nous allons nous attarder plus longuement dans la prochaine section.

Tout comme dans le cas des producteurs agricoles, on peut considérer l'utilisation du sol dans la ville comme le résultat de la concurrence pour une plus grande accessibilité. Puisque chaque utilisateur essaie de se localiser aussi près que possible du centre, et que tous ne peuvent occuper le même site, il sera alloué à celui dont le prix d'enchère est le plus élevé. Pour illustrer, on peut considérer différents types d'activités, tels que les sièges sociaux, dont la proximité du centre est très importante pour acquérir l'information nécessaire à la prise de décisions. Comme le coût d'une prise de décision s'accroît rapidement à mesure qu'ils s'éloignent du centre, les profits diminuent de même que la rente qu'ils peuvent gagner. Certaines utilisations comme les activités manufacturières sont moins dépendantes de l'accessibilité. Dans le cas des activités résidentielles, la proximité du centre est encore moins importante. La figure 3.3 illustre la structure de la rente foncière et de l'utilisation du sol correspondant à ces activités.

FIGURE 3.3: **Structure d'utilisation du sol**

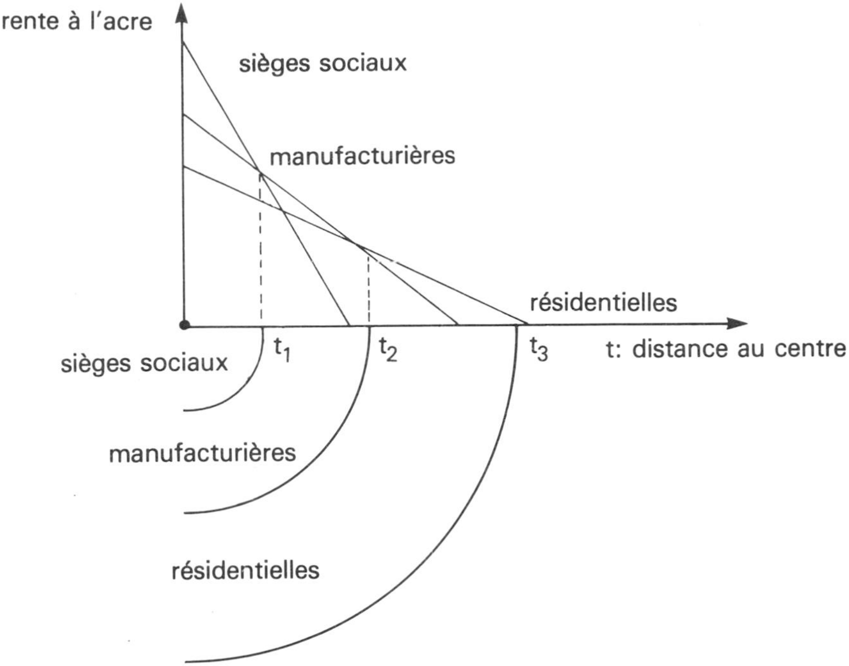

Les localisations centrales sont occupées par les sièges sociaux, suivies des entreprises manufacturières et enfin des activités résidentielles. On pourrait affiner davantage l'analyse, mais le modèle précédent fournit l'essentiel des éléments qui déterminent l'allocation spatiale des activités en milieu urbain et la structure des prix fonciers qui en découle. Cette dernière est donnée par l'enveloppe des courbes d'enchères associées à chaque usage et est caractérisée par une pente négative en fonction de la distance. La forte concurrence que s'exercent les diverses activités pour des localisations centrales conduit à des valeurs foncières élevées au centre, et qui diminuent à mesure qu'on s'en éloigne. Cette structure de prix incite à économiser le sol au centre, et se reflète dans des densités plus fortes.

3.2.3 La localisation résidentielle

Les modèles économiques de localisation développés à partir des années 60 se sont intéressés plus particulièrement au choix résidentiel[(10)].

---

(10) Le modèle d'Alonso représente une exception puisqu'il considère le problème de localisation des activités de production agricole manufacturière et de résidence.

Tout comme dans le modèle de Von Thünen, l'idée maîtresse est qu'il existe une relation entre la valeur du sol et les coûts de transport. Dans le cas d'une concentration d'emploi unique et de logements occupant la même dimension de terrain, le ménage a le choix entre une localisation centrale avec une rente élevée ou une localisation plus éloignée avec une rente faible. De fait, l'épargne sur les coûts de transport associée à une localisation plus centrale est capitalisée dans une rente plus élevée.

Dans l'exercice d'un tel choix résidentiel, on suppose que le ménage est rationnel et qu'il alloue son budget entre le terrain, la proximité de l'emploi et sa consommation des autres biens de sorte que sa satisfaction soit la plus élevée possible. Ceci revient à choisir un terrain d'une dimension et d'une localisation permettant de minimiser les coûts totaux de résidence. On suppose que le prix d'un terrain d'une dimension donnée, pour les raisons déjà énoncées, augmente à mesure qu'on se rapproche du centre. Par contre, une localisation plus centrale réduit le coût des déplacements domicile-travail: coût direct de transport et coût d'opportunité du temps de déplacement et encore le temps du loisir perdu.

Quelle sera pour le ménage la localisation qui lui permettra de minimiser la somme de ses coûts de transport et de terrain? Intuitivement, on peut dire que ce sera cette localisation par rapport à laquelle tout déplacement minime (à la marge) entraîne des coûts additionnels supérieurs à l'épargne. D'une façon plus formelle, la localisation optimale, soit celle qui minimise les coûts, est atteinte lorsque la condition suivante est respectée[(11)]:

$$k = -p_t q_i \qquad (1)$$

c'est-à-dire que le coût marginal de transport k doit être égal à l'épargne réalisée à la suite d'une variation de la localisation, soit $p_t q_i$.

Pour mieux saisir, reportons-nous à la figure 3.4 où sont reproduites les fonctions d'épargne marginale sur les dépenses de terrain $p_t q_i$ et la fonction de coût marginal sur les dépenses de transport k. Par exemple, la fonction $p_t q_2$ indique l'épargne que réalise un ménage qui consomme les quantités q_2 de terrain suite à un léger déplacement vers la périphérie. Cette épargne provient du fait que la rente diminue avec la distance. Ainsi, l'épargne totale de quelqu'un qui réside à la limite de la ville t_L par rapport au centre t_0 est égale à la surface sous la courbe. À la distance t_L, les courbes convergent puisque la rente y est nulle quelles que soient les quantités

(11) On trouvera à l'annexe A la dérivation de cette condition d'équilibre.

de terrain consommées. La fonction k donne le coût de transport associé à un léger déplacement vers la périphérie, soit le coût marginal de transport que l'on suppose ici constant.

FIGURE 3.4: Fonctions d'épargne et de coût de transport marginales

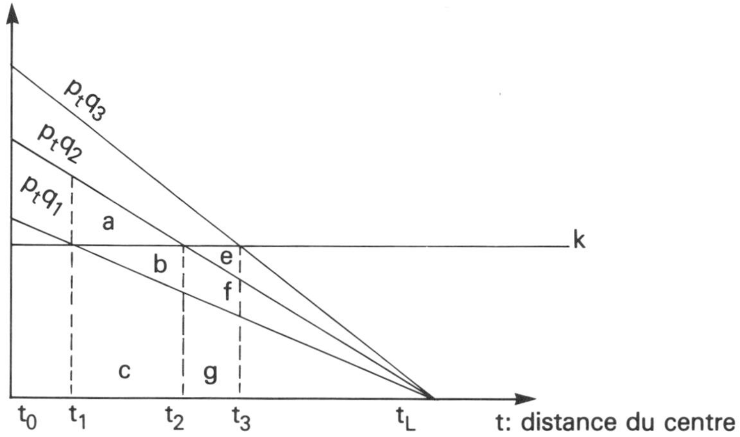

Pour un ménage qui consomme les quantités q_2 de terrain, la localisation lui permettant de minimiser ses coûts est de t_2, soit la distance pour laquelle la condition (1) est respectée. En effet, s'il avait choisi une localisation plus centrale, soit t_1, un déplacement vers t_2 lui permettrait d'épargner (a + b + c) sur la rente de localisation alors que ses coûts de transport n'augmenteraient que de (b + c), donc un gain net de a. Par contre, s'il avait choisi une localisation plus éloignée du centre, soit t_3, un déplacement vers t_2 lui permettrait d'épargner (e + d + g) sur les coûts de transport alors que la rente de localisation n'augmente que de (f + g), donc un gain net de e. Ainsi, toute localisation autre que t_2 ne peut être optimale pour un ménage qui consomme q_2 quantité de terrain.

L'intérêt de ces modèles réside surtout dans l'analyse qu'ils permettent d'effectuer de l'impact de certaines variations dans les paramètres. Par exemple, un accroissement des coûts de transport favorise un choix de résidence plus près du centre. Une augmentation des revenus provoque un accroissement de la demande d'espace, mais elle signifie aussi que le coût implicite du temps des déplacements augmente. Ainsi, l'impact sur les choix de localisation va dépendre de celui des deux effets qui primera sur l'autre. Ceci est illustré à la figure 3.5.

On constate que l'accroissement du revenu de y_1 à y_2 entraîne un choix de localisation plus éloigné du centre, dans la mesure où la variation

FIGURE 3.5: Impact des variations de revenu sur les choix de résidence

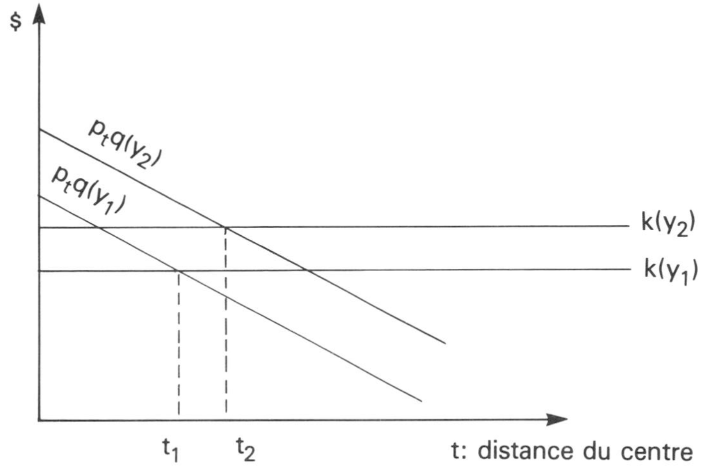

dans la demande d'espace (déplacement de $p_tq(y_1)$ à $p_tq(y_2)$) est supérieure à celle des coûts de transport (déplacement de $k(y_1)$ à $k(y_2)$). La plupart des auteurs se sont servis des conclusions de ces modèles pour expliquer le déplacement en périphérie des ménages à fort revenu comme la conséquence d'une forte élasticité-revenu de la demande pour l'espace(12).

Il est à remarquer, comme le montre la figure 3.6, que ces modèles conduisent à une structure de localisation des groupes de revenu similaire à celle du modèle de Burgess. Les ménages se distribuent de façon concentrique autour du centre, les revenus les plus faibles se localisent plus près du centre, les revenus plus élevés vers la périphérie. L'explication est différente cependant; dans le cas du modèle de Burgess, c'est la croissance urbaine et la dégradation du centre qui poussent les ménages à fort revenu vers la périphérie; dans les modèles économiques de localisation, c'est la forte demande pour l'espace qui incite les ménages à se localiser en banlieue où le prix des terrains est faible. L'identification des causes est importante dans le choix des politiques de revitalisation des centres(13).

---

(12) On trouvera à l'annexe A la dérivation mathématique des conditions d'équilibre par groupe de revenu.

(13) Une étude empirique de WHEATON, W.-C. "Income and Urban Residence: an Analysis of Consumer Demand for Location". ***American Economic Review.*** Sept. 1977, tend à rejeter, pour le moment, l'hypothèse que la localisation des gens à revenu élevé en banlieue soit le résultat d'une forte demande pour l'espace.

Le type d'analyse que nous venons de faire, sur la localisation des ménages par groupe de revenu, peut être répété pour d'autres caractéristiques sociodémographiques tels l'âge du chef, la taille du ménage, le nombre de participants au marché du travail, etc. Par exemple, les études empiriques(14) qui ont tenté d'évaluer l'influence de ces variables sur la localisation montrent qu'avec l'âge les considérations d'accessibilité prennent le pas sur l'espace. De plus, lorsque le ménage comporte plus d'un travailleur, il se localise généralement plus près des concentrations d'emploi. Dans ce contexte, l'accroissement dans le taux de participation des femmes au marché du travail et le vieillissement de la population sont des facteurs qui tendent à favoriser les localisations centrales par rapport aux banlieues.

FIGURE 3.6: Localisation spatiale des groupes de revenu

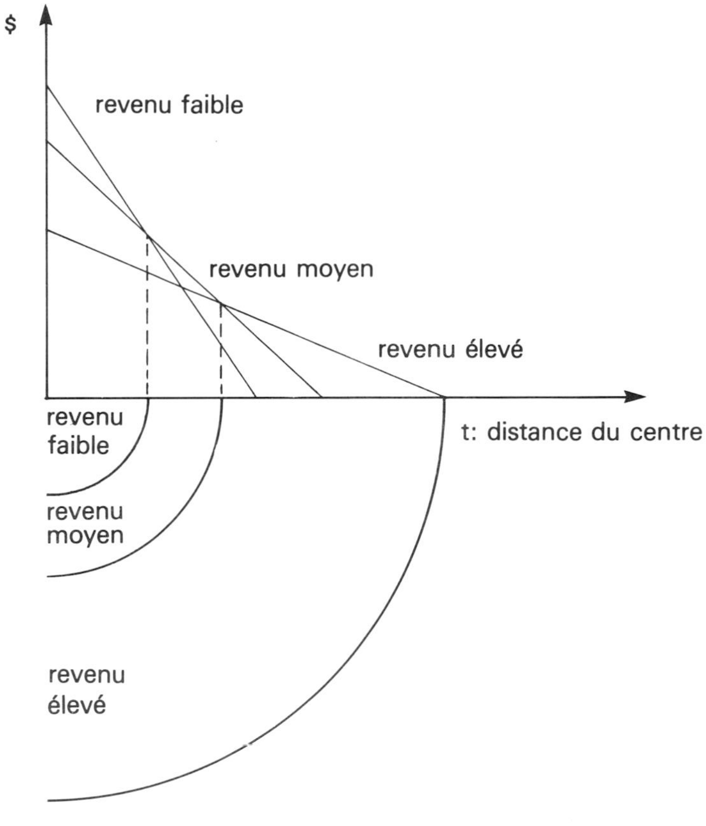

---

(14) Voir KAIN, J.-F. ***Op. cit.***

3.3 PROBLÈMES ET POLITIQUES D'AFFECTATION DU SOL URBAIN

3.3.1 Les externalités urbaines

Dans les sections précédentes, nous avons étudié comment le mécanisme du marché assure l'affectation de cette ressource rare qu'est le sol urbain sans se poser de questions au sujet de l'efficacité d'une telle affectation. On sait qu'il y a affectation efficace des ressources lorsque le prix d'un bien est égal à ce qu'il en coûte pour le produire. En effet, dans un tel cas, la valeur pour le consommateur d'une unité additionnelle d'un bien est égale au coût des ressources nécessaires à sa production. Si le prix est plus élevé que le coût marginal, cela indique que la société désire davantage de ce bien et que plus de ressources devraient y être affectées.

Dans le contexte urbain, cette propriété d'efficacité d'allocation du mécanisme du marché est en partie perdue par la forte proximité des diverses activités, ce que nous allons appeler les effets externes. Lorsqu'un individu achète une propriété , il paie pour le droit d'utiliser cette propriété. Comme nous le verrons, ce droit est contraint par un ensemble de réglementations. Toutefois, une partie des droits achetés comprend les externalités positives ou négatives sur les propriétés adjacentes. Ainsi, les décisions concernant l'usage d'un terrain particulier ne sont pas indépendantes des usages actuels ou potentiels des terrains adjacents. Prenons le cas d'une station-service qui décide de s'installer dans un quartier résidentiel. La circulation accrue occasionnée par cette activité aura certainement un impact négatif sur la valeur résidentielle des propriétés. Dans sa prise de décision, le propriétaire de la station-service tient compte de ses coûts privés, mais non de la diminution de valeur occasionnée aux propriétés environnantes. Si cette perte de valeur était internalisée, le coût marginal serait certainement plus élevé et la décision de construire la station-service ne serait peut-être pas prise. On peut multiplier de la sorte les exemples d'externalités qui conduisent à une mauvaise allocation des ressources, trop de stations-service, trop d'autoroutes, parce qu'on ne tient pas compte de la pollution, etc.

Les exemples précédents représentent un type d'externalités où un usage particulier, la résidence, a un effet neutre sur l'autre usage, la station-service, qui lui, entraîne une externalité négative sur le premier. Ils constituent probablement les exemples les plus percutants à l'appui des règlements de zonage. Un autre type d'externalités, mutuelles celles-là, peut être identifié lorsqu'un usage particulier bénéficie de la présence d'un autre usage, ce dernier retirant une externalité négative de la présence du premier. Un exemple typique de ce type d'externalités est la frontière entre les familles à revenu élevé et faible. Les faibles revenus profitent de la présence des premiers alors que les forts revenus évaluent défavorablement la proximité de l'autre groupe. Cet exemple percutant d'externalités urbaines a été proposé par Bailey(15).

On suppose que certains ménages préfèrent ne pas habiter près d'autres groupes dont les habitudes, la race, l'ethnie ou encore le niveau de revenu diffèrent. Si ces préférences sont suffisamment intenses et partagées par tous les groupes, ils auront tendance à se localiser dans des secteurs homogènes par rapport à l'élément distinctif(16). Dans le cas spécifique étudié par Bailey, le groupe à revenu faible préfère habiter à proximité du groupe à fort revenu et ce dernier évalue défavorablement la proximité des faibles revenus. Ces préférences vont se refléter dans les prix et affecter l'allocation du sol. Supposons que quatre rues parallèles, A, B, C et D sont occupées par des ménages à revenu faible et que les rues E, F, G et H sont occupées par les ménages à revenu élevé. De plus, seuls les ménages des rues D et E se considèrent affectés par la présence de l'autre groupe. Les propriétés sur la rue D vont se vendre plus chères que celles sur les rues A, B et C en raison de leur proximité par rapport au groupe à fort revenu. Par contre, les propriétés sur la rue E vont se vendre à un prix inférieur à celui des propriétés sur les rues F, G, H. Ceci est illustré à la figure 3.7:

FIGURE 3.7

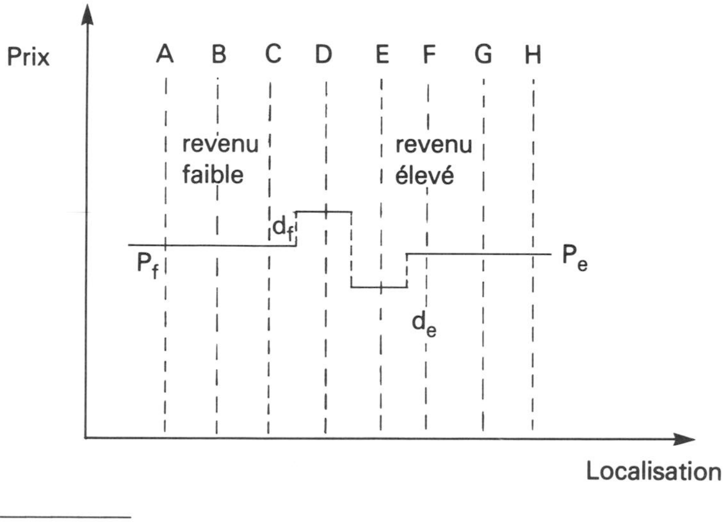

---

(15) BAILEY, M.-J. "Note on the Economics of Residential Zoning and Urban Renewal". ***Land Economics.*** Août 1959, vol. 35.

(16) LAPOINTE, A. ***La ségrégation résidentielle ethnique à Montréal.*** Cette thèse de doctorat non publiée a montré que le phénomène de ségrégation ethnique à Montréal était en partie expliqué par une telle structure de préférences.

La structure de prix décrite à la figure 3.7 ne peut persister indéfiniment lorsque les propriétés sont détenues par des personnes différentes. En effet, le propriétaire des maisons sur la rue E a avantage à convertir ces propriétés pour occupation par des groupes à faible revenu, dans la mesure où $P_f + d_f - P_e + d_e$ est supérieur au coût de conversion. Ce transfert de propriété vers le groupe à faible revenu va se poursuivre jusqu'à ce que les prix dans le voisinage à fort revenu, P_e, augmentent et ceux dans le voisinage à faible revenu diminuent suffisamment de telle sorte que $P_e - P_f = d_f + d_e - c$.

On voit que la présence d'externalités conduit à une conversion excessive des propriétés à l'usage des faibles revenus et une mauvaise allocation des ressources. En effet, à l'équilibre, le prix P_e excède le prix P_f d'un montant supérieur au coût de conversion, de telle sorte que l'expansion du voisinage à fort revenu permettrait d'accroître la valeur des ressources et le bien-être total.

Il y a par contre d'autres exemples d'externalités adéquatement prises en considération par le marché. Lorsque deux usages retirent des avantages mutuels à être situés près l'un de l'autre, la valeur des terrains s'accroît en raison de cette proximité et les propriétaires fonciers cherchant la rente la plus forte pour leur terrain vont tirer avantage de ces externalités positives. C'est ce genre de phénomène qui conduit à la concentration spatiale de certains types de commerce ou encore à la formule du centre commercial. D'une façon analogue, si deux usages provoquent l'un sur l'autre des effets externes négatifs, la valeur des terrains va baisser en conséquence, réduisant l'incitation des propriétaires fonciers à les affecter à ces usages incompatibles. L'intervention de l'État sur l'allocation du sol a été motivée principalement par les premiers exemples d'externalités.

3.3.2 Les politiques de contrôle du sol urbain: le zonage

Pour contrôler les externalités urbaines et assurer une meilleure allocation du sol, les gouvernements municipaux se sont dotés de règlements de zonage. Par exemple au Québec, la grande majorité des municipalités de plus de 5 000 habitants ont actuellement des règlements de zonage; le zonage limite les affectations possibles du sol afin d'assurer l'harmonisation des diverses activités. En particulier, il permet d'atténuer les effets de nuisance pouvant découler de la présence d'implantations différentes dans une même zone. Il assure ainsi une forme de permanence des caractéristiques d'implantation des diverses parties d'un territoire.

D'une façon plus spécifique, le zonage essaie de découper le territoire en secteurs plus ou moins homogènes du point de vue des facteurs résidentiel, commercial, industriel ou encore des densités. Ce faisant, il contribue à étendre les droits de propriété d'un individu aux propriétés qui lui sont adjacentes. Le zonage bien sûr n'est pas la seule façon d'atteindre cet objectif; un individu ou une compagnie peut toujours négocier des droits, de gré à gré avec une autre personne. Les droits de passage représentent sans doute le meilleur exemple.

On peut distinguer deux types de zonage selon les motifs qui président à son implantation. Nous avons vu qu'une des motivations du zonage pouvait être la recherche d'une meilleure allocation du sol en présence d'externalités.

Outre ce motif d'une meilleure affectation des ressources, le zonage peut chercher à atteindre une redistribution des revenus, c'est le zonage fiscal. Il est employé par les municipalités afin d'exclure les usages du sol pour lesquels l'incidence des dépenses est supérieure aux revenus escomptés. C'est ainsi qu'on peut vouloir exclure certains types de développement résidentiel pour les ménages à faible revenu, les personnes âgées, etc.

Dans l'ensemble du débat qui entoure le zonage, deux questions nous apparaissent particulièrement importantes: celle de l'ampleur même des externalités sur lesquelles le zonage s'appuie et son impact sur les valeurs foncières. Les nombreuses études statistiques qui ont tenté de mesurer l'influence des externalités négatives ou positives, associées à certains usages, ne permettent pas de conclure à des effets importants significatifs(17). En particulier, une étude effectuée sur les nouveaux espaces résidentiels à Montréal(18) a montré que les variables de microenvironnement telles que l'emplacement, le site et l'apparence des bâtiments avaient une influence significative sur la valeur des propriétés, mais quand même faible. De tels résultats ne sont pas surprenants si l'on considère qu'un impact significatif, négatif ou positif, ne peut être associé à un usage spécifique que si tous les acheteurs potentiels l'évaluent de la même façon. Or, une telle unanimité est peu probable en raison de la diversité même dans la structure des préférences. L'impact négatif escompté de la présence de commerces à proximité des zones résidentielles ne peut être vérifié empiriquement, s'il y a un nombre suffisamment grand d'individus qui évaluent positivement une telle proximité et sont

---

(17) CRECINE, J.-P., DAVIS, O.-A. and JACKSON, J.-F. "Urban Property Markets: Same Empirical Results and their Implications for Municipal Zoning". ***Journal of Law and Economics.*** 1967, vol. 10.

(18) REUTER, F.-H. "Externalities in Urban Property Markets: An Empirical Test of Zoning Ordinance in Pittsburgh". ***Journal of Law and Economics.*** 1973, vol. 16.

ACHOUR, D. et LAPOINTE, A. ***Modèle hédonique de détermination de la valeur des aménités résidentielles.*** INRS-Urbanisation, 1980.

prêts à offrir autant sinon davantage. Donc, d'une façon générale, le principal argument en faveur du zonage ne semble pas avoir de support empirique très solide.

La deuxième question importante est celle de l'influence du zonage sur les valeurs foncières. Sous quelles conditions le zonage peut-il permettre à une municipalité d'accroître sa valeur foncière totale? Supposons que par le zonage une municipalité impose une contrainte effective à un usage particulier, par exemple, le multifamilial. Ceci a pour effet de restreindre l'offre de terrain à cet usage et d'accroître l'offre à l'usage alternatif disons l'unifamilial. Il s'ensuit une augmentation du prix du sol dans le premier marché et une baisse dans le second. L'impact sur la valeur foncière totale va dépendre des élasticités de la demande respective à chaque marché. Si les élasticités-prix sont unitaires, la variation relative des prix provoque une variation équivalente mais de sens contraire, dans les quantités consommées, de sorte que la valeur totale demeure inchangée. Le zonage provoquera une augmentation des valeurs foncières totales seulement si la demande sur le marché soumis au zonage, soit le multifamilial dans notre exemple, est inélastique par rapport au prix et si celle sur le marché unifamilial est élastique. De plus, si la municipalité qui adopte un zonage restrictif est la seule à le faire dans l'ensemble de la zone métropolitaine, le sol des autres municipalités devient un substitut possible, et les quantités demandées diminuent considérablement à la suite de l'augmentation des prix. L'effet sera de diminuer les valeurs foncières dans cette municipalité. Ainsi, on ne peut prédire a priori, à moins d'hypothèses sur les fonctions de demande et l'étendue du zonage par rapport au marché total, quel sera l'effet sur les valeurs du sol.

Il existe donc un certain nombre de problèmes avec le zonage comme méthode de contrôle de l'utilisation du sol. Le premier est qu'il ne semble pas assurer l'efficacité d'allocation pour laquelle il a été d'abord instauré. Les bénéfices du zonage sont souvent inférieurs aux pertes qu'il occasionne; terrains non développés ou encore maintenus dans un usage moins rentable[19]. Si le zonage était efficace, les bénéfices compenseraient les pertes.

Le second problème est que le zonage confère un pouvoir de monopole au profit d'un groupe particulier, généralement les propriétaires. Certaines restrictions comme la grandeur des lots, des standards élevés de construction ont souvent pour objectif d'exclure les familles à faible revenu dont la contribution à l'effort fiscal est faible et la consom-

---

(19) PETERSON, G.-E. "Land Prices and Factors Substitution in the Metropolitan Housing Market". ***A.E.R.*** 1977.

mation de services élevée. C'est ce qu'on a appelé le zonage fiscal.

Un dernier problème associé au zonage est qu'il tend à accroître les coûts de développement. Par exemple, en Ontario, on estime que le temps nécessaire pour l'acceptation d'une subdivision de terrain par les différentes instances peut varier entre 12 et 24 mois. Si le plan de subdivision nécessite un changement de zonage, le délai varie entre 10 et 28 mois[20]. Ces délais servent à accroître le risque et à majorer les coûts des projets de développements résidentiels. Donc, le zonage semble soulever autant de problèmes qu'il permet d'en résoudre[21].

---

(20) Ministry of Treasury, Economics and Intergovernmental Affairs. ***Ontario Land Use Classification: Activity and Structure.*** Ontario 1974.

(21) Pour une discussion plus détaillée des problèmes de zonage, consulter CHARLES, R. ***Le zonage au Québec: un mort en sursis.*** Presses de l'Université de Montréal, 1974.

ANNEXE A

Dérivation mathématique de l'équilibre de localisation

Supposons un centre unique et le prix des terrains diminuant de façon exponentielle avec l'éloignement par rapport à ce centre; le ménage désire minimiser son coût de résidence, composé des coûts du terrain et de transport, pour une dimension de terrain donné:

$$[\text{min}]\ C = kt + p(t)q \qquad (1')$$

où C: est le coût total de résidence

t: la distance au centre

k: le coût de transport au centre par mille

p(t): le prix du sol à une distance t du centre

q: la dimension du terrain

A. *Condition d'équilibre de localisation*

La condition de premier ordre, pour un minimum:

$$\frac{dC}{dt} = k + \frac{dp}{dt} q = 0$$

$$= k + p_t q \ = 0 \quad \text{où} \quad p_t = dp/dt \qquad (2')$$

Ainsi, un très petit mouvement, entrepris à l'équilibre, ne peut améliorer la situation ou le pouvoir d'achat du ménage. En fait, tout déplacement par rapport à l'équilibre provoque un coût additionnel plus grand que l'épargne qu'il permet de réaliser (revoir le texte pour représentation graphique).

B. *L'effet d'une variation de revenu*

Nous avons supposé en A que les coûts de transport étaient constants avec la distance. Tout en maintenant cette hypothèse, il faut reconnaître que les coûts de transport sont composés de deux éléments: les coûts monétaires et la valeur du temps passé aux déplacements domicile-travail. Ce dernier élément sera dépendant du revenu si on admet que la valeur du temps consacré aux déplacements est fonction de la valeur du temps de travail ou de loisir perdu. Nous supposons donc une fonction de coût de transport dépendante du revenu y.

On peut obtenir l'impact d'une variation de revenu sur l'équilibre de localisation en prenant la différentielle totale de la condition (2'), soit:

$$dk + dp_t q + P_t dq = 0 \qquad (3')$$

or: comme $k = k(y)$ alors $dk = \frac{\delta k}{\delta y} dy$

$$q = q(p(t), y) \quad \text{alors} \quad dq = \frac{\delta q}{\delta p}\frac{\delta p}{\delta t}\, dt + \frac{\delta q}{\delta y}\, dy$$

En substituant ces expressions dans (3'), on obtient:

$$\frac{\delta k}{\delta y} dy + \frac{\delta p_t}{\delta t} dt\, q + p_t \left[\frac{\delta q}{\delta p}\frac{\delta p}{\delta t} dt + \frac{\delta q}{\delta y} dy \right] = 0$$

$$\text{et} \quad \frac{dt}{dy} = \frac{k_y + p_t\, \delta q/\delta y}{- p_{tt} q - p_t^2 \dfrac{\delta q}{\delta p_t}}$$

Si on exprime cette dernière équation en termes d'élasticité, on obtient:

$$\frac{dt}{dy} = \frac{k}{y} \frac{(\varepsilon k_1 y - \varepsilon q_1 y)}{\left(-p_{tt} q - p_t^2 \dfrac{\delta dq}{\delta dp} \right)}$$

où $\varepsilon_{k_1 y}$ et $\varepsilon_{q_1 y}$ représentent respectivement les élasticités coût de transport et demande de logement par rapport au revenu. Le signe de l'expression entre parenthèses au dénominateur est négatif. Il représente une condition pour un équilibre de localisation stable. En effet, pour que l'équilibre soit stable, il ne faut pas que l'épargne nette sur les quantités de terrain et sur le transport s'accroisse avec un léger déplacement en périphérie, auquel cas, les ménages auraient avantage à se localiser le plus loin possible du centre. Ainsi, de par la condition d'équilibre (2'), il faut:

$$- p_{tt} q - p_t^2 \frac{dq}{dp} \leqslant 0$$

où p_{tt} est la dérivée seconde par rapport à t de la fonction de prix. On voit donc que:

$$\text{si } \varepsilon_{q_1 y} > \varepsilon_{k_1 y} \quad \rightarrow dt/dy > 0$$

$$\text{si } \varepsilon_{qy} < \varepsilon_{ky} \quad \rightarrow dt/dy < 0$$

LECTURES SUGGÉRÉES

BISH, L.-R. et KIRK, R.-J. ***Economic Principles and Urban Problems.*** Prentice-Hall inc., 1974, pp. 37-54.

BISH, L.-R. et NOURSE, H.-O. ***Urban Economics and Policy Analysis.*** McGraw-Hill Co., 1975, pp. 79-108.

SEGAL, D. Urban Economics. R.D. Irwin, 1977, pp. 85-116.

ZOLLER, H.-G. ***Localisation résidentielle; décision des ménages et développement suburbain.*** Bruxelles: éditions Vie ouvrière, 1972, pp. 1-50.

Rapport du groupe de travail sur l'urbanisation. ***Urbanisation au Québec.*** 1976.

CHAPITRE 4

HABITATION

L'accès à un logement d'une qualité convenable est une des aspirations les plus normales et les plus légitimes de tous les citoyens. Un logement est quelque chose de plus qu'un ensemble de béton et de bois, c'est un ensemble de services assurant la sécurité, le confort, l'accessibilité et nombre d'autres éléments du bien-être du citoyen. Par conséquent, la recherche des solutions aux problèmes de l'habitation ne doit pas se limiter à la production quantitative de logements, au contraire, elle doit s'orienter en fonction de l'ensemble des attributs du logement.

L'accès au logement dépend de la capacité économique du ménage, de l'efficacité avec laquelle l'industrie de la construction produit en fonction des aspirations du citoyen et de la flexibilité des interventions du gouvernement. Ce chapitre comporte cinq sections. D'abord, dans la première, nous examinerons les principales dimensions du problème de l'habitation au Canada. La deuxième portera sur les interrelations qui existent entre le marché du logement d'une part, et le marché financier, le marché des terrains et le reste de l'économie d'autre part. Dans la troisième, nous explorerons les comportements de la demande et des besoins en logements, tandis que dans la quatrième, notre attention se portera sur le processus des nouveaux développements résidentiels. La cinquième section examinera brièvement le fonctionnement du marché des logements existants et la formation des ghettos. Enfin, dans la sixième et dernière, nous aborderons certains aspects de la politique de l'habitation.

4.1 PRINCIPALES DIMENSIONS DU PROBLÈME DE L'HABITATION

Tout indique que les Canadiens sont parmi les mieux logés au monde. En 1971, le degré d'encombrement (mesuré par le nombre de personnes par pièce), qui constitue un des meilleurs indicateurs de la qualité globale du logement, était d'environ 0,64 dans les milieux urbains, ce qui est considérablement inférieur à 1,0 accepté comme la norme internationale[1]. Les autres indices de la qualité du logement démontrent également que les Canadiens sont un des peuples les plus privilégiés. En effet, d'après le tableau 4.1, la proportion de logements sans salle de bain exclusive dans l'ensemble du Canada a diminué, passant de 22,9% en 1961 à 9,1% en 1971. La proportion de logements sans eau courante a elle aussi diminué, passant de 20% à 4,2% pour la même période. De même, la proportion des logements sans toilette avec chasse d'eau a diminué, passant de 21,0% à 3,0%.

Un autre indice du bien-être des citoyens en matière d'habitation est le fardeau financier de cette dernière. Le tableau 4.2 en donne quelque idée. Il est vrai que le coût de l'habitation a augmenté considérablement. En effet, au cours de la période 1961-1979, le prix du logement neuf financé par la Société canadienne d'hypothèques et de logement a augmenté de 122%. Mais il faut noter aussi qu'au cours de la même période, le revenu familial a augmenté de 126%, soit 4 points de pourcentage de plus que le prix du logement. Ainsi, dans l'ensemble, le fardeau des coûts de l'habitation au Canada n'est pas aussi lourd qu'on ne l'aurait pensé.

Si le niveau général de bien-être des Canadiens en matière d'habitation est relativement élevé, il y a par contre une série de problèmes qui méritent l'attention de la collectivité. Ces problèmes se manifestent de deux principales façons. D'abord, en dépit de l'évolution importante de la qualité du logement, il y a encore un nombre considérable de logements de qualité inacceptable. Ensuite, pour une partie importante de la population, les coûts de l'habitation demeurent trop élevés. D'après le tableau 4.3, le pourcentage de logements classés "passables" ou "médiocres" est très élevé dans certaines régions urbaines: 20% à Saint-Jean (N.-B.), 18% à Montréal, 16% à Winnipeg, 14,2% à Régina et ainsi de suite. Le tableau 4.4 indique que dans certaines régions urbaines, les ménages, et surtout les ménages locataires, doivent consacrer une fraction excessive de leur revenu à l'habitation. Par exemple, à Victoria, les locataires moyens doivent consacrer 36% de leur revenu à l'habitation tandis qu'à Vancouver le pourcentage correspondant est de 34%. Il convient de noter qu'en général, le pourcentage de revenu brut consacré à l'habitation ne devrait pas dépasser 25%.

Bref, si les Canadiens sont parmi les mieux logés au monde, il ne faut pas oublier quand même qu'il y a de sérieux problèmes. Il y a encore

---

(1) ANH, T.-M. ***Les indicateurs de logement: développement, répartition et évolution.*** Conseil économique du Canada, 1975;

CHUNG, J.-H. ***Classes sociales et qualité du logement.*** Communication présentée lors du colloque du LARSI, Montréal, 13 février 1981.

TABLEAU 4.1: Indice de la qualité du logement au Canada

	Régions urbanisées (100 000 habitants ou plus)		Canada	
	1961	**1974**	**1961**	**1974**
1. Proportion de logements sans salle de bain exclusive	8,5	1,8	22,9	9,1
2. Proportion de logements sans eau courante: froide et chaude	6,1	0,9	19,9	4,2
3. Proportion de logements sans chauffage central ou chauffage électrique	19,0	7,2	32,5	10,9
4. Proportion de logements sans toilette avec chasse d'eau	8,8	0,4	21,0	3,0

Source: ***Projecting Long Term Housing Needs.*** Ottawa: SCHL, 1978.

un très grand nombre de logements de qualité inférieure à ce qui est acceptable, il y a encore un très grand nombre de ménages qui doivent supporter les coûts de l'habitation comme un fardeau très lourd. Il y a aussi des problèmes particuliers chez les personnes âgées, chez les familles monoparentales et chez d'autres groupes défavorisés.

4.2 MARCHÉ DU LOGEMENT ET ÉCONOMIE

4.2.1 Définition du marché

Le marché du logement, défini au sens technique du mot, comprend l'ensemble des rapports entre la demande et l'offre du logement fini. Cependant, dans la mesure où la production du logement nécessite la main-d'oeuvre, les matériaux de construction et les terrains résidentiels et le capital, l'efficacité du marché du logement dépend de celle du marché de la main-d'oeuvre, du marché des matériaux de construction, du

TABLEAU 4.2: Évaluation des prix et des coûts, 1971-1979 Canada

	1971	1979	Variation (%)
1. Prix du logement neuf (SCHL)	$22 094	$49 024	121,8
2. Prix du logement, MLS	$24 581	$58 967	139,9
3. Indice des loyers	-	-	38,9
4. Revenu familial	$10 368	$23 408	125,8
5. Revenu per capita	$ 3 435	$ 8 902	159,1
6. Coût d'occupation du logement, propriétaire			
a) taxes foncières			61,8
b) taux d'intérêt hypothécaire			128,0
c) réparation			114,8
d) prix du logement neuf			100,9
e) assurances			244,6
Total			108,3

Source: Diverses

marché des terrains et du marché financier.

Le marché du logement peut comprendre deux marchés distincts: celui des nouveaux logements et celui des logements existants, si la substitution de ces deux marchés n'est pas parfaite. Même à l'intérieur de chacun de ces marchés, on peut identifier plusieurs sous-marchés selon le type de logement, la localisation et le niveau des prix et le degré de substitution. Si tous les logements sont parfaitement substituables, il n'y aura qu'un seul marché. Par contre, si un groupe de logements n'est pas substituable à un autre, les deux groupes de marché constituent deux marchés distincts.

4.2.2 Relations entre le marché du logement et l'économie

La figure 4.1 démontre les relations entre le marché du logement d'une part, et les marchés des facteurs de production du logement ainsi que le marché des prêts hypothécaires d'autre part. Le marché des logements existants affecte le rythme de la construction des logements neufs par l'entremise de la différence entre le prix (ou le loyer) du logement exis-

TABLEAU 4.3: Qualité du logement: état structurel[1] et peuplement[2], 1974

	Pourcentage de logements classés "passables" ou "médiocres"	Pourcentage de ménages nombreux[2] ayant moins de 200 pi^2 par personne
Toronto	6,8	55,8
Montréal	18,0	68,0
Vancouver	7,7	49,5
Ottawa	8,8	54,6
Winnipeg	15,9	67,1
Edmonton	7,8	53,4
Québec	9,4	68,8
Hamilton	7,9	56,8
Calgary	7,0	48,6
Kitchener	3,8	59,5
London	5,1	51,3
Halifax	11,2	68,1
Windsor	9,8	65,8
Victoria	5,1	40,8
Sudbury	12,8	66,7
Régina	14,2	59,4
Saint-Jean (T.-N.)	9,4	68,9
Saskatoon	14,1	60,7
Saint-Jean (N.-B.)	20,5	73,9

(1) Un évaluateur a examiné l'extérieur du logement et noté les défauts observés d'après une liste de douze, depuis les murs inclinés jusqu'aux vitres brisées. Suivant le nombre de défauts observés, l'état du logement a été classé comme "médiocre", "passable" ou "bon". Comme l'extérieur seulement a été examiné, un logement considéré en bon état peut avoir néanmoins de nombreux défauts à l'intérieur.

(2) Les ménages nombreux comprennent ceux de cinq personnes ou plus.

Source: ***Enquête de 1974 sur le logement.*** SCHL, totalisations non publiées.

Cité dans: ***Perspective Canada III.*** Statistique Canada, 1980.

tant et celui du logement neuf. À partir d'un point d'équilibre du marché du logement existant, si la demande du logement augmente soit à cause de l'accroissement du revenu, soit à cause d'une baisse du taux

TABLEAU 4.4: Dépenses de logement, 1974

Région urbaine[1]	Locataires dont les dépenses de logement[2] sont supérieures à 30% de leur revenu brut[3]	Occupants-propriétaires dont les dépenses de logement[2] sont supérieures à 30% de leur revenu brut[3]
	pourcentage	
Toronto	23,1	13,2
Montréal	19,1	10,2
Vancouver	33,6	13,7
Ottawa	24,2	6,6
Winnipeg	31,0	10,8
Edmonton	24,4	7,5
Québec	25,2	9,2
Hamilton	26,1	13,1
Calgary	27,8	11,5
Kitchener	21,3	9,7
London	27,9	9,5
Halifax	25,6	13,0
Windsor	27,2	10,1
Victoria	36,4	14,7
Sudbury	20,3	9,0
Régina	28,4	7,5
Saint-Jean (T.-N.)	28,2	14,0
Saskatoon	29,1	9,1
Saint-Jean (N.-B.)	24,7	16,0

(1) Les données n'étaient pas disponibles pour Kingston, Sherbrooke, Oshawa et Trois-Rivières.

(2) Les dépenses de logement comprennent: dans le cas des propriétaires, le montant payé pour le principal, les intérêts et les impôts ainsi que pour les services; dans le cas des locataires, le loyer, et tout montant payé pour les services tels que l'eau, l'électricité, le combustible ou le stationnement.

(3) L'utilisation du revenu courant à titre d'indication de l'aptitude à payer pourrait induire en erreur. Sont exclues les épargnes accumulées et le revenu potentiel pouvant provenir d'un emploi actuel.

Source: ***Enquête de 1974 sur les logements.*** SCHL, totalisations non publiées.

Cité dans: ***Perspective Canada III.*** Statistique Canada, 1980.

d'intérêt, étant donné que l'offre du logement existant est fixe à court terme, le prix du logement augmente et le profit anticipé tend à augmenter. Par conséquent, le volume de la construction des logements neufs augmente. La construction des logements neufs affecte à son tour le marché des logements existants, car l'accroissement soutenu de la nouvelle construction fait baisser le prix du logement existant. Ceci constitue la rétroaction du marché du logement neuf à celui du logement existant et elle est représentée, à la figure 4.1, par la ligne pointillée.

FIGURE 4.1: Marché du logement et économie

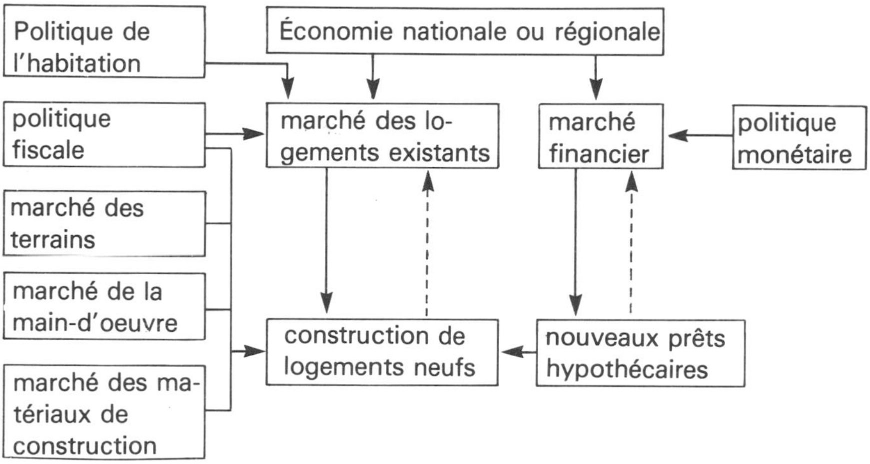

Le rythme de la construction des logements neufs est fortement affecté par l'offre de prêts hypothécaires. Ceci n'est guère étonnant, car la construction du logement nécessite un investissement de fonds considérable. Maintenant, l'offre de prêts hypothécaires dépend du comportement de l'ensemble du marché financier. Il importe de noter que le placement des institutions financières en hypothèques est déterminé essentiellement par le rendement différentiel du placement hypothécaire. Pour les institutions financières, la principale alternative au placement hypothécaire est l'achat des obligations à long terme. Par conséquent, la décision de placer en hypothèques au lieu d'acheter des obligations à long terme dépend de la différence entre le rendement des obligations à long terme et le taux d'intérêt hypothécaire.

La différence entre le taux d'intérêt hypothécaire et le rendement des obligations à long terme est affectée par la politique monétaire d'une part, et par la flexibilité des variations du taux d'intérêt d'autre part. Il convient de noter que durant la période de la politique monétaire restrictive, tous les taux d'intérêt tendent à augmenter. Cependant, le taux d'intérêt hypothécaire étant plus rigide, le rendement des obligations augmente plus rapidement que le taux d'intérêt hypothécaire. Par conséquent, le placement en hypothèques devient moins attrayant que l'achat des obligations. Il en résulte donc une baisse des prêts hypothécaires et de la construction des logements. Par contre, durant la politique monétaire libérale, tous les taux d'intérêt tendent à diminuer. Cependant, le taux d'intérêt hypothécaire étant plus inflexible, il diminue moins rapidement que le rendement des obligations. Autrement dit, le placement en hypothèques devient plus rentable et l'offre des prêts hypothécaires et la construction des logements augmentent.

Or, une politique monétaire restrictive est appliquée lorsque l'économie est surchauffée, alors qu'une politique libérale est appliquée lorsque l'économie se trouve dans la phase de contraction. Ceci signifie que les prêts hypothécaires et la construction des logements tendent à varier d'une manière contracyclique, en augmentant durant la phase de contraction de l'économie, et en diminuant durant la phase d'expansion. En effet, d'après une étude[(2)], la construction des logements neufs au cours de la période 1950-1975 a été largement contracyclique par rapport aux cycles de l'économie. Cependant, depuis 1970, la variation contracyclique de la construction des logements neufs a été atténuée à cause d'une plus grande flexibilité du taux d'intérêt hypothécaire.

L'offre des prêts hypothécaires est affectée également par le stock des hypothèques retenues par les institutions prêteuses. Chaque institution financière se donne une proportion optimale de ses avoirs consacrée aux hypothèques en vue d'assurer un équilibre de la structure des avoirs. La proportion optimale varie d'un type d'institution à l'autre. Même si le placement en hypothèques est contrôlé du point de vue du taux d'intérêt, si l'accumulation des hypothèques atteint un certain niveau critique, l'institution peut décider d'arrêter les prêts hypothécaires. Ceci affectera les autres activités des institutions financières, et par conséquent, l'ensemble du marché financier en sera affecté. Cette rétroaction des prêts hypothécaires au marché financier est indiquée par la flèche pointillée à la figure 4.1.

Le marché du logement est fortement conditionné par la politique fiscale. L'impôt différé pour le coût en capital (dépréciation), les inci-

---

(2) CHUNG, J.-H. ***Instabilité cyclique de la construction de logement au Canada.*** Conseil économique du Canada, 1976;

ACHOUR, D. "Bloc résidentiel de CANDIDE, Bloc 3". ***L'Actualité économique.*** 1976, vol. 52, no 1, pp. 20-52.

tations fiscales accordées aux propriétaires de logements et une série d'autres mesures fiscales affectent la demande et l'offre du logement. De même, les politiques des gouvernements fédéral, provincial et municipal créent des impacts très importants sur le marché du logement.

Il va de soi que les marchés des facteurs de production du logement affectent le fonctionnement du marché du logement. La productivité de la main-d'oeuvre, des fournisseurs, des matériaux de construction, joue un rôle important dans la détermination du prix et du loyer du logement. Cependant, c'est l'offre des terrains résidentiels qui pose le plus de problèmes. À part les taxes locales et le taux d'intérêt hypothécaire, c'est le prix des terrains résidentiels qui fut la principale cause de la hausse du

GRAPHIQUE 4.1: Marché du logement existant et construction du logement neuf

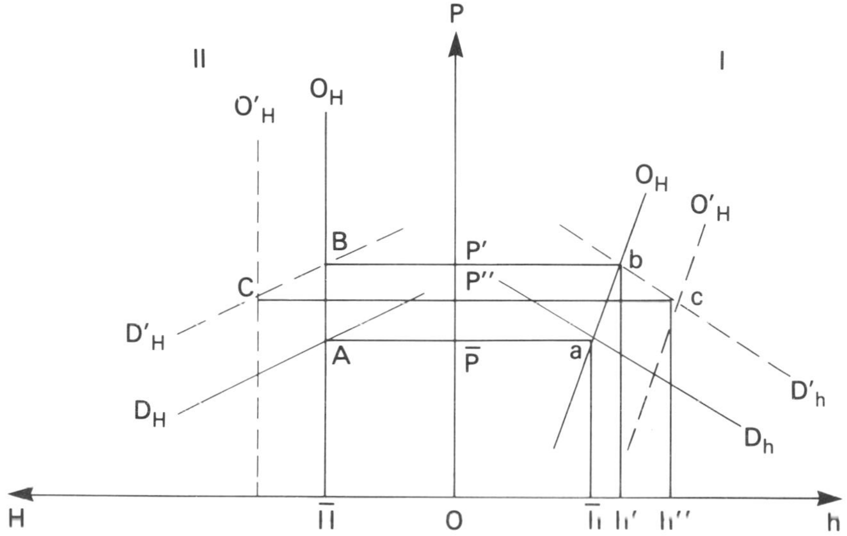

prix du logement. Le fonctionnement du marché du logement peut être illustré également à l'aide de graphiques. Au graphique 4.1, le quadrant I décrit le comportement du marché de la construction des logements neufs, alors que le quadrant II décrit celui du marché des logements existants. Au point de départ, on suppose que les deux marchés sont en équilibre. Ainsi, sur le marché des logements existants, le prix d'équilibre est $O\bar{P}$. De même, sur le marché des logements neufs, le prix d'équilibre est $O\bar{p}$ et la quantité d'équilibre est Oh. Supposons maintenant que la demande du logement augmente par suite de l'accroissement du revenu familial. Étant donné que l'offre des logements existants est fixe, comme l'indique OH, le déplacement de la demande de DH à D'H conduit la hausse de prix du logement de $O\bar{p}$ à Op' . De même, le prix d'équilibre du logement neuf augmente à OP' et la quantité de nouveaux logements augmente de $O\bar{h}$ à Oh'. La hausse du prix d'équilibre incite les constructeurs à augmenter le volume de construction, et le coût de l'offre du nouveau logement se déplace vers la droite à Oh'. Il en résulte une baisse de prix du nouveau logement de Op' à Op''. L'accroissement de la construction des logements neufs s'ajoute au stock des logements existants et la courbe d'offre de ce dernier se déplace à O'H. Il arrive que le nouveau prix d'équilibre soit OP'' et soit identique dans les deux marchés. S'il y a une différence de prix pour les logements de la même qualité, l'ajustement des deux marchés continue jusqu'à ce que la différence de prix disparaisse.

Comme nous l'avons indiqué précédemment, le rythme de la construction des logements neufs dépend également de l'offre des prêts hypothécaires et surtout de celle de terrains résidentiels. Ceci est illustré aux graphiques 4.2 où les relations entre le marché des logements neufs (B) d'une part, et le marché des terrains résidentiels (A) et le marché financier (C) d'autre part sont analysées. Supposons, au point de départ, que les trois marchés soient en équilibre au prix de terrains à $O\bar{P}_t$, au prix de fonds hypothécaires à $O\bar{i}$ et enfin au prix du logement à $O\bar{P}_h$. Supposons maintenant que la demande de nouveaux logements augmente et que la courbe de la demande se déplace de D_H à D'_h, haussant ainsi le prix du logement à OP_h. L'accroissement de la demande des logements neufs se traduit par celui de la demande de terrains (D'_t) et le prix de terrains augmente à OP'_t. Ceci améliore le profit des propriétaires fonciers et l'offre de terrains se déplace vers la droite à O'_T. Il convient de noter qu'à court terme, l'offre de terrains est fixe et parfaitement inélastique par rapport au prix. L'accroissement de l'offre de terrains permet alors au constructeur d'augmenter la quantité de production et l'offre de logements neufs se déplace vers la droite, à O'_h. Le nouveau point d'équilibre sur le marché de logements s'établit au prix OP''h et à la quantité Oh'.

Cependant, le déplacement de la courbe d'offre de logements neufs n'est possible que si l'offre de prêts hypothécaires est adéquate. Si, par exemple, la courbe d'offre de prêts hypothécaires se déplace (diminue) vers la gauche, comme l'indique le graphique C, à cause d'une politique monétaire restrictive, l'offre de logements neufs ne serait plus O'_h, mais elle serait O''_h. Comme résultat, la quantité de la construction des logements neufs ne serait plus h', mais elle ne serait que h''. Le prix du logement neuf augmenterait alors de OP''_h à OP'''_h. La diminution de la construction des logements neufs à cause de la rareté des fonds hypothécaires signifie une baisse de la demande des terrains (D''_T), et si l'offre de terrains ne diminue pas, le prix du terrain passe de OP''_T à OP'''_T.

Bref, l'impact de la perturbation provoquée dans le marché des

GRAPHIQUES 4.2: Construction de logements neufs, prêts hypothécaires et marché des terrains

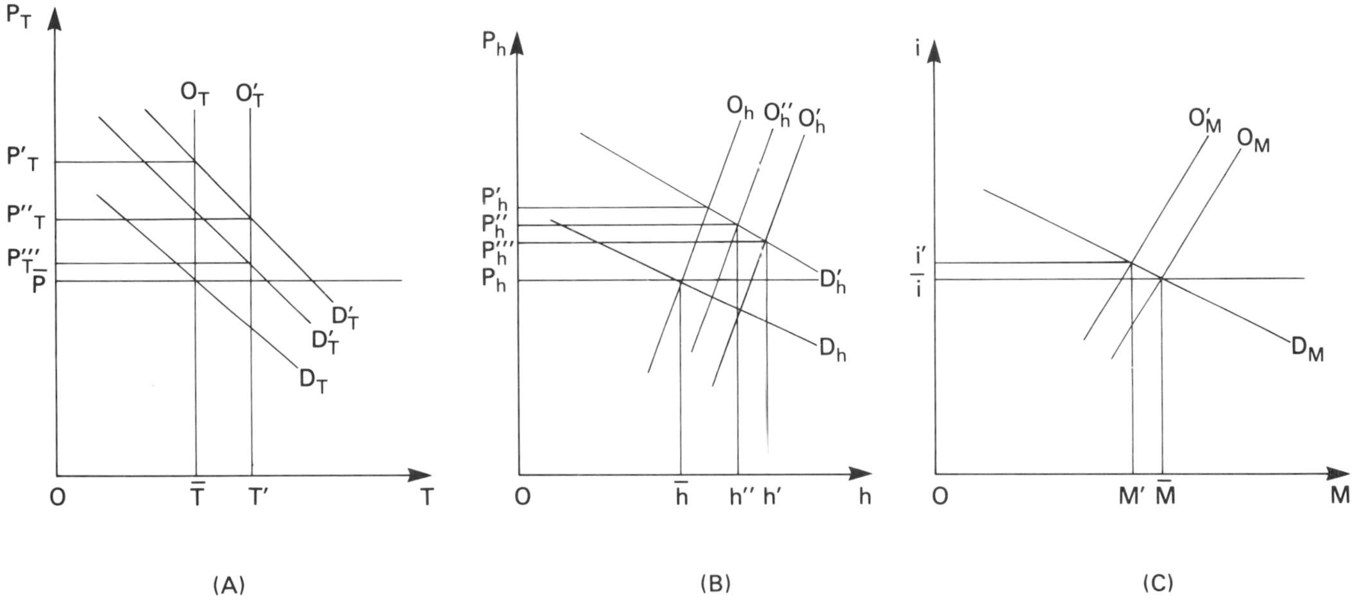

logements existants sur la construction des logements neufs est modifié par les comportements du marché foncier et du marché des prêts hypothécaires. Par conséquent, le mécanisme du marché du logement ne peut être adéquatement compris que si l'on tient compte de ses relations avec les marchés associés.

Ce qui se dégage de l'analyse ci-dessus est qu'à court terme, l'accroissement de l'offre de logements n'est jamais suffisante pour que le marché revienne au point d'équilibre initial. Ceci s'explique à la fois par la rigidité de l'ajustement de l'industrie de la construction à la demande, et par la difficulté relative d'augmenter à court terme l'offre des facteurs de production, surtout celle des terrains. Il importe de noter que la conversion du sol agricole en sol urbain bâti peut parfois prendre jusqu'à 10 ans. Même si l'ajustement de l'offre de terrains et de logements est rapide, ce qui n'est pas le cas, la contrainte des fonds hypothécaires peut empêcher l'accroissement immédiat de l'offre des logements.

Au fait, la construction des logements se fait d'une manière cyclique. L'expansion de la construction des logements, provoquée par l'accroissement de la demande, peut durer quelques années, jusqu'à ce que l'offre excède la demande et que la rentabilité de la construction diminue. Une fois déclenchée, la phase d'une baisse de construction peut continuer pendant quelque temps, jusqu'à ce que la pénurie des logements s'accentue et que les perspectives de profit s'améliorent. Ces variations cycliques de la construction des logements peuvent être atténuées ou accentuées selon les réactions du marché financier. D'après une étude[3], dans la période 1951-1970, la phase d'expansion des mises en chantier des logements a duré en moyenne 11,8 trimestres, alors que la phase de contraction a duré en moyenne 6,7 trimestres.

À long terme, l'offre des logements s'ajuste-t-elle complètement à la demande, d'une manière telle que le point d'équilibre initial se rétablisse? La réponse à cette question est extrêmement importante, car elle indique si le prix du logement à long terme augmente, diminue ou demeure constant. Le graphique 4.3 décrit le comportement de la courbe d'offre du logement à long terme. Au point d'équilibre initial, le prix et la quantité de logements produits sont OP_1 et Oh, respectivement. Supposons maintenant que la demande de logements augmente à cause d'une baisse du taux d'intérêt hypothécaire. La courbe de demande se déplace alors à D_2 et le nouveau point d'équilibre est établi au point "B" correspondant au prix OP_2 et à la quantité Oh_2. Le prix est donc plus élevé qu'au point initial; ceci incite l'industrie de la construction à produire

(3) CHUNG, J.-H. ***Op. cit.,*** p. 12.

davantage. Ainsi, au cours de la période suivante, l'offre se déplace à O_2; le nouveau prix, situé à OP_3, est encore plus élevé que le prix initial; la courbe d'offre se déplace davantage vers O_3, produisant le point d'équilibre D qui correspond à la quantité Oh_4 et au prix OP_1. C'est ainsi que le prix initial est rétabli. La courbe d'offre à long terme est représentée par la droite P_1 D. Ceci est le cas de l'économie d'échelle constante et à long terme, et quelle que soit la quantité offerte, le prix demeure constant. Si la courbe d'offre à long terme a une pente positive, on est en situation de déséconomie d'échelle et le prix augmente avec la quantité offerte. Enfin, si la courbe d'offre à long terme a une pente négative, on est en situation d'économie d'échelle.

GRAPHIQUE 4.3: Offre de logements à long terme

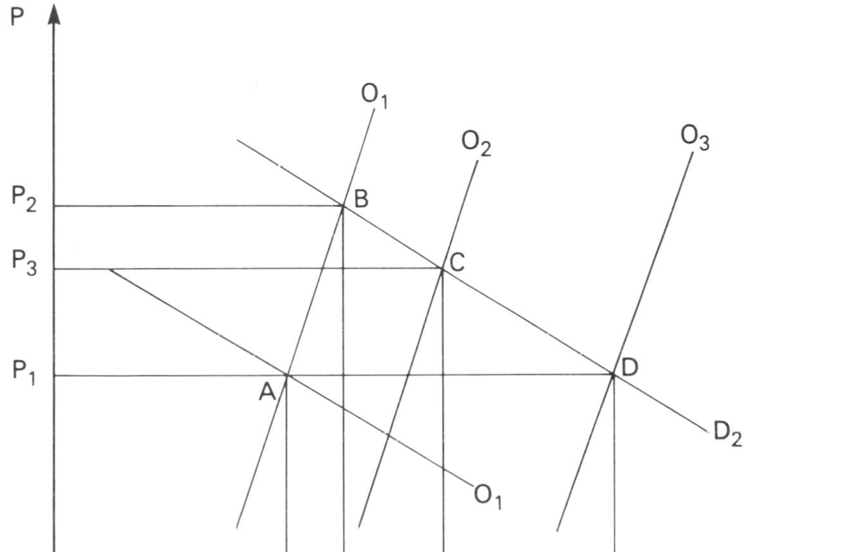

La situation d'économie d'échelle peut se produire si la productivité de l'industrie de la construction est suffisamment importante pour que le coût de production diminue à mesure que la capacité de production augmente. Une telle situation est plutôt rare. La littérature s'intéresse donc à savoir si la courbe d'offre de logements à long terme est parfaitement horizontale ou si elle a une pente positive. L'allure de la courbe d'offre peut être mesurée par l'élasticité de l'offre par rapport au prix. Si elle est parfaitement inélastique, la courbe d'offre est une droite parallèle à l'axe d'ordonnée. Si elle est parfaitement élastique, la courbe d'offre est parfaitement horizontale. La valeur numérique de l'élasticité est de zéro dans le premier cas, et elle tend vers l'infini dans le deuxième cas. Si la courbe d'offre se situe quelque part entre ces deux cas extrêmes, la valeur numérique de l'élasticité est située entre zéro et l'infini.

L'estimation de la valeur numérique de l'élasticité de l'offre de logements est un des aspects les moins bien explorés. Cependant, il y a quand même un certain consensus sur le fait que l'élasticité d'offre à court terme est plutôt faible. Ceci s'explique par la difficulté pour l'offre de s'ajuster à court terme, rapidement à la demande. En effet, d'après une étude[(4)], la production annuelle de logements ne comble que 21% de la demande excédentaire, si bien que l'ajustement total de l'offre à la demande ne serait complète qu'après neuf ans.

De même, l'étude de Muth[(5)] démontre qu'en première année, l'offre ne comble que 30% de l'excès de la demande. D'ailleurs, Leeuw et Ekanem prétendent que l'élasticité de l'offre des logements locatifs à court terme est de 0,3 à 0,7[(6)]. Quant à l'élasticité de l'offre à long terme, Muth[(7)] arrive à une estimation de 14,0 alors que Leeuw donne une estimation d'infini[(8)]. Bien qu'il soit difficile de l'affirmer, faute d'études empiriques, les chercheurs croient qu'à long terme, l'élasticité-prix de l'offre de logements est relativement grande. Autrement dit, à long terme, le marché du logement fonctionne relativement bien et si l'on tient compte de l'amélioration de la qualité du logement, le prix relatif réel du logement demeure stable. L'élasticité de l'offre relativement élevée s'explique par les possibilités de substitution d'un facteur de production à un autre. Ainsi, lorsque le coût des matériaux augmente moins que le coût de la main-d'oeuvre, le constructeur peut favoriser les matériaux au détriment de la main-d'oeuvre. De même, la hausse du coût de terrain peut inciter le constructeur à préférer la bâtisse aux terrains en augmentant la densité de la construction.

4.3 BESOIN ET DEMANDE

La raison d'être de l'industrie de la construction est de satisfaire les

---

(4) CHUNG, J.-H. "L'analyse de la demande de logement-propriétaires: l'expérience canadienne". ***L'Actualité économique.*** Avril-juin, 1967, vol. 43, no 1, pp. 66-86.

(5) MUTH, R. "The Demand for Non-Form Housing". ***The Demand for Durable Goods*** (Arnold C. Harberger, éd.). Chicago: University of Chicago Press, 1960.

(6) LEEUW, F. de, EKANEM, N.-F. ***The Supply of Rental Housing.*** An Urban Institute Reprint, 78-112-11.

(7) MUTH, R. "Urban Residential Land and Housing Market". ***Issues in Urban Economics*** (Harvey S. Perloff et Louodon Wing, éd.). Baltimore: John Hopkins Press, 1968.

(8) LEEUW, F. de. "The Demand for Housing: A Review of Cross-Section Evidence". ***Review of Economics and Statistics.*** 1971, vol. 53.

aspirations du consommateur. Ces aspirations se manifestent de deux façons. À mesure que la population augmente et que de nouveaux ménages se forment, la collectivité a besoin de plus de logements, quels que soient le prix du logement et le revenu du ménage. De plus, chaque année, un certain nombre de logements disparaissent à cause de démolition, de conversion ou pour d'autres raisons. La collectivité a besoin de remplacer ces logements. La quantité de logements additionnels que la collectivité devrait produire, quelles que soient les contraintes économiques du consommateur, en vue d'accommoder l'accroissement de la population et de remplacer les logements disparus constitue le ''besoin'' en logements. D'autre part, quand on parle de la demande de logements, il s'agit de la quantité de logements que le consommateur veut effectivement consommer, compte tenu du prix du logement, du revenu du ménage et d'autres contraintes économiques. Bref, le besoin en logements est ce que la collectivité doit produire à cause d'un objectif social, tandis que la demande est ce que le consommateur veut et peut matérialiser. En général, le besoin est plus grand que la demande.

4.3.1 Besoin en logements

Le besoin en logements comporte donc deux parties et se mesure comme suit:

$$(BL)_t = (FNM)_t + (ASL)_t \tag{4-1}$$

où

$(BL)_t$ = besoin en nouveaux logements au temps ''t''

$(FNM)_t$ = formation des nouveaux ménages au temps ''t''

$(ASL)_t$ = ajustement du stock au temps ''t''.

Il y a deux types de ménages: ménages familiaux et ménages non familiaux, c'est-à-dire les ménages composés de personnes ayant un lien familial entre elles, et ceux composés de gens n'ayant aucun lien familial entre eux. La formation des ménages dépend à la fois des facteurs sociologiques et économiques. Le taux de décès, le taux de divorce et de séparation, le taux d'immigration et d'émigration constituent les principales causes de la formation des nouveaux ménages. Dans la mesure où un taux dépend essentiellement de l'âge des personnes, on peut estimer la formation des nouveaux ménages à partir de la structure d'âge de la population, facilement obtenue dans les recensements.

$$K_i = \sum_i \frac{(NM)_{i,\,t-1}}{(POP)_{i,\,t-1}} \tag{4-2}$$

où

K_i = la probabilité de former des nouveaux ménages par le groupe d'âge ''i''

$(NM)_{i,\ t-1}$ = le nombre de ménages du groupe d'âge ''i'' au temps ''t−1''

$(POP)_{i,\ t-1}$ = population du groupe d'âge ''i'', au temps ''t-1''.

La formation des nouveaux ménages peut être estimée en appliquant ''K'' à la population du groupe d'âge ''i'' au temps ''t''.

$$(FNM)_t = (K_i)\,(POP)_{i,\ t} \qquad (4\text{-}3)$$

Il va de soi qu'on suppose que la probabilité ''K_i'' demeure constante. En général, il est souhaitable que la formation des ménages familiaux et celle des ménages non familiaux soient estimées séparément, car les types de logements recherchés varient selon les types de ménages.

Le besoin attribuable à l'ajustement du stock de logements comprend les logements nécessaires au remplacement des logements disparus, et ceux qui sont nécessaires pour le maintien d'un taux de vacance normal. Ce dernier varie selon le dynamisme de l'économie locale; plus l'économie est dynamique et plus la mobilité démographique est grande, plus le taux de vacance normal doit être élevé. On s'attend à ce que le besoin en nouveaux logements pour l'ensemble du Canada, qui était d'environ 250 000 unités par an dans les années 70, diminue considérablement dans les années 90 à cause de la baisse de la population. Quant au Québec, le besoin qui était d'environ 60 000 unités dans les années 70 sera probablement de 45 000 unités au cours de la deuxième moitié des années 90[9].

4.3.2 Demande

La demande de logements est ce que le consommateur veut et peut consommer, compte tenu du prix du logement, du revenu du ménage, du taux d'intérêt et d'autres contraintes.

---

(9) CHUNG, J.-H. ''Les besoins de logements sociaux: une estimation''. ***L'Actualité économique.*** Octobre-décembre 1972, vol. 48, no 2.

Groupe de travail sur l'habitation. ***Offre des terrains résidentiels au Québec.*** Rapport technique no 13, 1976.

MATHEWS, G. ***La demande effective et les besoins en logements au Québec, 1971-1981.*** Rapport technique no 4, Groupe de travail sur l'habitation 1976.

$$h_t = \beta\,(ST^*_t - ST_{t-1}) + k\,ST_{t-1} \qquad (4\text{-}4)$$

où

h_t = construction de logements neufs au temps "t"

ST^*_t = stock du logement désiré au temps "t"

ST_{t-1} = stock du logement existant au début de la période "t"

β = une fraction

K = une fraction.

D'après l'équation (4-4), la demande de nouveaux logements au temps "t" est une fraction de la différence entre le stock désiré et le stock existant, plus une fraction du stock existant représentant les besoins de remplacer les logements disparus, soit à cause de démolitions, de travaux publics, ou pour d'autres raisons.

Or, la théorie économique nous apprend que:

$$ST^*_t = f\,(R^P_t, P^h_t, p^A, RM_t, X_t) \qquad (4\text{-}5)$$

d'une manière plus spécifique, on peut envisager une fonction linéaire:

$$ST^*_t = a_0 + a_1\,R^P_t - a_2\,P^h_t + a_3\,P^A_t - a_4\,RM_t + a_5\,x_t \qquad (4\text{-}6)$$

où

R^P_t = revenu permanent

p^h_t = prix du logement

P^A_t = prix d'autres biens et services

RM_t = taux d'intérêt hypothécaire

X_t = toute autre variable dont la disponibilité des fonds hypothécaires

a_i = constantes.

Le stock désiré dépend du revenu permanent, du prix du logement, des prix d'autres biens et services, du taux d'intérêt hypothécaire et de toute autre variable, y compris la disponibilité des fonds hypothécaires. On peut s'attendre à ce que l'impact du revenu et celui des prix d'autres biens et services sur la demande soit positif, tandis que l'impact du prix du logement et celui du taux d'intérêt hypothécaire soit négatif. Quant à l'impact d'autres variables représenté par X_t, on ne peut pas l'évaluer d'avance. Il importe de noter que contrairement à la demande d'autres biens, la demande du logement, étant un bien très durable, dépend surtout du revenu permanent qui représente en fait la présente valeur du flux des revenus futurs du consommateur.

La substitution de l'équation (4-6) dans l'équation (4-5) donne:

$$h_t = \beta a_0 + \beta a_1 R_t^P - \beta a_2 P_t^h \ \beta a_3 P_t^A - \beta a_4 RM_t$$
$$\beta a_5 X_t - (\beta\text{-}k) ST_{t-1} \qquad (4\text{-}7)$$

L'équation (4-7) est celle qui peut être estimée. Une fois que l'équation est estimée, on peut estimer la valeur numérique de "β". Ceci permettra d'évaluer les valeurs numériques de a, soit les paramètres de la fraction de la demande (équation (4-21)). La valeur numérique de β peut être estimée en ajoutant k qui est connu d'avance à (β—k) estimé dans l'équation (4-7). Les paramètres "a" peuvent être estimés en divisant ce qui a été obtenu dans l'équation (4-7) par "β". Ceci nous donne la fonction de la demande estimée:

$$h_t = \hat{a}_0 + \hat{a}_1 R_t^P - \hat{a}_2 P_t^h + \hat{a}_3 P_t^A - \hat{a}_4 RM_t$$
$$+ \hat{a}_5 X_t \qquad (4\text{-}8)$$

Le comportement de la demande du logement par le consommateur peut être évalué d'une manière plus explicite à l'aide des élasticités de la demande. Les élasticités de la demande par rapport au revenu et par rapport au prix du logement sont calculées de la manière suivante:

$$\text{Élasticité-revenu:} \quad (a_1)(\overline{R^P} / \overline{h}) \qquad (4\text{-}9)$$

et

$$\text{Élasticité-prix} : \quad -(a_2)(\overline{P^h} / \overline{h}) \qquad (4\text{-}10)$$

où

$\overline{R^P}$ = moyenne du revenu permanent

$\overline{P^h}$ = moyenne du prix du logement

$\overline{h}$ = moyenne de la production annuelle du logement.

Les valeurs numériques de ces élasticités varient d'une étude à l'autre à cause des données utilisées, de la période étudiée, de la spécification du modèle et pour d'autres raisons. Cependant, il y a lieu de croire que l'élasticité-revenu est d'environ 1,0, tandis que l'élasticité-prix est d'environ −1,0. Autrement dit, chaque fois que le revenu du ménage augmente de 10%, la demande augmente de 10%. De même, chaque fois que le prix du logement augmente de 10%, la demande diminue de 10%. Ces résultats se rapportent à l'ensemble des consommateurs. Cependant, on peut s'attendre à ce que les élasticités varient, d'un groupe socio-économique à l'autre. Par exemple, l'élasticité-revenu est de 2,0 pour le propriétaire-occupant contre 1,0 pour le locataire(10).

Le choix entre la location et l'achat d'un logement dépend de l'élasticité de substitution d'un mode de tenure résidentielle à un autre en fonction du revenu, de l'âge, de l'occupation, du coût relatif d'occupation du logement propriétaire-occupant par rapport aux loyers des logements locatifs, et enfin du goût du consommateur. Parmi ces variables, la plus importante s'avère la préférence à être chez soi(11).

4.4 PROCESSUS DE NOUVEAU DÉVELOPPEMENT RÉSIDENTIEL

Le processus de développement résidentiel comporte plusieurs étapes à partir de la conversion du sol non urbain jusqu'à la construction. Le processus implique plusieurs groupes d'intervenants qui poursuivent différents objectifs. Il convient de noter que l'efficacité du processus de développement résidentiel dépend des comportements de ces intervenants et d'un ensemble de contraintes qui affectent ces comportements.

Le tableau 4.5 indique en effet les différentes phases du développement résidentiel, les principales fonctions de chaque phase et les intervenants primaires et secondaires. Les intervenants primaires sont ceux qui sont directement impliqués dans les transactions immobilières, alors que les intervenants secondaires sont ceux qui conditionnent les décisions des intervenants primaires soit par le financement, soit par des conseils techniques, ou par des réglementations.

Il y a trois grandes phases de développement résidentiel. Pendant la première phase, les terrains qui ont été exploités soit pour des fins agricoles, soit pour d'autres fins non résidentielles, sont vendus aux mar-

---

(10) LAPOINTE, A. et MOISAN, H. "Élasticité de la demande de logement au Canada: nouveaux résultats". ***ACFAS.*** Sherbrooke, 14 mai 1981.

DAGENAIS, M. "La demande d'habitation est-elle élastique?". ***L'Actualité économique.*** 1970, vol. 46.

(11) CHUNG, J.-H. "La probabilité d'achat de maisons et le modèle Logit". ***L'Actualité économique.*** Octobre-décembre 1971.

chands de terrains. La principale activité du marchand de terrains consiste à retenir les terrains pendant quelque temps et à les revendre à profit. L'activité du marchand de terrains en est donc une de spéculation et consiste à matérialiser un gain capital. Il ne faut pas attacher un sens péjoratif à la spéculation, car cette dernière est tout aussi légitime et essentielle que l'activité spéculative du détenteur des actions des sociétés. Au cours de cette phase, les principaux intervenants primaires sont les fermiers et les spéculateurs. Au cours de la deuxième phase, les terrains sont subdivisés,

TABLEAU 4.5: Processus du développement immobilier

Phases	Fonctions	Intervenants primaires	Intervenants secondaires
1. Terrains en transition	Spéculation foncière	Fermiers Marchands de terres	Arpenteur-géomètre Courtier en immeubles Avocat, notaire Ingénieurs Architectes Institutions financières Gouvernement
2. Terrains à vocation spécifique	Aménagement des terrains Construction	Marchands de terrains Promoteurs Constructeurs Consommateurs Entreprises Gouvernement	
3. Exploitation Redéveloppement	Exploitation Rénovation	Propriétaires immobiliers Consommateurs Entreprises Gouvernement	

aménagés et construits. Les terrains sont vendus par les spéculateurs et achetés soit par le promoteur, soit par le constructeur.

La troisième phase est celle où les immeubles construits sont exploités sous diverses formes: logements locatifs, logements propriétaires-occupants, etc. De plus, les immeubles résidentiels sont parfois rénovés, modifiés, démolis, convertis.

Les intervenants secondaires conditionnent le processus du développement résidentiel en diffusant des renseignements nécessaires aux prises de décisions des intervenants primaires, en affectant l'offre des prêts hypothécaires ou en imposant des restrictions. Le rôle des arpenteurs-géomètres est de bien clarifier les limites géographiques de la propriété, alors que celui de l'avocat ou du notaire est de bien établir les droits de la propriété. Les courtiers en immeubles jouent un rôle utile en rapprochant les parties intéressées ou en diffusant des renseignements sur le marché. Le rôle essentiel des évaluateurs fonciers est de déterminer la valeur marchande de l'immeuble, et d'éclairer les décisions de ses clients qui peuvent être soit l'investisseur privé, ou le gouvernement.

Le rôle des institutions financières, pour le développement résidentiel, est de fournir les fonds nécessaires. La participation de ces institutions s'est intensifiée depuis la Seconde Guerre mondiale en partie à cause de certaines mesures prises par le gouvernement. En particulier, en vertu de la Loi nationale sur l'habitation de 1954 (LNH), le risque des prêts est considérablement réduit grâce au régime de l'assurance de l'hypothèque. Les institutions qui sont éligibles à ce régime sont qualifiées de "prêteurs agréés" et comprennent les banques à charte, les compagnies d'assurances, les compagnies de prêts, les compagnies de fiducie, et plus récemment, les caisses populaires. Ces institutions effectuent également des prêts ordinaires qui sont parfois assurés par le système d'assurance privée.

Le tableau 4.6 résume les activités des institutions prêteuses en 1979 au Canada. Des 123 205 unités de logements pour lesquels les prêts hypothécaires ont été effectués, 66% furent des prêts ordinaires contre 34% pour les prêts assurés par la LNH. On constate qu'en termes de nombre de logements, les prêts pour les logements usagés étaient deux fois plus élevés que les prêts pour les nouveaux logements. Il est intéressant de noter que les prêts assurés par la LNH sont dirigés surtout vers les logements collectifs (52%), alors que les prêts ordinaires sont destinés aux logements unifamiliaux (62%). Les banques à charte et les compagnies de prêts et "autres" préfèrent les maisons individuelles, alors que les compagnies d'assurances et les fiducies préfèrent les logements collectifs.

Le rôle du gouvernement peut se définir comme suit:

- les mesures restrictives: zonage, code de construction, taxes, contrôle des loyers;
- la construction des infrastructures: réseaux routiers, réseaux des aqueducs et des égouts;
- les programmes spéciaux: logements sociaux, programme d'aide à

TABLEAU 4.6: Prêts hypothécaires à l'égard de l'habitation, construction résidentielle, 1979

	Canada		Québec	
A) Nouvelle construction résidentielle	Nombre	%	Nombre	%
a. Prêts LNH des prêteurs agréés	42 345	34,4	6 944	38,9
b. Prêts ordinaires des institutions prêteuses	80 860	65,6	10 908	61,1
c. Total	123 205	100,0	17 852	100,0
B) Logements existants	262 083		52 887	
C) Nouvelle construction par type d'habitation (LNH)				
a. *Banque à charte*				
• Maison individuelle	4 981	11,8	2 121	30,5
• Habitation collective	5 554	13,2	1 305	18,7
b. *Compagnie d'assurances*				
• Maison individuelle	573	1,3	82	1,1
• Habitation collective	7 486	17,6	370	5,3
c. *Compagnie de fiducie*				
• Maison individuelle	1 745	4,1	252	4,2
• Habitation collective	10 210	24,1	980	14,1
d. *Cies de prêts et autres*				
• Maison individuelle	3 096	7,3	834	12,0
• Habitation collective	8 700	20,5	560	13,8
e. *Total*				
• Maison individuelle	10 395	24,5	3 329	47,9
• Habitation collective	31 950	75,5	3 615	52,1
• Total	42 345	100,0	6 944	100,0
D) Nouvelle construction par type d'habitation (prêts ordinaires)				
a. *Banque à charte*				
• Maison individuelle	23 731	29,3	3 555	32,5
• Habitation collective	3 854	4,8	762	7,0
b. *Compagnie d'assurances*				
• Maison individuelle	6 795	8,4	953	8,7
• Habitation collective	5 587	6,9	1 297	11,9
c. *Cies de fiducie*				
• Maison individuelle	14 477	17,9	1 052	9,6

• Habitation collective	6 274	7,8	1 019	9,5
d. *Cies de prêts et autres*				
• Maison individuelle	14 236	17,6	1 231	11,3
• Habitation collective	5 906	7,3	1 039	9,5
e. *Total*				
• Maison individuelle	59 239	73,3	6 791	62,3
• Habitation collective	21 621	26,7	4 117	37,7
• Total	80 860	100,0	10 908	100,0

Source: Société canadienne d'hypothèques et de logement. ***Statistiques du logement au Canada.*** 1979. Divers tableaux.

la propriété;

- les prêts hypothécaires directs;
- mesures fiscales en vue de stimuler les investissements immobiliers.

L'impact du gouvernement et des institutions financières a été tel qu'il n'est pas exagéré d'affirmer que le développement résidentiel d'après-guerre a été le fruit du gouvernement et du monde financier. Il importe de noter qu'une des principales raisons de la rentabilité immobilière réside dans les diverses mesures fiscales gouvernementales qui peuvent se résumer comme suit:

- L'allocation du coût en capital. D'après cette mesure, on peut déduire de l'impôt 5% à 10% de la valeur de la propriété.
- La déduction pour fins d'impôt des frais d'exploitation et des paiements d'intérêts hypothécaires.
- Les impôts différés.

Si certaines mesures gouvernementales ont pour effet d'améliorer la rentabilité immobilière et de stimuler les investissements, certaines autres mesures peuvent faire augmenter les coûts de développement résidentiel (zonage, réglementation de subdivision, délai pour obtenir le permis de construction, etc.) ou faire diminuer la rentabilité immobilière (contrôle des loyers).

4.4.1 Comportement des intervenants primaires

Comme nous l'avons constaté au tableau 4.5, le processus de développement résidentiel comporte trois principales fonctions: spéculation foncière, développement et aménagement des terrains, construction et exploitation immobilière. Un ensemble d'individus et d'institutions constituant les intervenants primaires remplissent ces fonctions. Une étude[12] identifie neuf catégories d'intervenants primaires qui sont: les fermiers-rentiers, les particuliers, les diverses compagnies qui ne sont pas spécialisées en immeuble, les constructeurs-promoteurs, les lotisseurs, les investisseurs fonciers, les investisseurs immobiliers, les constructeurs, le secteur public[13] et enfin les consommateurs.

L'importance de ces intervenants dans le processus du développement résidentiel peut être illustrée en termes d'interventions dans les transactions des terrains. Par exemple, dans la transaction "finale" des terrains, juste avant la construction, 13% des achats sont effectués par les particuliers. Les pourcentages correspondants pour d'autres principaux intervenants sont: 13% pour les diverses compagnies, 23% pour les constructeurs-promoteurs, 10% pour les investisseurs fonciers, 14% pour les constructeurs et 19% pour le secteur public.

Les tableaux 4.7 et 4.8 permettent d'avoir une idée sur la participation des différents intervenants dans les achats de terrains non subdivisés et subdivisés. En effet, d'après le tableau 4.7, les fermiers achètent des terrains non subdivisés d'une dimension relativement grande (46,3% des achats étaient de 2 000 000 pi^2). Par contre, les particuliers achètent des terrains qui sont soit de très petite taille, soit de grande taille. Les compagnies diverses qui ne sont pas spécialisées en immeuble achètent toutes sortes de terrains, alors que le promoteur qui a l'intention de développer lui-même et probablement de construire achète surtout des terrains de petite et moyenne taille. Le lotisseur achète de grands terrains en vue d'assurer l'économie d'échelle dans le coût du lotissement. L'investisseur foncier achète des terrains de taille intermédiaire (100 000 à 499 000 pi^2) ou de grande taille, 1 million de pieds carrés ou plus. Le constructeur achète des terrains de taille relativement petite, ce qui s'explique par le fait que, contrairement à l'investisseur immobilier, son principal but est de construire. Enfin, il n'est pas étonnant que le secteur public achète de petits terrains, car son but est de réaliser des projets publics (parcs, logements sociaux) et non de faire de la spéculation foncière.

Quand il s'agit des terrains subdivisés (tableau 4.8), tous les intervenants achètent des terrains de taille relativement petite. Ceci n'est guère étonnant dans la mesure où la subdivision des terrains est faite progressivement en fonction des besoins de la construction immobilière.

---

(12) CHUNG, J.-H., DIVAY, G., FISETTE, L. et CHANTAL, S. ***Marché foncier et développement résidentiel.*** INRS-urbanisation, 1981.

(13) Le secteur public peut agir également comme intervenant primaire.

TABLEAU 4.7: Distribution des achats de terrains non subdivisés selon la superficie par catégorie d'acheteurs (en 1 000 pi^2)

Superficie / Cat. d'acheteurs	< 99	100-499	500-999	1 000-1 999	> 2 000	N = 100
1. Fermiers-rentiers		7,7	23,1	23,1	46,3	13
2. Particuliers	33,8	18,8	2,5	12,5	32,5	80
3. Diverses compagnies	16,7	15,6	17,8	22,2	27,8	90
4. Promoteurs	26,7	42,2	22,2	6,7	2,2	45
5. Lotisseurs	9,1	17,3	14,5	24,5	34,6	110
6. Invest. fonciers	4,2	24,5	12,6	23,1	35,7	143
8. Constructeurs	33,3	40,7	18,5		7,4	27
9. Secteur public	47,9	25,0	14,6	6,3	6,3	48

Chaque intervenant remplit une fonction ou une série de fonctions en vue de maximiser ses gains économiques.

A. *Fermier*

Le fermier intervient dans le processus de développement résidentiel au moment où il décide de vendre ses terrains. Sa décision, de vendre ou de continuer à exploiter ses terrains, dépend du rendement relatif de l'usage agricole et de la vente au marchand de terrains (spéculateur). On peut examiner les situations suivantes:

$$(PV)_{FS} \gtreqless (VA)_F \qquad (4\text{-}11)$$

où

$(PV)_{FS}$ = prix des terrains vendus par le fermier au spéculateur

TABLEAU 4.8 Distribution des achats de terrains subdivisés selon la superficie et la catégorie d'acheteurs (en 1 000 pi²)

Superficie / Cat. d'acheteurs	< 49	50-99	100-499	500-999	> 1 000	N = 100
1. Fermiers-rentiers	75	25				4
2. Particuliers	95,8	3,5	0,6			310
3. Diverses compagnies	67,7	12,9	14,5	3,2	1,6	62
4. Promoteurs	27,3	9,1	36,4	18,2	9,1	11
5. Lotisseurs	38,5	30,8	15,4		15,4	13
6. Invest. fonciers	38,3	23,4	31,9	4,3	2,1	94
7. Invest. immobiliers	25,0	37,5	37,5			8
8. Constructeurs	65,7	17,9	15,0	1,1	0,3	721
9. Secteur public	36,7	23,3	30,0		10,0	30

$(VA)_F$ = valeur du terrain en tant que sol agricole.

$$(VA)_F = \sum_{t}^{T} \left(\frac{R_t - CA_t}{r} \right) \qquad (4\text{-}12)$$

où

R_t = revenu agricole au temps "t"

CA_t = coût d'exploitation agricole au temps "t"

R = taux de capitalisation.

D'après l'équation (4-12), la valeur du terrain en tant que sol agricole est retenue en capitalisant le flux des revenus nets anticipés par le taux d'intérêt "r". D'après l'équation 4.11, le prix de vente au spéculateur peut être plus grand ou plus petit que la valeur agricole du terrain. Ou encore, le prix de vente peut être identique à la valeur agricole.

Si $(PV)_{FS} > (VA)_F$, le terrain est vendu au spéculateur.

Si $(PV)_{FS} < (VA)_F$, le terrain continue à être exploité à des fins agricoles.

Si $(PV)_{FS} = (VA)_F$, il est probable que l'exploitation agricole continue, compte tenu de l'attachement sentimental au terrain.

Plusieurs études démontrent que dans le voisinage des zones développées, le prix de vente au spéculateur peut être plusieurs fois supérieur à la valeur agricole(14). Il n'est pas étonnant que le fermier soit fortement motivé à cesser l'exploitation agricole et à vendre aux spéculateurs. D'après Clawson(15), aux États-Unis, chaque année le gain capital en terrain peut atteindre $13,5 milliards, dont la moitié serait encaissée par le fermier. Toutefois, à moins que le gain ne soit considérable, le fermier peut décider de ne pas vendre à cause de l'attachement à ses terrains ou de considérations personnelles ou familiales. Surtout au Québec et en Colombie-Britannique, les lois du zonage agricole peuvent ralentir les ventes des terrains aux spéculateurs.

B. *Marchand de terrains*

Un marchand de terrains est un intervenant primaire qui s'engage dans la revente des terrains sans entreprendre lui-même le lotissement ou la construction. Il est un intermédiaire et son opération consiste essentiellement à acheter des terrains à un prix inférieur et à les vendre à un prix supérieur, à un moment ultérieur. C'est ainsi que l'activité d'un marchand de terrains est celle de la spéculation foncière.

Le gain d'un spéculateur dépend de sa capacité de prédire le gain capital de ses terrains devant une situation qui peut être risquée. Il y a plu-

---

(14) CHUNG, J.-H. ***Market and Land Speculation.*** CMHC, 1969.

BROWN, J. et ROBERTS, N.-A. ***Urban Planning Policy Analysis and Administration: Land Owners at the Urban Fringe.*** Department of City and Regional Planning, Harvard University, juin 1978.

CLAWSON, M. ***Suburban Land Conversion in the United States: An Economic and Government Process.*** Baltimore: John Hopkins Press, 1971.

(15) CLAWSON, M. ***Op. cit.***

sieurs types de risques. Il y a d'abord le risque créé par l'instabilité de la demande de terrains résidentiels dérivée de la demande de logements. L'instabilité de la demande de logements peut être causée par les variations cycliques de la demande. Le risque peut provenir aussi des changements de réglementation municipale, de l'installation des infrastructures, de la construction des routes et des taxes. Devant ces risques, le spéculateur doit s'armer des renseignements précis. Si bien que d'après Clawson[16] et d'autres auteurs, le plus grand problème du spéculateur n'est pas celui de trouver des fonds mais bien celui d'obtenir des renseignements. Bref, un spéculateur foncier (marchand de terrains) est un investisseur et il optimalise ses opérations en maximisant le gain capital de ses terrains ou en minimisant les coûts de rétention.

Le spéculateur peut maximiser le gain capital en vendant ses terrains au moment où la présente valeur nette de ses terrains est maximisée. Cette dernière peut être estimée en capitalisant le prix de vente moins les coûts de rétention par le taux d'intérêt normal et la prime de risque.

$$(PV)_t = \frac{(PRV)_t}{(i+r)^t} - \sum_{t}^{T} \frac{(CR)_t}{(i+r)^t} \qquad (4\text{-}13)$$

où

$(PV)_t$ = présente valeur nette des terrains

$(PRV)_T$ = prix de vente du terrain au temps "T"

$(CR)_t$ = coûts de rétention au temps "t"

i = taux d'intérêt normal

r = prime de risque.

Les coûts de rétention comprennent principalement les taxes locales, les paiements d'intérêt et les autres coûts.

Si la décision du marchand de terrains d'acheter ou de vendre dépend des gains capitaux, d'autres considérations l'affectent également. Par exemple, d'après Massie et ses associés[17], les attributs personnels des investisseurs, les caractéristiques du site et les contraintes socio-économiques jouent des rôles importants. De plus, à mesure que le site se

---

(16) CLAWSON, M. ***Op. cit.***

(17) MASSIE, R.-W. et al. "Land Owner Behavior: Factors of the Decision to Hold or to Sell Property in the Urban Fringe". ***Research Review.*** Avril 1968, vol. 15, no 1.

rapproche de la zone développée, l'importance des caractéristiques du site est plus grande que celle des attributs des investisseurs. Kaiser et ses associés ont constaté que ceux qui sont le plus disposés à vendre sont ceux qui habitent sur le terrain, ceux qui sont encore actifs dans leur profession et ceux qui ont retenu leurs terrains pendant une période variant entre 4 et 10 ans. Par contre, les investisseurs qui sont le moins disposés à vendre sont ceux qui sont retraités, ceux qui ne résident pas sur le lieu et ceux qui ont retenu les terrains pendant une période soit trop courte ou trop longue.

La durée de rétention du terrain varie forcément d'un spéculateur à l'autre et d'un endroit à l'autre. D'après l'étude de l'INRS-urbanisation, dans la région de Montréal et de Québec, la durée moyenne des terrains non subdivisés est de 80 mois, soit un peu moins de 7 ans, alors que celle des terrains subdivisés est d'environ quatre ans et demi.

C. *Promoteur-constructeur*

Le promoteur est l'agent primaire qui exerce la plus grande influence sur la production des NER, car c'est lui, en dernière analyse, qui effectue la subdivision et le lotissement des terrains et enfin construit le logement. C'est ainsi que contrairement aux investisseurs, le promoteur s'engage dans la production d'un bien fini (logement), et se comporte comme n'importe quelle autre firme productrice.

La localisation et le timing de la subdivision ont été examinés par plusieurs auteurs. Kaiser (18) a étudié, à l'aide de la technique de régression multiple, la localisation de la subdivision. L'auteur constate que la probabilité de la subdivision est relativement grande dans des endroits aux caractéristiques suivantes: quartiers de statut socio-économique élevé, plus grande protection de zonage, disponibilité des équipements collectifs, accessibilité au centre-ville et aux zones développées. De plus, la subdivision se produit un peu en retrait des grandes routes.

Comme pour la construction du logement, le promoteur adopte soit l'approche du marché, soit l'approche de contact. L'approche du marché, préférée par les firmes de certaine taille, consiste à évaluer la demande de certaines catégories de logements et à chercher des terrains appropriés. L'approche de contact, utilisée surtout par les firmes de taille relativement petite, consiste à élever sa part du marché par des contacts personnels.

---

(18) KAISER, J. ***A Producer Model for Residential Growth.*** A Research Monographe, University of North Carolina, 1968.

Il s'avère que les petits promoteurs évaluent le volume de leur production d'une manière très rudimentaire. En premier lieu, ils évaluent la part d'une catégorie de logements dans l'ensemble du marché régional. Ensuite, ils évaluent la part de leur propre localité dans le marché d'une catégorie de logements donnée. Enfin, ils évaluent leur propre part dans le marché local de la même catégorie de logements.

Ce qui se dégage des études antérieures sur le comportement du promoteur, c'est que dans sa décision de développer le terrain et de construire, la considération du coût n'est pas aussi importante que celle du revenu. Ceci n'est guère étonnant, étant donné que le coût de construction d'un type de logement ne varie pas d'une localité à l'autre pour la même région[(19)]. Ainsi, la différence entre le prix du logement et le coût de construction est la rente Ricardienne de terrains, plus profit.

Quelques données statistiques des promoteurs-constructeurs québécois sont disponibles grâce à une enquête menée par l'INRS-urbanisation. Un échantillon de 26 constructeurs de maisons unifamiliales permet d'avoir une idée sur les caractéristiques de ce groupe d'intervenants. La taille du promoteur-constructeur est très petite; en moyenne, le constructeur (promoteur-constructeur) construit chaque année 30 logements. Il retient environ 7 millions de pieds carrés de terrrain et la durée de la rétention de ses terrains est un peu moins de deux ans. Le constructeur québécois typique opère dans deux municipalités. Ainsi, rares sont les constructeurs régionaux. Il est intéressant de noter que le produit est très homogène. Par exemple, la superficie moyenne de plancher est de 1 170 pi^2 avec un écart type d'à peine 43 pi^2. De même, la superficie du lot est en moyenne de 6 600 pi^2 avec un écart type de 255 pi^2.

Ni le coût de construction, ni le prix de vente ne varient beaucoup d'un constructeur à l'autre. Le coût de construction moyen est de $30.72 par pied carré avec un écart type de $3.57, ce qui donne un coefficient de variation de 0,116. Le prix de logement est de $38.50 au pied carré avec un écart type de $4.81 au pied carré, ce qui donne un coefficient de variation de 0,125. Par contre, le coût d'acquisition des terrains varie beaucoup d'un constructeur à l'autre. Le coût d'acquisition moyen est de $0.42 avec un écart type de $0.37, ce qui signifie un coefficient de variation considérable à 0,88. Ce qui se dégage de ces données est que le seul moyen d'économiser pour le constructeur, c'est de le faire sur le coût d'acquisition des terrains; le profit du constructeur dépend surtout du coût des terrains.

La petite taille du constructeur québécois peut s'expliquer, entre

---

(19) STOLLENWERK, D.-A. ***Cost Factors in the Choice of Subdivision Location, by Residential Developper.*** Thèse M.A., University of North Carolina, 1964.

autres, par l'absence de l'économie d'échelle. Par contre, s'il y a une économie d'échelle importante, le constructeur sera motivé à augmenter sa taille. Afin de vérifier l'importance d'une économie d'échelle, nous avons estimé une fonction de coût moyen de la construction[20]. Les résultats de l'estimation sont résumés à l'équation (4-14). D'après cette dernière,

$$CM = 37\,345.3 - \underset{(-1.93)}{0.804\,(h)} + \underset{(2.45)}{0.0000156\,(h^2)} \qquad (4\text{-}14)$$

$$\bar{R}^2 = 0.184 \; ; \; F = 3.82 \; ; \; N = 26$$

où

CM = coût moyen de la construction des maisons unifamiliales

h = nombre de maisons unifamiliales.

Il y a une légère économie d'échelle et le point minimum du coût moyen est atteint lorsque la production annuelle est d'environ 600 unités. Il est évident qu'une telle production nécessite un investissement considérable et un marché beaucoup plus vaste que le marché québécois. Par ailleurs, cette légère économie d'échelle est presque entièrement attribuable à l'économie dans le coût d'acquisition des terrains, et non dans le coût de construction proprement dit.

Le constructeur est motivé par le profit. En fait, l'optimalité du constructeur est assurée lorsque le revenu marginal est égal au coût marginal. Le revenu marginal peut être obtenu en effectuant la première dérivation de la fonction du revenu total. Ce dernier est obtenu en multipliant la fonction du revenu moyen par la quantité. La fonction de revenu moyen est estimée à l'aide des mêmes données[21] et résumée à l'équation (4-15).

$$RM = 46\,183.70 - \underset{(-2.33)}{0.955L} \;\; \underset{(2.74)}{0.0000175\,(h^2)} \qquad (4\text{-}15)$$

$$\bar{R}^2 = 0.206 \; ; \; F = 4.24 \; ; \; N = 26$$

où

RM = Revenu moyen (prix du logement)

---

(20) CHUNG, J.-H. ***Structure et performance du marché du logement au Québec.*** INRS-urbanisation, 1981.

(21) CHUNG, J.-H. ***Op. cit.***

h = quantité de production.

L'équation (4-15) indique que le prix du logement diminue légèrement à mesure que la quantité de production augmente. Lorsque la production augmente, 110 à 550 unités, le prix diminue, \$45 246 à \$41 841. Lorsque la production augmente, 550 à 1 650 unités, le prix diminue, \$41 841 à \$35 751. Le prix remonte éventuellement lorsque la production atteint une certaine quantité, qu'on ne peut envisager dans le contexte québécois.

Une autre façon de trouver l'optimalité du constructeur est d'estimer la fonction de profit et de trouver la quantité de production qui y correspond. C'est ce que nous avons fait. La fonction de profit (PR) peut être estimée en soustrayant l'équation (4-14) de l'équation (4-15), ce qui donne:

$$PR = 8\,839 - 0.151\,(h) + 0.0000017\,(h^2) \qquad (4\text{-}16)$$

D'après cette équation, le profit diminue à mesure que la quantité augmente. Par exemple, lorsque la production passe de 162 à 5 000 logements, le profit diminue, \$4 476 à \$2 730. C'est ainsi que lorsque la production augmente 30 fois, le profit ne diminue que de 40%. À toutes fins utiles, le profit moyen ne varie pas à l'intérieur de la limite de la quantité que peut produire un constructeur québécois.

Bref, dans l'industrie de la construction résidentielle, tout au moins en ce qui concerne la production des maisons individuelles, il n'y a pas d'économie d'échelle ni de profit anormal. Ce n'est pas étonnant que la taille du constructeur soit petite.

4.4.2 Structure et efficacité du marché du logement

L'efficacité du marché du logement dépend de la facilité avec laquelle l'offre s'ajuste à la demande et du niveau du prix et de la qualité du logement produit. La structure du marché constitue l'ensemble des contraintes et affecte les comportements des agents socio-économiques. En fait, c'est la structure du marché qui détermine la qualité de la performance de l'industrie et la contribution de cette dernière au bien-être de la collectivité. La structure du marché peut être mesurée en termes de variables: la concentration des ressources humaines et matérielles, l'intégration des entreprises et les barrières d'entrée des nouvelles entreprises. L'ensemble de ces variables peut produire des situations où un petit nombre de firmes peuvent effectivement s'emparer du pouvoir du marché et dominer ce dernier. Dans un tel cas, le marché sera caractérisé par un type de concurrence oligopolistique ou, tout au moins, monopolistique (non monopoleur).

A. *Concentration*

La concentration des ressources humaines et matérielles peut se produire dans le marché des terrains nus non subdivisés, dans celui des terrains subdivisés pour la construction ou dans celui des logements construits. Depuis quelque temps, c'est la concentration dans le marché des terrains urbains non subdivisés qui a provoqué la controverse la plus animée. Spurr(22) prétend que dans la région de Toronto, les quatre plus grosses firmes possèdent 58,65% du marché des terrains et les six plus grosses firmes possèdent 76,74% du marché. Dennis et Fish(23) prétendent que le stock de terrains dans les mains des six plus grosses firmes suffirait pour les besoins de dix ans. Ainsi, les auteurs prétendent donc qu'il y a une forte concentration dans le marché des terrains urbains.

L'observation de Spurr-Denis-Fish a été fortement contestée sur le plan de la méthodologie. En effet, le degré de concentration peut varier considérablement selon l'étendue géographique du marché. Une étude plus récente de Murkusen-Scheffman(24) a démontré que dans la région de Toronto, à peine 24,3% des terrains susceptibles de se développer dans 10 ans sont contrôlés par les quatre plus grosses firmes, 29,5% par les six plus grosses et enfin 37,4% par les 10 plus grosses firmes. D'autres auteurs, Muller(25) et Rudin(26), partagent le point de vue de Murkusen-Scheffman. La conclusion à laquelle arrivent ces auteurs est que, pour le moment, la concentration dans le marché des terrains urbains ne semble pas alarmante.

Un aspect intéressant de l'étude de Murkusen-Scheffman est que le degré de concentration est plus élevé au niveau local qu'au niveau régional. Ceci reflète la possibilité que les promoteurs puissent réaliser une certaine économie de coût dans les négociations avec les municipalités en concentrant leurs ressources dans les localités données.

---

(22) SPURR, P. ***Land and Urban Development.*** Toronto: James Lorimer and Co., 1976.

(23) DENIS, M. et FISH, S. ***Low Income Housing Programs in Search of a Policy.*** Toronto: Hakkert, 1972.

(24) MURKUSEN, J.-R. et SCHEFFMAN, D.-T. ***Speculation and Market Structure in Urban Land Market.*** Toronto, 1976.

(25) MULLER, R.-A. ***The Market for New Housing in Metropolitan Toronto.*** Ontario Economic Council, 1978.

(26) RUDIN, J.-R. ***The Changing Structure of the Land Development Industry in the Toronto Area.*** Major Report no 13, Center for Urban and Community Studies, University of Toronto, février 1978, ISSN 0319-4620.

TABLEAU 4.9: Part des plus gros propriétaires dans les grandes sous-régions de Montréal

Sous-régions[(1)]	Superficie développable avec relevé	% des terrains possédés par		Partie zonée agricole avec relevé	% des terrains possédés par	
		les 3 plus gros	les 5 plus gros		les 3 plus gros	les 5 plus gros
Rive-Sud (est, centre, ouest)	5 246	15	18	13 069	14 (16)	17 (21)
Rive-Nord (est, ouest)	4 378	10	13	9 463	11	13
Laval	2 640	6	9	4 060	5	7
Ouest (île ouest, Rive-Ouest)	3 618	15	21	3 870	23	30

(1) Les zones des premiers tableaux.

Source: CHUNG, J.-H., DIVAY, G., FISETTE, J. et CHANTAL, S. ***Marché foncier et développement résidentiel.*** INRS-urbanisation, 1981.

En ce qui concerne la région de Montréal, le tableau 4.9 démontre que le taux de concentration dans cette région est quelque peu moins élevé que dans la région torontoise.

B. *Intégration*

L'intégration verticale dans le marché foncier signifie la subordination à une seule unité décisionnelle d'une série de fonctions de différents stades de la production. Par exemple, l'intégration verticale parfaite signifie celle de l'achat de terrains nus, du développement de ces derniers, des services professionnels (arpenteurs-géomètres, avocats, etc.), de l'approvisionnement des matériaux de construction et ainsi de suite. Le principal avantage de l'intégration verticale est qu'elle permet une meilleure planification dont le timing du développement et même une certaine économie d'échelle. D'un autre côté, une telle intégration nécessite l'addition de nouveaux services dans l'entreprise et risque de subir le coût d'"excès-capacité" durant la période creuse. Pour ces raisons, l'intégration verticale est plutôt rare sauf en ce qui concerne l'intégration entre le développement des terrains et la construction des logements. Par exemple, l'étude de Muller[27] démontre que dans la région de Toronto, 40% des terrains sur lesquels sont construits les logements ont été développés par les mêmes constructeurs. Ce type d'intégration verticale est plus fréquent dans le marché pour les logements multifamiliaux que dans celui des maisons individuelles.

L'intégration verticale impliquant les services professionnels et l'offre des matériaux de construction s'avère rare.

L'intégration horizontale est plus fréquente que l'intégration verticale. La première prend deux formes principales. D'une part, le promoteur diversifie ses avoirs en accumulant non seulement les terrains résidentiels, mais aussi les terrains non résidentiels. D'autre part, les grosses entreprises acquièrent les petites entreprises. Le but de l'intégration horizontale est de minimiser le risque en diversifiant les opérations.

En plus de l'intégration horizontale, le promoteur en adopte une autre qui se traduit par des projets conjoints (joint "ventures"). Ces derniers prennent plusieurs formes. D'abord, un groupe de firmes peuvent participer au financement et à la gestion. Murkusen-Scheffman distinguent deux types de participation dans la gestion: le lien I et le lien III. Le lien I est le cas où les entreprises partagent réciproquement les membres du Conseil d'administration et les principaux officiers. Le lien III est le cas où la firme C est liée indépendamment à la firme A et à la firme B, les-

---

(27) MULLER, R.-A. (1978), ***Op. cit.***

quelles sont réciproquement liées. Par exemple, les 4 plus grosse firmes comptent pour 24,3% du lien I et 37,4% du lien III.

Bref, devant le peu d'avantages qu'offre l'intégration, les entreprises de développement des terrains font appel à une autre stratégie, celle du partage de la gestion.

C. *Barrières à l'entrée*

La barrière d'entrée existe si la nouvelle firme doit affronter des coûts additionnels que les anciennes firmes ne subissent pas. Il se peut que le nouveau promoteur subisse des coûts d'information additionnels, même si cette possibilité paraît faible dans la mesure où l'information est relativement accessible. En fait, contrairement aux autres industries, la barrière d'entrée dans une localité donnée peut être absolue en ce sens que la seule manière d'entrer est d'acheter le terrain. Cependant, cette barrière est indépendante du coût.

Ce qui se dégage des études antérieures est que la barrière d'entrée ne constitue pas l'aspect le plus important du marché des terrains urbains.

D. *Pouvoir de domination*

Le pouvoir de domination se manifeste par la collusion oligopolistique et peut dicter le prix et restreindre la quantité de produits.

Il y a plusieurs raisons qui expliquent la faible possibilité de l'existence d'un tel pouvoir de domination.

En premier lieu, le degré de concentration dans le marché de terrains urbains est très inférieur au degré moyen de la concentration du secteur manufacturier qui, lui, se situe à 70%(28).

Il convient de noter que la concentration de ressources dans le marché des terrains urbains s'explique non pas par le motif de la domination, mais plutôt par le souci d'assurer l'économie d'échelle. L'importance de cette dernière varie selon la nature du produit. En ce qui concerne la construction du logement, l'économie d'échelle, rendue possible par la taille de la firme et du projet (concentration), peut être attribuable à l'économie du coût d'achat d'une grande quantité de matériaux, à un meilleur pouvoir de marchandage avec les sous-traitants, à une meilleure productivité sur le chantier, à une meilleure division du travail et à l'économie de coût des services professionnels(29).

---

(28) MURKUSEN-SCHEFFMAN. ***Op. cit.,*** p. 91.

(29) SCHERMAN, M. ***House Building Industry in Transition.*** Berkeley University of California Press, 1953;

Dans la mesure où l'économie d'échelle décrit le décroissement du coût moyen de production, grâce à l'accroissement de la production, elle permet d'estimer la taille optimale du projet. Il a été souvent dit que la taille optimale d'un projet de construction de logements se situe entre 100 et 1 000 unités. Smith la situe à 500-800 unités. Cassimotis démontre que quand le nombre de logements construits augmente de 50 à 199, le coût de construction par pied carré diminue, passant de $12.28 à $11.09.

L'économie d'échelle au niveau du développement des terrains s'explique par une économie de coût de subdivision et de lotissement. D'après l'étude de Muller(30), dans la région de Toronto, plus de la moitié des terrains lotis apporteraient aux firmes productrices plus de 400 lots dans une période de 30 mois. De plus, 70% des lots faisant partie des projets comportent 100 à 800 lots. Ceci veut dire que les grosses firmes voient des avantages certains en augmentant l'échelle de développement. Enfin, quoique marginal, il s'avère que le temps d'attente pour l'opération de subdivision est moins long pour les gros projets.

Bref, même si la concentration des ressources dans un petit nombre de firmes ne signifie pas nécessairement le pouvoir de domination, elle peut quand même s'expliquer par l'économie d'échelle.

La deuxième raison qui rend difficile la domination par les gros est que l'accès à l'information est relativement facile. Toute transaction immobilière est inscrite aux bureaux d'enregistrement locaux qui sont accessibles à des frais moindres.

La troisième raison est que l'aspect local de l'industrie, surtout le secteur des maisons individuelles, est tel qu'il ne serait pas économique d'accroître le degré de concentration à travers la région.

La quatrième raison est que la production annuelle ne représente qu'une très faible proportion du stock de logements existants. En effet, Muller(31) démontre que même si le marché des nouveaux logements est complètement cartellisé, l'impact du cartel sur le niveau général du prix du logement est très limité, en partie à cause de la faible élasticité de la demande.

(suite) (29)

CASSIMOTIS, P.-J. ***Economics of Construction Industry.*** N.Y.: National Industrial Conference Board, 1969;

SMITH, W. ***Urban Development: Process and Problems.*** Berkely: University of California Press, 1975.

(30) MULLER, R.-A. ***Op. cit.***

(31) MULLER, R.-A. ***Op. cit.***

Dans l'ensemble, ni le marché des terrains urbains, ni le marché de la construction de nouveaux logements ne semblent être caractérisés par la présence des oligopoles et par celle du pouvoir de domination. Cette constatation est partagée par la plupart des études économiques récentes[(32)].

Ainsi la compétition dans certains secteurs, notamment dans celui des maisons individuelles, est tout près de la compétition parfaite; ce qui signifie que le prix du logement est une donnée pour un constructeur particulier, et que la valeur du terrain est une rente Ricardienne pure, dans le sens qu'elle n'est qu'un résidu.

4.4.3 Performance du marché

La performance d'un marché ou d'une industrie peut être mesurée d'une part par l'efficacité de la compétition sur le marché, et d'autre part par la capacité d'innover. L'analyse de la structure du marché de terrain et de logement indique que la compétition est presque parfaite. Ceci veut dire qu'il est difficile de réaliser des profits anormaux. En effet, d'après Muller, le profit mesuré en termes de rendement de l'équité pour la période de 1968-1973 a été de 9,6% pour le développement de terrains, contre 7,6% pour l'ensemble des corporations de l'économie. Quand on tient compte de l'élément risque, inhérent au développement des terrains, cet écart de 2% ne peut pas être exorbitant.

Une autre façon de savoir si le marché du logement est parfaitement concurrentiel est d'examiner le comportement de la fonction de demande pour le constructeur. Dans la mesure où cette demande est élastique, le marché est plus concurrentiel. D'après une étude[(33)] en effet, l'élasticité de la demande pour le constructeur est de 17,01, ce qui est très élevé. Autrement dit, pour le constructeur, le prix n'est qu'une donnée déterminée par l'ensemble du marché.

Il importe de ne pas confondre le type de concurrence sur le marché avec l'évolution du coût du produit. Même si la concurrence est parfaite, l'évolution du prix du logement que doit payer le consommateur peut être relativement rapide soit à cause d'une faible productivité, soit à cause des interventions de l'État.

Les coûts directs et indirects des interventions de l'État peuvent

---

(32) MULLER, R.-A. ***Op. cit.***;

MURKUSEN-SCHEFFMAN. ***Op. cit.***;

CLAWSON, M. ***Op. cit.***

(33) CHUNG, J.-H. ***Structure et performance du marché du logement.***

comprendre le coût de rétention des terrains et les frais d'administration causés par le délai de l'approbation de subdivision, le coût des réglementations locales relatives à la subdivision, au lotissement, à la construction et aux taxes foncières.

Ces types de coûts sont bien documentés et d'après Dowall(34), ils peuvent représenter 15% à 20% du coût de développement.

Il se peut, quand on tient compte des coûts imposés par l'extérieur et de la qualité du logement, que le prix relatif du logement n'ait pas augmenté plus vite que le prix d'autres biens.

L'autre aspect de la performance du marché est sa capacité d'offrir un ensemble de choix, tant sur le plan du type de logement que sur celui du prix. Il arrive que la structure de prix actuel du logement exclut une partie importante de la population. Ceci ne reflète que la réaction normale de l'investissement aux contraintes et à l'évolution du coût total de production.

Par conséquent, la politique en matière d'habitation a tout avantage à faire diminuer le coût de production, en adoptant des mesures plus expéditives relatives à la subdivision et en incitant à améliorer la productivité.

4.5 MARCHÉ DE LOGEMENTS EXISTANTS

La majeure partie de l'offre de logements est assurée par le stock de logements existants. La production annuelle de logements neufs ne représente que 3% à 4% de l'offre totale de logements. Par conséquent, la qualité de la performance du marché de logements existants est absolument essentielle pour le niveau de bien-être du consommateur en matière d'habitation.

4.5.1 Relation entre le marché du logement existant et celui du logement neuf

La relation entre le marché du logement existant et le marché du logement neuf a deux volets. D'une part, l'ajustement du stock existant affecte le volume de la construction des logements neufs. Chaque année, un certain nombre de logements disparaissent à cause de la démolition, des incendies et d'autres causes naturelles, et à cause de la conversion des logements pour un usage non résidentiel. De plus, à mesure que la population augmente, le nombre de logements nécessaires pour le maintien d'un taux de vacance normal augmente également. C'est ainsi que le

(34) DOWALL, D.-E. ***How to Deplate Housing Cost.*** Working paper no 304. Berkeley: University of California, Institute of Urban and Regional Development, avril 1979.

besoin de remplacement des logements disparus et le maintien d'un taux de vacance normal font augmenter la production des logements neufs.

D'autre part, la production des logements neufs signifie l'accroissement de l'offre totale, et étant donné la demande, le prix du logement diminue jusqu'à ce que l'excès d'offre s'épuise grâce à l'accroissement de la population et de la demande. Ceci constitue la rétroaction du marché de logements neufs à celui de logements existants.

4.5.2 Performance du marché du logement existant

La performance du marché du logement existant se mesure par sa capacité d'ajustement aux besoins de la population qui ne cessent d'évoluer, et sa capacité de maintien de la qualité du logement à un prix raisonnable. Les besoins des ménages sont complexes et ne cessent d'évoluer. Les besoins des ménages se manifestent sur les plans de la tenure résidentielle, du type de logement, de la taille et de la qualité de ce dernier, du prix et de la localisation. Lorsque le marché du logement existant ne peut pas offrir ce que les ménages désirent, le marché est perturbé et se trouve en déséquilibre. De plus, au fur et à mesure que le revenu du ménage augmente, certains ménages désirent améliorer leur niveau de bien-être et accéder à un logement d'une qualité supérieure en laissant leur ancien logement à un ménage de revenu inférieur. Ceci est le processus "filtering".

Dans la mesure où le processus "filtering" fonctionne efficacement, l'ajustement adéquat du marché du logement existant peut être assuré par la production des logements neufs. Cependant, pour que le processus "filtering" fonctionne bien, il faut qu'une série de conditions soient satisfaites:

- il faut que la qualité de tous les logements soit maintenue,
- il faut que la structure du prix du logement demeure constante,
- il faut que la répartition spatiale des industries, des commerces et d'autres lieux de travail reste inchangée.

Si une de ces conditions n'est pas satisfaite, le processus "filtering" ne sera pas efficace. Si la qualité des logements évacués se détériore, toutes choses étant égales par ailleurs, le niveau de bien-être du nouvel occupant diminuera. Si le prix du logement laissé vacant augmente, le nouvel occupant doit payer plus cher pour la même qualité de logement. De même, si la répartition spatiale des lieux de travail se modifie substantiellement, les logements laissés vacants par le groupe à revenu élevé ne seront pas nécessairement occupés par le groupe à revenu moins élevé. Enfin, à cause du voisinage et de la culture, même si toutes les conditions sont satisfaites, les logements vacants ne seront pas

GRAPHIQUE 4.4: Formation des ghettos

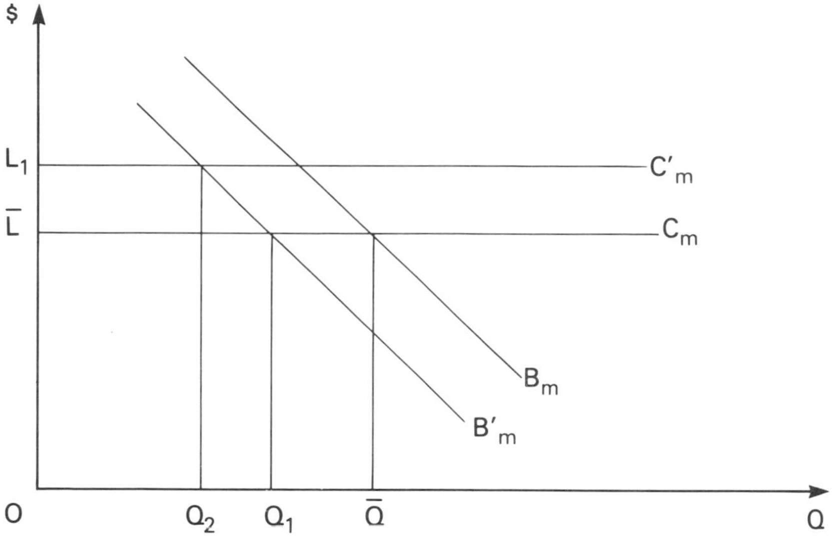

occupés par les groupes qui devraient normalement les occuper. En réalité, le processus "filtering" ne fonctionne pas toujours de la manière escomptée, à cause des rigidités du marché du logement.

Une autre dimension de la performance du marché du logement existant est la conservation de la qualité du logement. Il est un fait fort bien connu à travers le monde, c'est que la qualité de certains segments du stock de logements existants ne cesse de se détériorer, et souvent il en résulte la formation de ghettos.

La formation des ghettos n'est pas faite au hasard: au contraire, il y en a une explication logique. Le processus de la formation des ghettos est illustré au graphique précédent (4.4). Dans ce dernier, l'abscisse (Q) mesure le niveau de la qualité du logement, tandis que l'axe d'ordonnée mesure le niveau des loyers et du coût de la qualité. La courbe Bm représente le bénéfice marginal du logement. On y constate qu'à mesure que la qualité du logement s'améliore, la courbe Bm diminue à cause de la loi de l'utilité marginale décroissante. La courbe Cm représente le coût marginal de la qualité. Supposons que le coût marginal soit constant, le coût total augmente d'un même montant par unité de la qualité.

L'équilibre du propriétaire du logement s'établit au moment où le bénéfice marginal devient égal au coût marginal, et que la qualité optimale est de $0\bar{Q}$. Supposons maintenant que la demande du logement en question diminue, de sorte que la courbe Bm se déplace vers la gauche à B'm.

La qualité d'équilibre diminue de $\bar{Q}$ à Q. Si la qualité $\bar{Q}$ représentait la qualité minimum, la diminution de la demande conduirait au délabrement du logement. À cause des effets négatifs sur les logements avoisinants, tout le quartier pourrait connaître la détérioration accélérée des logements et pourrait devenir un ghetto. Le délabrement du logement peut être également provoqué par l'accroissement du coût de la qualité. Si par exemple le coût d'assurances augmente, la courbe de coût marginal se déplacera à C'm et si la demande demeure inchangée, le niveau de la qualité optimale diminuera à Q_2, au-dessous de la qualité minimale ($\bar{Q}$). Bref, la formation des ghettos s'explique soit par la diminution de la demande du logement en question, soit par l'accroissement du coût. Il importe de connaître les variables qui font déplacer la demande ou le coût.

Les variables qui font baisser la demande comprennent:

- la concentration d'immigrants et de groupes à faible revenu dans les zones près du centre-ville, ce qui a pour effet de diminuer les loyers maximums que peut exiger le locateur,
- la pollution, la criminalité et d'autres effets externes,
- les travaux publics (routes, édifices à bureaux),
- l'expansion du centre-ville,
- le style du logement démodé,
- le contrôle des loyers.

Les variables qui affectent la courbe de coût comprennent:

- la hausse des taxes municipales,
- la hausse du coût d'entretien,
- la hausse du coût d'assurances,
- la hausse du coût de financement,
- les restrictions gouvernementales (code du bâtiment).

Si la hausse du coût et la baisse de la demande sont excessives, l'abandon du logement sera inévitable. La politique en matière de logement existant consiste à inciter le marché à parfaire le processus de "filtering", grâce à l'élargissement des choix du consommateur sur le plan du type de logement, sur le plan du prix et de la qualité, sur le plan de la tenure résidentielle et sur le plan de la localisation. En ce qui a trait à la conservation de la qualité du logement, l'imposition d'un code d'habitabilité ne suffit pas, il faut respecter la logique même du délabrement du logement d'une part, et contrôler les comportements des courbes du coût marginal et de bénéfice marginal du logement d'autre part.

4.6 POLITIQUE DE L'HABITATION

L'habitation est un des secteurs de l'économie où les interventions de l'État ont été les plus marquées. Ceci n'est pas étonnant, étant donné que l'habitation constitue le poste de dépenses le plus important dans le budget du ménage et qu'elle est étroitement associée au style de vie de chaque citoyen. Par exemple, au cours de la période 1954-1979, l'impact des divers programmes du gouvernement s'est traduit par la construction d'environ 2 millions d'unités de logement, soit 88 000 par an, représentant plus de 40% de la production totale du logement au Canada. Il faut y ajouter également une série de programmes provinciaux et municipaux.

4.6.1 Objectifs de la politique de l'habitation

L'accès de tous les citoyens à un logement "décent" constitue l'objectif social de tous les pays civilisés. La politique de l'habitation doit avoir comme but de faciliter la matérialisation de cet objectif social. Les moyens utilisés pour la matérialisation de cet objectif social varient beaucoup d'une époque à l'autre et d'un pays à l'autre selon les priorités établies, selon les ressources disponibles et selon le type de régime politique en vigueur. Au Canada, la politique de l'habitation a visé d'une manière implicite ou explicite les objectifs suivants:

- la solution de la pénurie absolue des logements causée par la Seconde Guerre mondiale et la guerre de Corée,
- la stabilisation de l'ensemble de la construction,
- l'amélioration de la performance de l'industrie de la construction résidentielle,
- la solution des problèmes particuliers des groupes défavorisés,
- la conservation de la qualité du logement.

La Seconde Guerre mondiale et la guerre de Corée ont produit une grave pénurie de logements. D'ailleurs, la Loi nationale sur l'habitation (LNH) de 1954 était essentiellement conçue en vue de remédier à cette pénurie. La LNH de 1954 comportait les volets suivants: le régime de l'assurance hypothèque, l'admission des banques à charte comme "prêteurs agréés", la diminution de l'importance du comptant, le prolongement de la période d'amortissement des prêts hypothécaires, les prêts directs de la Société canadienne d'hypothèques et de logement (SCHL) et la fixation du taux d'intérêt des hypothèques assurée, en vertu de la LNH, en dessous du taux du marché. Ces mesures ont eu pour effet de diminuer le risque du prêteur, d'augmenter l'offre des fonds hypothécaires et du logement, et d'augmenter la demande du logement. L'impact de ces mesures a été remarquable, si bien que dès la fin des années 60 la pénurie était pratiquement résolue.

La construction résidentielle est une des activités les plus instables de l'économie. L'instabilité de la construction s'explique à la fois par la nature même de l'industrie de la construction et l'instabilité du marché financier. La principale conséquence de l'instabilité de la construction est l'accélération des coûts de construction. Le gouvernement a donc tout intérêt à stabiliser la construction résidentielle. Le principe préconisé par le gouvernement canadien a été les prêts directs compensatoires de la SCHL, qui consiste à augmenter les prêts directs en temps de baisse des prêts privés, et à diminuer les prêts directs en temps d'accroissement excessif des prêts privés. L'intensité des interventions de la SCHL a varié d'une époque à l'autre. Par exemple, au cours de la période 1957-1960, les prêts directs ont déstabilisé la construction de 58%, alors qu'au cours de la période 1967-1970, les prêts directs ont stabilisé la construction résidentielle de 92%. Cependant, pour l'ensemble de la période 1951-1970, les prêts directs ont stabilisé la construction de 17,5% (35).

Le troisième objectif de la politique de l'habitation au Canada a été l'amélioration de la performance des secteurs de l'économie qui sont impliqués dans l'habitation. Une série de mesures ont eu pour effet de rendre plus flexible le taux d'intérêt hypothécaire et d'intensifier la concurrence entre différentes institutions prêteuses. Ces mesures ont amélioré d'une manière significative la performance du secteur financier. De même, les recherches technologiques dans le domaine de la construction et de l'urbanisme, les mesures antispéculation, l'application des normes de construction et d'autres mesures ont eu pour résultat d'améliorer la performance de l'industrie de la construction.

Depuis les années 70, la priorité du gouvernement a été substantiellement modifiée et ses interventions ont été de plus en plus limitées aux problèmes des groupes défavorisés. Les programmes des logements sociaux, de l'habitation pour les étudiants, des logements pour les personnes âgées, le régime de supplément des loyers sont les principaux moyens pris par le gouvernement en vue de résoudre les problèmes de logement des groupes défavorisés. Enfin, depuis quelques années, le gouvernement intervient activement en vue d'accélérer la restauration des logements existants.

L'impact de ces divers programmes gouvernementaux en matière d'habitation est considérable. Mis à part la solution de la pénurie absolue du logement causée par les deux guerres, ces programmes ont certainement joué des rôles importants dans la hausse du niveau de bien-être. Le niveau de la qualité du logement s'est considérablement amélioré. Les programmes gouvernementaux en matière d'habitation ont donc contribué à la hausse du bien-être des Canadiens. D'un autre côté, ces programmes ont coûté très cher aux contribuables et ils n'ont pas réglé tous les problèmes. En dépit de ces programmes gouvernementaux, il y a en-

---

(35) CHUNG, J.-H. ***L'instabilité cyclique.*** p. 20.

core plusieurs problèmes qui méritent une attention immédiate; la restauration des logements existants et le problème des groupes défavorisés méritent une attention particulière et des mesures plus éclairées.

Les problèmes de l'habitation dans les années 80 se posent non pas en termes de pénurie du logement, mais en termes d'inadéquation entre la répartition du revenu et celle des coûts de l'habitation, de la conservation de la qualité des logements existants, des choix de la tenure résidentielle (location versus l'achat) et de la qualité de l'environnement. Le rôle du gouvernement doit être redéfini en tenant compte de l'évolution positive du secteur privé, des coûts élevés des mesures gouvernementales et des avantages du rôle accru du secteur privé.

4.6.2 Choix des mesures gouvernementales

Les mesures gouvernementales en matière d'habitation peuvent être regroupées en trois sous-groupes:

- celles qui affectent la demande,
- celles qui affectent l'offre,
- celles qui affectent simultanément l'offre et la demande.

Les mesures affectant la demande ont pour effet de déplacer la courbe de demande; elles comprennent par exemple l'allocation-logement, le supplément des loyers, la bonification du taux d'intérêt et toute autre mesure faisant varier le revenu réel du consommateur. Les mesures affectant l'offre sont celles qui font déplacer la courbe de l'offre. Les mesures fiscales incitatives accordées aux constructeurs et aux promoteurs, les logements sociaux, la bonification du taux d'intérêt des prêts accordés aux constructeurs et les subventions en sont quelques exemples. Enfin, les mesures qui affectent à la fois la demande et l'offre font déplacer simultanément la courbe de la demande et celle de l'offre. Le contrôle des loyers en est un exemple typique.

Le choix du gouvernement parmi ces trois groupes de mesures doit être fait en fonction des impacts désirés. Si le but visé est de maximiser la liberté personnelle et le bien-être du consommateur, les mesures du côté de la demande sont préférables. Par contre, ces mesures provoquent l'inflation du prix du logement. Si le but visé est de maximiser l'impact sur la quantité de production, les mesures du côté de l'offre constituent le meilleur choix. Ceci s'explique entre autres par le fait que l'élasticité-prix d'offre est plus petite que l'élasticité-prix de la demande.

L'impact sur le niveau du bien-être du consommateur, mesuré par le revenu réel, peut être évalué de la manière suivante. Envisageons la situation suivante:

Revenu du ménage: $3 000 par mois

Dépense en habitation
(prix du logement) $ 900 par mois

Supposons que le gouvernement accorde $500, soit au locataire, soit au propriétaire:

a) Subvention au locataire (demande)

La variation du revenu réel est:

$$\frac{\Delta Yr}{Yr} = \frac{\Delta Yn}{Yn} - \frac{\Delta P}{P} \qquad (4\text{-}15)$$

où

Yr	=	revenu réel
Yn	=	revenu nominal
P	=	prix
Δ	=	variation

Si l'on suppose que l'offre est parfaitement élastique par rapport au prix, ce dernier ne change pas. Par conséquent, on aura

$$\frac{\Delta Yr}{Yr} = \frac{500}{3\,000} = 16{,}7\%$$

Bref, le niveau de bien-être du consommateur augmente de 16,7%.

b) Subvention au propriétaire

Maintenant, supposons que la subvention de $500 est accordée au propriétaire. Pour que le bien-être du locataire s'améliore de $500, il faut que le loyer diminue de $500. On peut démontrer que si l'élasticité-prix de la demande est de -1,0, le loyer ne diminue que de 10,7% (36). Bref, la subvention accordée au locataire a fait augmenter le bien-être de ce dernier de 16,7%, tandis que la subvention accordée au propriétaire ne l'a fait augmenter que de 10,7%. C'est ainsi que si la priorité est le bien-être général du consommateur, il est préférable que la subvention soit accordée à la demande.

L'impact de la subvention sur la quantité de la production de loge-

---

(36) Voir: SEGAL, D. ***Urban Economics.*** Richard D. Irwin, Inc., 1977, chapitres 6 et 7.

ments dépend des élasticités du prix de la demande et de l'offre. Dans une situation d'équilibre du marché où la subvention est accordée à la demande, on a:

$$\frac{\Delta Q^D}{Q^D} = \left(\frac{\Delta P}{P}\right)^{E_D} + \frac{\Delta Q^G}{Q} \qquad (4\text{-}16)$$

et

$$\frac{\Delta Q^O}{Q^O} = \left(\frac{\Delta P}{P}\right) E \qquad (4\text{-}17)$$

À l'équilibre $\frac{\Delta Q^O}{Q^O} = \frac{\Delta Q^D}{Q^D}$

d'où

$$\frac{\Delta Q}{Q} = \frac{\Delta Q^G}{Q} \Big/ 1 - \frac{E_D}{E_O} \qquad (4\text{-}18)$$

où

Q^D	=	quantité demandée
Q^O	=	quantité offerte
E_D	=	élasticité-prix de la demande
E_O	=	élasticité-prix de l'offre
Q	=	stock de logements
Q^G	=	subvention du gouvernement en termes d'unité de logement.

L'équation (4-18) permet de calculer l'impact de la subvention sur la quantité de production. Supposant que E_D = -1.0, que E_O = 0.43 et que ΔQ^G / Q = 0.01 on aura alors:

$$\frac{\Delta Q}{Q} = 0.01 \Big/ 1 - \frac{(-1.0)}{0.43} = 0.03 \qquad (4\text{-}19)$$

Autrement dit, la subvention équivalente à 1% du stock donné à la demande fait augmenter le stock de 3/10 de 1,0%.

Si la subvention était accordée à l'offre, l'impact sur la quantité serait:

$$\frac{\Delta Q}{Q} = \frac{\Delta Q^G}{Q} \Big/ 1 - \frac{E_O}{E_D} = 0.007 \qquad (4\text{-}20)$$

L'impact de la subvention du même montant donnée à l'offre est plus de deux fois l'impact de la subvention accordée à la demande.

Dans la mesure où le bien-être du consommateur et l'impact sur la quantité de production sont tous deux importants, la meilleure politique serait de combiner, d'une façon judicieuse, les subventions accordées à la demande et celles qui sont données à l'offre.

En résumé, le secteur de l'habitation est fort complexe non seulement à cause de ses propres caractéristiques, mais aussi à cause des liens étroits qui existent entre lui et le reste de l'économie. Si bien que le jeu de la demande et de l'offre, à l'intérieur du marché du logement, est constamment affecté par les forces du marché financier, de la main-d'oeuvre, des terrains et par la politique économique du pays.

Le processus du développement résidentiel s'effectue par étapes, et implique un grand nombre d'intervenants qui poursuivent des intérêts différents. La performance du marché du logement dépend des comportements de ces intervenants face à des contraintes internes et externes. La structure du marché du logement constitue une de ces contraintes. Dans son ensemble, le marché du logement est efficace et presque parfaitement concurrentiel. Le prix du logement est une constante qu'un constructeur pris isolément ne peut pas dicter. La seule façon de faire un profit anormal à court terme est d'économiser sur le coût des terrains et sur le coût d'aménagement.

La courbe d'offre du logement à long terme est très élastique par rapport au prix, à cause des substitutions d'un facteur de production à un autre. Cependant, à court terme, l'offre peut être très inélastique, et par conséquent, la hausse de demande peut provoquer l'accroissement rapide du prix. Certains intervenants, surtout le spéculateur foncier, peuvent faire des profits anormaux à court terme.

La performance du marché du logement existant peut être mesurée par l'efficacité du processus de "filtering" et la conservation de la qualité du logement. Il s'avère que le processus "filtering" n'est pas très efficace à cause des rigidités et de la segmentation du marché d'une part, et de la dynamique même de l'urbanisation d'autre part. La conservation de la qualité du logement dans certaines zones est difficile soit à cause de la baisse de la demande, ou de la hausse des coûts de la qualité, si bien que dans certaines circonstances, les ghettos se forment. Le but ultime de la politique sur l'habitation est de permettre à chaque citoyen d'accéder à un logement décent. Le gouvernement peut appliquer différentes mesures.

Si le but est de hausser le niveau de bien-être du consommateur, l'aide gouvernementale doit être accordée du côté de la demande. Par contre, si le but est d'affecter la quantité de production, l'aide doit être accordée du côté de l'offre. La meilleure approche serait une combinaison judicieuse de ces deux types de mesures. Dans son ensemble, la politique sur l'habitation au Canada a été efficace mais très coûteuse. En dépit des efforts et des ressources considérables déployés, il y a toujours des problèmes: la disparité entre la capacité économique du ménage et le coût de l'habitation, le choix de la tenure résidentielle, les problèmes des groupes défavorisés, la restauration des logements, et enfin la qualité de l'environnement.

LECTURES SUGGÉRÉS

BOURNE, L.-S. ***Urban Housing Market: Recent Direction in Research and Policy*** (J.-R. Hitchcock, éd.). University of Toronto Press, 1977.

DERYCKE, P.-H. ***L'économie urbaine.*** PUF, 1970.

EDWIN, S.-M. ***Urban Economics.*** Glenview: Scott, Foresman and Co., 1972, chap. 9 et 10.

SEGAL, D. ***Urban Economics.*** Richard D. Irwin inc., 1977, chap. 6 et 7.

WERNER, F.-H. ***Urban Economic Analysis.*** McGraw-Hill Book Co., 1973, chap. 3.

Rapport du groupe de travail sur l'urbanisation, 1976.

Rapport du groupe de travail sur l'habitation, 1976.

DEUXIÈME PARTIE

LA VILLE ET L'ALLOCATION DE L'ESPACE URBAIN

La croissance économique de la ville se traduit inévitablement par l'accroissement de la demande de l'espace urbain. Dans cette partie, nous entrons dans la ville et examinons comment l'espace urbain est et doit être affecté aux routes, à l'habitation, aux commerces, aux industries et aux autres activités urbaines. Le chapitre 3 explique le fondement théorique de l'affectation optimale de l'espace urbain, tandis que le chapitre 4 s'intéresse aux différents aspects de l'habitation, dont le processus du développement résidentiel. Enfin, le chapitre 5 examine la nature même du problème du transport urbain et les éléments de solution.

CHAPITRE 5

LE TRANSPORT URBAIN

Ce sont les considérations de transport qui ont probablement le plus influencé la localisation des villes et, à l'intérieur de celles-ci, l'agencement spatial des diverses activités. Avant l'avènement de l'automobile et des chemins de fer, les villes étaient petites et concentrées autour d'un port ou d'un accès aux voies maritimes. Les chemins de fer ont modifié quelque peu ce schéma de développement en permettant aux entreprises et aux emplois de s'étendre le long des voies ferrées. C'est toutefois l'automobile qui aura eu le plus d'impact sur la localisation; elle offrait en effet aux travailleurs la possibilité de se localiser loin de leur emploi. La croissance des villes combinée avec ces déplacements domicile-travail allait entraîner un des problèmes majeurs du transport urbain: la congestion.

Dans le présent chapitre, nous nous limiterons à l'analyse des différents aspects du transport urbain, soit le transport des personnes à l'intérieur d'une même région urbaine par l'automobile ou par les transports collectifs. À cet égard, nous excluons la question du transport urbain des marchandises et également les transports interurbains ou autres. Dans un premier temps, nous proposons un inventaire des principales caractéristiques et tendances du transport urbain au Canada. Ceci va nous permettre de vérifier la prédominance de l'automobile par rapport aux transports collectifs. Une telle constatation nous amène à nous interroger sur les facteurs qui influencent les choix du mode de transport. C'est l'objet de la seconde section où sont abordées les questions de coûts et de qualité relative des différents modes et les mesures d'élasticité de la demande. La troisième section aborde les considérations de l'offre à court terme, en particulier, la détermination d'un mécanisme de prix permettant une allocation optimale de la capacité en présence de congestion. De même, on s'interroge sur la question du niveau optimal de subsides aux déficits des réseaux de transports collectifs. La dernière section porte sur les questions de planification des transports urbains, les critères de choix et l'influence du transport sur l'allocation du sol.

5.1 LES CARACTÉRISTIQUES ET TENDANCES DU TRANSPORT URBAIN AU CANADA

5.1.1 La structure actuelle du transport urbain

Le transport en milieu urbain est caractérisé par le *déséquilibre* dans la distribution des déplacements selon le but — le travail, les études ou le magasinage —, et selon le mode — l'automobile, le transport en commun ou autre. En effet, sur la base des résultats de l'enquête origine-destination effectuée en 1978 dans la région de Montréal(1), la distribution des déplacements selon le but se faisait de la façon suivante:

travail	études	magasinage	loisirs	autres	total
41,2%	25,0%	12,4%	7,7%	13,7%	100%

Ces chiffres sont assez représentatifs de la structure des déplacements dans les zones métropolitaines canadiennes, tout au moins dans les plus grandes. La prédominance des déplacements pour fins de travail et d'étude a pour conséquence immédiate une forte variation des déplacements selon la période de la journée et le jour de la semaine. En fait, on estime qu'approximativement 30% des déplacements des personnes en une journée de la semaine se font dans les quatre heures de pointe du matin et du soir(2). Ce déséquilibre des déplacements selon la période de la journée est assez bien illustré au graphique 5.1.

On observe en effet que ce sont les déplacements-travail qui, d'une part, sont les plus importants et qui, d'autre part, sont les plus concentrés durant les deux périodes de pointe. En fait, les déplacements pour fins de travail représentent près de 70% des déplacements en période de pointe. À la lumière de ces données, on est en mesure de comprendre la source des problèmes de congestion et de mettre davantage en perspective le problème qui consiste à adapter les capacités des réseaux à un flux de demande aussi irrégulier.

Une seconde caractéristique des déplacements en milieu urbain est la forte prédominance de l'automobile comme mode de transport. Comme l'indique le tableau 5.1, pour l'ensemble du Canada en 1977, 73% des

---

(1) CTCUM Enquête origine-destination 1978.

(2) Voir FRANKENA, M.-W. ***Urban Transportation Economics: Theory and Canadian Policy.*** Toronto: Butterworths, 1979.

déplacements au travail se faisaient par l'automobile, 15% par le transport en commun et 10% par les autres moyens (le taxi, à pied, etc.). Ces chiffres peuvent fausser en partie la réalité des grands centres urbains où le problème de transport est particulièrement aigu, dans la mesure où ils incluent des zones où les alternatives n'existent pas vraiment. Si on limite notre observation aux principales régions métropolitaines où les alternatives sont disponibles, on constate encore que l'automobile demeure le mode privilégié avec en moyenne 66% des déplacements contre 25% pour les transports en commun. D'après l'enquête origine-destination de 1978 dans la région de Montréal, l'automobile comptait pour environ 68% des déplacements-travail, les transports collectifs — métro, autobus CTCUM et autres autobus, trains — représentaient 13,6% et les autres modes 6,7%; 12,3% des déplacements-travail se faisaient en utilisant plus d'un mode(3). Cette prédominance de l'automobile dans les transports et

GRAPHIQUE 5.1: Distribution des déplacements durant une semaine type, région métropolitaine de Toronto, 1964

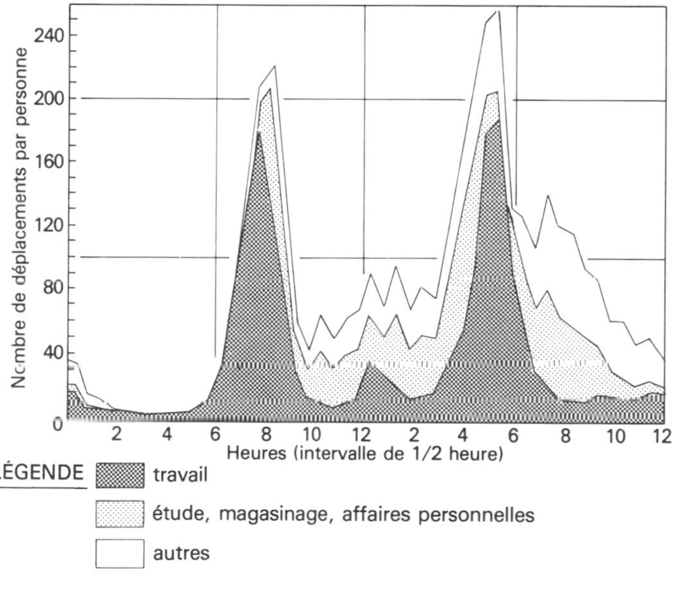

Source: Traffic Research Corporation. An Analysis Report of the 1964. ***Home Interview: Survey Metropolitan Toronto Transportation Study.***

(3) La divergence entre ces résultats et ceux reportés au tableau 5.1 provient de méthodes d'enquête différentes.

TABLEAU 5.1: Répartition des déplacements pour fins de travail selon le mode, 1977 (en pourcentage)

Régions métropolitaines	Mode		
	Automobile	Transport public*	Autres
Toronto	63%	29%	7%
Montréal	59	31	9
Vancouver	76	17	6
Winnipeg	67	25	7
Ottawa-Hull	60	27	12
Edmonton	75	17	7
Québec	72	15	9
Hamilton	74	16	9
Calgary	74	18	7
Halifax	66	16	17
TOTAL	66	25	8
Autres zones	81	4	13
Canada	73	15	10

* Le transport public comprend: autobus, tramway, métro, train.

Source: Statistique Canada. ***Enquête sur les déplacements domicile-travail.*** Cat.: 87-502, hors-série.

la concentration des déplacements sont les éléments à l'origine même du problème de congestion.

Quels sont les facteurs qui assurent cette prédominance de l'automobile dans les transports urbains? La réponse à cette question fera l'essentiel de la discussion dans la seconde partie. Toutefois, il existe un certain nombre de données objectives permettant déjà d'appréhender ce qui s'en vient; en particulier, l'automobile s'avère un mode de transport plus efficace, plus simple et confortable.

D'une façon générale, l'efficacité et la fiabilité des systèmes de transport en commun sont fonction de la taille et de la densité de l'agglomération. Plus la densité résidentielle est élevée, plus la collecte des voyageurs est facile, ce qui permet une plus grande fréquence de véhicules. Les itinéraires nécessitent un nombre d'employés et de véhicules moindres par personne. La deuxième colonne du tableau 5.2 nous donne le nombre de véhicules (en milliers) par habitant; c'est une mesure du degré d'accessibilité du service. On constate que cette accessibilité est relativement plus forte dans les grandes agglomérations que dans les plus petites. De même, le degré d'utilisation, mesuré par le nombre de passagers payants par habitant y est plus élevé. Par exemple, dans la région métropolitaine de Montréal, on observe près de 143 passagers payants par habitant contre 47,8 dans la région de Québec.

La faible performance des transports publics par rapport à l'automobile est assez bien illustrée par la durée moyenne des déplacements-travail selon ces deux modes. On constate, en examinant les deux dernières colonnes du tableau 5.2, que dans tous les cas la durée moyenne des déplacements par transport public est plus élevée que pour l'automobile. Par exemple, dans la zone métropolitaine de Montréal, 38 minutes contre 23 pour l'automobile. Cet écart est encore plus considérable lorsqu'on limite notre observation aux nouvelles banlieues à très faible densité. La durée moyenne des déplacements passe de 41 minutes en moyenne pour le transport public contre 23 pour l'automobile.

Le transport collectif apparaît donc comme fort peu efficace dans les développements à faible densité, et ceci se reflète d'ailleurs dans le pourcentage d'utilisation qu'on en fait. Si on examine la troisième colonne du tableau précédent, on observe que le pourcentage d'utilisation de ce mode de transport chute considérablement dans les nouvelles banlieues par rapport aux banlieues adultes plus denses. Par exemple, dans la région métropolitaine de Montréal, l'utilisation des transports publics dans les banlieues adultes est de 47% contre 27% seulement dans les nouvelles banlieues. L'écart est encore plus important dans le cas de Toronto.

Pour résumer, une partie de ce qu'on qualifie désormais comme le problème du transport urbain, soit la congestion et la pollution, provient de la forte concentration des déplacements en période de pointe et de la prédominance de l'automobile pour effectuer ces déplacements. Dans le présent chapitre, nous allons nous intéresser au seul problème de la congestion qui se caractérise par l'augmentation des coûts unitaires de transport.

5.1.2 Les tendances du transport urbain

Les choix individuels et collectifs par rapport à l'utilisation du sol sont en grande partie conditionnés par la technologie des transports. Nous avons vu au chapitre 3 que la structure de la rente foncière reflète en partie la structure même des coûts de transport. Les terrains mieux localisés bénéficient d'une rente en raison de la forte demande exprimée pour

TABLEAU 5.2: Données sur le degré d'utilisation: l'efficacité du transport urbain 1976

	Transport public			Durée moyenne des déplacements - travail (en minutes)	
	passagers payants par habitant (1)	véhicules par habitant (en milliers) (2)	% navetteurs utilisant ce mode (3)	automobile (4)	transport public (5)
Toronto	139,5	39,4	32%	22	37
Banlieues adultes*			51	24	32
Nouvelles banlieues			24	22	43
Montréal	142,6	37,0	32	23	38
Banlieues adultes			47	20	33
Nouvelles banlieues			27	23	41
Vancouver	89,9	30,6	19	23	34
Banlieues adultes			28	19	30
Nouvelles banlieues			13	24	41
Winnipeg	98,9	24,9	24	19	31
Banlieues adultes			31	16	27
Nouvelles banlieues			19	20	33
Ottawa-Hull	109,6	40,0	28	18	30
Banlieues adultes			28	17	23
Nouvelles banlieues			27	19	33
Edmonton	104,0	29,1	16	20	29
Québec	47,8	16,4	15	16	32
Hamilton	65,7	21,1	16	21	32
Calgary	86,4	27,8	19	19	27
Halifax	61,6	29,1	14	20	32

* Pour une définition des banlieues adultes et nouvelles, se référer à la discussion du chapitre 3.

Source: Statistique Canada. ***Perspectives Canada III.*** Cat.: 11509F, tableaux 11.32, 11.33, 11.34.

des localisations centrales. Le mouvement de décentralisation des résidences et des emplois a suivi les grandes innovations dans le domaine des transports, en particulier l'automobile et le transport par camion. Ces innovations ont permis d'abaisser les coûts unitaires de transport et d'éloigner les limites de la ville. Le transport par automobile, encouragé en cela par les investissements massifs dans l'infrastructure routière, a favorisé la décentralisation des résidences. De façon parallèle, le transport intercité des marchandises s'est fait de plus en plus par camion, donnant ainsi aux autoroutes périphériques un avantage de localisation pour certains types d'entreprises.

D'autre part, ce mouvement de décentralisation des résidences basé sur un développement à faible densité a contribué à placer les transports collectifs dans une position désavantageuse du point de vue de l'efficacité et de la fiabilité. Nous avons vu en effet que l'efficacité des transports collectifs du point de vue de la fréquence des véhicules et de la collecte des passagers repose sur un développement à forte densité.

Il est difficile d'obtenir une image d'ensemble des principales tendances du transport urbain au Canada en raison d'un manque d'information cohérente. Toutefois, les informations partielles recueillies de part et d'autre permettent de constater un certain nombre de tendances:

- dans la décennie couvrant le milieu des années 50 et 60, le temps moyen des déplacements que ce soit par automobile ou transport collectif a diminué en raison d'investissements massifs dans les autoroutes, d'un meilleur contrôle de la circulation, de l'introduction, sur une plus grande échelle, des autobus et du métro;

- depuis la fin des années 60 et le début des années 70, le rythme d'investissement dans les infrastructures routières n'a pas permis de ralentir le problème de la congestion causé par une plus grande décentralisation des résidences et des déplacements domicile-travail qu'ils occasionnent. Cette décentralisation a accéléré l'utilisation de l'automobile et a contribué à accroître la congestion près des centres; la durée des déplacements s'y est généralement accrue aussi.

Les grandes tendances dans les modes de transport se caractérisent donc par une place de plus en plus grande de l'automobile, une baisse constante des transports publics alors que la clientèle du métro s'est constituée surtout à partir des usagers de l'autobus, plutôt que de ceux de l'automobile. Depuis 1945, dans les principales zones métropolitaines du Canada, l'achalandage du transport collectif ne cesse de diminuer[4]. Ces lignes de tendances, comme nous le verrons, sont conformes à la faible élasticité-revenu des transports collectifs par rapport au transport automobile.

5.2 LA DEMANDE DE TRANSPORT URBAIN

5.2.1 Les déterminants du choix du mode de transport

Les données de la section précédente nous ont permis de confirmer la nette domination de l'automobile dans les transports urbains au Canada. Malgré les investissements considérables consacrés au transport collectif, ce dernier n'a pas connu une augmentation de son achalandage, et l'automobile n'a cessé d'accroître sa position relative. Il est important de souligner que cette avance constante de l'automobile a nécessité également des investissements massifs dans l'infrastructure routière. Cette prédominance de l'automobile dans le transport urbain est le résultat des choix individuels concernant le mode de transport. Aussi est-il important de s'interroger sur les déterminants de tels choix et sur les facteurs qui déterminent l'apparente supériorité de l'automobile.

Dans une situation de court terme, on peut supposer que la structure spatiale des activités de résidence et de production est donnée. Ainsi, pour chaque individu, le lieu d'emploi et de résidence, l'infrastructure de transport qui permet d'effectuer les navettes quotidiennes sont données. En conformité avec les modèles économiques simples de la théorie du consommateur, l'individu va choisir le mode de transport qui lui permet de maximiser sa satisfaction, qui elle, est sujette à la contrainte que lui impose son niveau de revenu. Ainsi, la demande pour un mode particulier de transport sera fonction du prix de ce mode, du revenu et des préférences individuelles, et enfin du prix des modes substituts.

Le prix du transport n'est pas composé uniquement des dépenses directes que constituent les coûts d'opération, dans le cas de l'automobile, ou le prix du billet pour le transport collectif. En effet, pour consommer les services de transport urbain, l'individu doit fournir un input important, son temps, et ceci à un niveau beaucoup plus élevé que pour la consommation de la plupart des autres biens. Ainsi, le coût du transport doit incorporer à la fois les coûts directs et l'évaluation du temps nécessaire aux déplacements. Nous allons revenir, à la section suivante, sur cette question d'évaluation du temps et du prix relatif des principaux modes de transport. Pour le moment, nous nous attarderons aux autres déterminants du choix du mode de transport: la durée des déplacements,

---

(4) PARKINSON, T. ***Passager Transport in Canadian Urban Areas.*** Ottawa: Commission canadienne des transports, 1970.

leur longueur et les caractéristiques socio-économiques des navetteurs, lesquelles permettent de cerner assez bien la structure des préférences.

Les données complémentaires à l'enquête de Statistique Canada sur la main-d'oeuvre, et portant sur les déplacements domicile-travail, fournissent des informations précieuses sur les déterminants des choix de mode de transport. Une étude(5) effectuée pour les régions métropolitaines de Montréal, Toronto, Winnipeg, Edmonton et Vancouver a permis d'établir certaines relations entre les caractéristiques démographiques des navetteurs, les caractéristiques de leurs déplacements et le choix du mode de transport. Le modèle proposé suppose que le choix du mode est fonction du temps de déplacement par transport public, la distance au travail, l'âge, le sexe et le statut matrimonial du navetteur, son occupation et enfin l'année de l'enquête. La variable de choix du mode prend la valeur de 1 dans le cas du transport public et de 0 dans le cas de l'automobile. L'étude a porté sur un échantillon total de 20 000 navetteurs, obtenu à partir des enquêtes de 1973, de 1974 et de 1975 sur les cinq régions métropolitaines mentionnées précédemment. Il s'agit de ceux qui ont répondu que les transports publics, pour les déplacements domicile-travail, étaient disponibles et qui utilisaient ce mode ou l'automobile à cette fin. Le tableau 5.3 donne les coefficients de régression pour l'ensemble de l'échantillon et pour Montréal et Toronto séparément. Ces coefficients peuvent être interprétés comme l'effet net sur le pourcentage de navetteurs utilisant les transports publics des différentes variables. Par exemple, si on examine la première colonne, le terme constant .399 est la proportion des navetteurs utilisant le transport public dans les cinq zones métropolitaines étudiées et les coefficients donnent la contribution de chaque variable dans l'explication de ce pourcentage moyen.

On peut analyser ces résultats en prenant successivement chaque groupe de variables. Ainsi, pour la durée des déplacements, on constate que lorsque la distance est prise en considération, une diminution du temps du déplacement est favorable à l'utilisation du transport public, à l'exception de la catégorie indiquant le temps le plus faible, moins de 6 minutes. Ceci peut refléter l'influence du confort relatif pour chaque mode de transport. De même, comme nous le verrons, l'évaluation du temps diffère selon le mode de transport. En particulier, l'attente et le temps de marche qui sont souvent associés à l'utilisation du transport collectif sont évalués plus fortement.

À l'inverse de la relation précédente, pour un temps donné de déplacement, plus la distance au travail est grande, plus l'utilisation des

---

(5) LEWIS, J.-S. et JONES, F.-S. "Research Potential of Data from the Travel to Work Survey's. ***Revue Statistique du Canada.*** November 1978.

transports publics est grande. Ceci témoigne de la demande potentielle pour des services de transports collectifs rapides reliant par exemple les banlieues au centre-ville. La question du coût pour offrir efficacement de tels services demeure bien sûr la principale interrogation.

Les caractéristiques des navetteurs sont des déterminants importants du choix modal. On constate d'abord que la relation avec l'âge est quadratique, la propension à utiliser les transports collectifs diminue pour les groupes d'âge moyen, elle augmente pour les jeunes et les personnes de 55 ans et plus. Les femmes, toutes choses étant égales par ailleurs, utilisent davantage les transports publics. Par contre, les personnes qui travaillent plus de 40 heures par semaine les utilisent moins, probablement parce que leur horaire chargé les oblige à se déplacer en dehors des heures de pointe, i.e. où la fréquence des services de transport public est moins grande. L'accroissement dans le statut occupationnel entraîne une utilisation moins forte des transports publics. On a probablement ici un effet-revenu sur lequel nous allons revenir. Enfin, les variables qui tiennent compte de l'année de l'enquête donnent des résultats conformes avec les tendances à long terme dans l'utilisation du transport collectif.

Ces résultats montrent donc que les variables socio-économiques des navetteurs et les caractéristiques de leurs déplacements domicile-travail, telles que prises en considération par la durée et la longueur de ces déplacements, permettent d'expliquer les variations dans le choix du mode de transport. Toutefois, comme l'indique la valeur des R^2, la partie expliquée demeure relativement faible. Ceci est attribuable à la complexité du phénomène étudié, certes, mais également au fait que des variables importantes comme le revenu et le prix relatif des modes de transport ne sont pas introduits dans l'analyse. Nous allons maintenant discuter de ces variables et conclure sur la présentation des diverses mesures d'élasticité-prix et revenu de la demande de transport.

5.2.2 Prix du transport collectif et du transport par automobile

Nous avons mentionné déjà que le coût du transport comprend deux éléments: le coût monétaire associé au coût d'opération de l'automobile, ou encore le prix du billet dans le cas du transport collectif, et la valeur du temps. Pour comprendre les choix du mode de transport, il convient de connaître l'évaluation du temps des déplacements. Le fait d'ignorer la valeur du temps consacré au déplacement risque de sous-estimer considérablement le prix réel de l'automobile et du transport collectif et de biaiser les prix relatifs entre les deux modes. De plus, dans la mesure où un des bénéfices les plus importants découlant des investissements dans le transport collectif est l'épargne réalisée sur les temps de déplacement, il est essentiel d'en connaître la valeur.

TABLEAU 5.3: Coefficients* de régression sur le choix modal

	Variable dépendante: 1 si transport public, 0 si autre		
	Ensemble de l'échantillon	Montréal	Toronto
Constante	.399	.417	.434
Durée des déplacements			
- 6 minutes	-.011	.011	-.096
6-10 minutes	.129	.080	.098
11-20 minutes	.128	.086	.150
21-30 minutes	.096	.070	.126
31-40 minutes	.012	.023	.043
41-60 minutes	-.034	-.000	-.045
+ 60 minutes	-.226	-.168	-.272
Distance au travail			
- 1 mille	-.211	-.178	-.241
1-2 milles	-.101	-.053	-.139
3-5 milles	.025	-.006	-.055
6-10 milles	.032	.032	.025
17-20 milles	.086	.013	.131
+ 20 milles	.105	.038	.109
Âge			
- 25 ans	.030	.045	.028
25-34 ans	-.027	-.048	-.006
35-54 ans	-.024	-.027	-.030
+ 55 ans	.076	.093	.063
Sexe			
masculin	-.099	-.086	-.109
féminin	.146	.149	.146
Statut matrimonial			
marié	-.040	-.058	-.026
non marié	.073	.101	.055
Nombre d'heures travaillées			
- 40 heures	.008	.009	.013
+ 40 heures	-.047	-.046	-.066
Occupation			
professionnel - ventes	-.068	-.065	-.075
services	.118	.147	.122
autres	.021	.013	.026

Année			
1973	.019	.032	.013
1974	.007	.007	.002
1975	-.026	-.042	-.015
R^2	.168	.183	.175
# observations	20 551	6 106	7 079

* Les coefficients sont ajustés pour que la moyenne pondérée par l'importance relative de la population soit nulle pour chaque facteur.

SOURCE: LEWIS, J.-S. et JONES, F.-S. ***Op. cit.***

Du point de vue théorique, on devrait évaluer le temps à la valeur même des "occasions perdues" par unité de temps, soit la valeur marginale du temps de loisir. Or, pour un individu qui alloue son temps de façon optimale, celle-ci est égale au salaire par unité de temps. Donc, la valeur du temps consacré aux déplacements devrait être égale à son coût d'opportunité: le salaire. Cette relation théorique repose sur l'hypothèse que l'individu considère comme nulle l'utilité du temps de travail. Or, dans le cas plus réaliste où l'utilité du temps de travail est négative, la valeur du temps devrait être inférieure au salaire.

La plupart des études empiriques(6) qui ont porté sur l'évaluation du temps des déplacements ont confirmé cette dernière relation. Toutefois, la valeur implicite que les individus imputent au temps varie considérablement d'une étude à l'autre. Les principales conclusions qui s'en dégagent peuvent être résumées ainsi.

– L'évaluation du temps varie selon le niveau du revenu. Beesley(7) estime que les voyageurs dans la classe moyenne de revenu évaluent le temps à 33% environ de leur salaire et les voyageurs à revenu élevé à 50%. Mohring(8), pour sa part, conclut que les travailleurs ayant un revenu de $5 000 au moins fixent la valeur du temps entre 25% et 30% de leur taux de salaire horaire. Ce pourcentage augmente avec le niveau de revenu pour se stabiliser à 50% pour ceux qui gagnent plus de $10 000 par année. Ces estimations ont été effectuées au milieu des années 60. Si les pourcentages obtenus sont toujours valables, au taux de salaire horaire moyen dans le secteur manufacturier canadien

(6) On trouvera un résumé de ces études dans MOHRING, H. ***Transportation Economics.*** Cambridge: Ballinger Publishing Co., 1976.

(7) BEESLEY, M.-E. ***Urban Transport: Studies in Economic Policy.*** London: Butterworths, 1973.

(8) MOHRING, H. ***Op. cit.***

en 1979, soit $7.43, la valeur du temps de déplacement varierait entre $2.23 et $3.71 l'heure.

- L'évaluation du temps varie selon le type d'usage. Par exemple, les individus évaluent les temps d'attente et de marche à deux ou trois fois celui du déplacement en véhicule(9). Cette constatation est fondamentale lorsqu'on sait que les temps d'attente et de marche sont beaucoup plus importants dans le transport collectif qu'en automobile.

Afin de pouvoir saisir l'importance relative du coût du temps dans le prix du transport et effectuer les comparaisons entre modes, nous reproduisons, au tableau 5.4, les évaluations qui ont été faites par quelques auteurs du coût du transport collectif et du transport automobile au Canada.

Un certain nombre de constatations se dégagent de ces chiffres. D'abord, la valeur du temps passé en déplacements dépasse le coût monétaire proprement dit. De plus, même si le coût monétaire de l'utilisation de l'automobile dépasse celui des transports collectifs, cette différence est largement compensée par un coût du temps beaucoup moins élevé. Ce qui défavorise le transport collectif par rapport à l'automobile à cet égard, c'est bien sûr les temps de marche et d'attente associés à l'utilisation des transports publics. On constate enfin que dans les deux cas présentés au tableau 5.4, le coût total d'utilisation des transports collectifs est plus élevé que celui de l'automobile. Même en faisant abstraction pour le moment des éléments de confort et de souplesse qu'offre le transport par automobile, on peut comprendre la faveur qu'a ce type de mode de transport urbain.

On peut illustrer le choix modal à l'aide des concepts que nous avons développés. Nous avons décomposé les coûts totaux de déplacement en coût monétaire et en valeur du temps. Si on ignore, pour fins de simplification, les préférences sur les caractéristiques propres de chaque mode, le choix se portera en faveur du moins coûteux. Le graphique 5.2 représente les fonctions de coût du transport collectif et du transport individuel, soit:

$$CT_i = CM_i + VT_i$$

où CT_i : est le coût total du mode i
CM_i: le coût monétaire du mode i

---

(9) BEESLEY, M.-E. ***Op. cit.***

TABLEAU 5.4: Prix comparatifs de l'automobile et du transport collectif, Montréal, Toronto

	Montréal(1) (1975)		Toronto(2) (1973)	
	Autobus	Automobile	Autobus-métro	Automobile
Coût monétaire(3)	$1.00	$0.81	$0.25	$1.17
Coût du temps(4)	2.70	1.30	2.90	1.28
- déplacement			1.56	1.07
- attente			0.26	.00
- marche			1.08	0.21
Stationnement	—	1.33		
Total	3.70	3.44	3.15	2.45
% coût du temps / coût total	73%	38%	92%	42%

---

(1) Tiré de MIGUÉ, J.-L., BÉLANGER, G. et BOUCHER, M. ***Le prix du transport au Québec.*** Éditeur officiel du Québec, 1978, tableau V-8, p. 166.

(2) Tiré de DEWEES, D.-N. "Travel Costs, Transit and Control of Urban Motoring". ***Public Policy.*** Hiver 1976.

(3) Pour Montréal, l'évaluation est basée sur un déplacement aller-retour de 10 milles à raison de 12,1 cents du mille et 1.5 personne par véhicule.

Pour Toronto, il s'agit d'un aller seulement de 4 milles et 1 personne par voiture.

(4) Pour Montréal, le temps est évalué à $2.00 l'heure, soit 40% du salaire horaire de $5.00. Le trajet autobus aller-retour dure 80 minutes, donc un coût temps de $2.70; en auto, le trajet dure 40 minutes.

Pour Toronto, la valeur du temps est décomposée; 33,3% du revenu horaire pour le temps de déplacement, 50% pour le temps d'attente et 100% pour le temps de marche. Le revenu horaire utilisé est de $8.33.

V : la valeur du temps

T_i : le temps du déplacement.

Le mode le plus lent, avec la valeur de T la plus forte, a la pente du coût total la plus élevée. Le choix du mode va dépendre de la valeur du temps pour l'individu. L'individu pour lequel la valeur du temps est inférieure à V* va choisir le transport collectif, et celui dont la valeur est supérieure à V* le transport automobile. Une amélioration du temps de déplacement diminue la pente et favorise l'utilisation de ce mode.

L'accroissement des tarifs du transport collectif déplace la fonction de coût vers le haut et diminue le niveau de la valeur du temps pour lequel il est intéressant d'utiliser ce mode: plus de gens utilisent l'automobile. L'importance de ce transfert de mode, suite à une variation de prix, réfère à l'élasticité de la demande de transport et fait l'objet de la prochaine section.

GRAPHIQUE 5.2

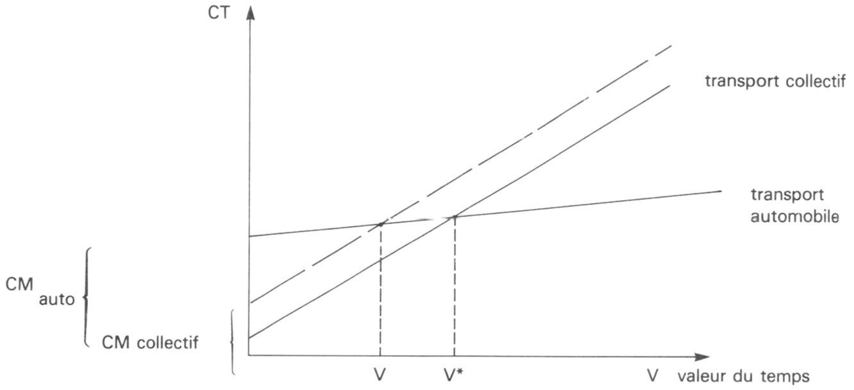

5.2.3 L'élasticité de la demande de transport urbain

Une donnée fondamentale dans la prise des décisions concernant le transport urbain, et le transport collectif en particulier, est certainement le degré de sensibilité de la demande aux variations de tarifs, au prix relatif des autres modes et à la "qualité" du service. Par exemple, en août 1979, la Commission de transport de la communauté urbaine de Montréal (CTCUM) estimait que l'augmentation de ses tarifs à 60 cents avait amené une diminution de l'achalandage de 5,89%. Cet accroissement de tarif correspondrait à une augmentation de 20%; c'est donc dire que l'élasticité de la demande de transport collectif est passablement faible, de telle sorte que toute augmentation de tarif devrait se solder par une augmentation des recettes.

Plusieurs études ont tenté d'évaluer statistiquement la sensibilité des usagers des transports collectifs à une variation des tarifs ou encore de revenus. On trouvera, au tableau 5.5, les mesures d'élasticité qui se dégagent des principales études sur le sujet. Les trois premières études dont les résultats sont rapportés sont américaines, et les trois autres portent sur des données canadiennes. La plupart de ces études utilisent des

TABLEAU 5.5: Mesures des élasticités de la demande de transport urbain

	Élasticités				
	Prix	Temps	Croisées		Revenu
			prix	temps	
Domenich et Kraft (1970)					
- transport collectif					
travail	- .17	-1.10			
magasinage	- .32	- .59			
- transport auto					
travail	- .56	-2.26	.14	.37	
magasinage	-2.53	-2.46	.00	.10	
Lave (1970)					
- transport collectif	- .11				
McFadden (1974)					
- travail, autobus	- .45	- .46	.97	.39	-.28
- travail, auto	- .32	- .13	.15	.15	.09
Gaudry (1975)					
- transport collectif	- .15	– .54 (attente)			
		- .27 (déplacement)			
Gaudry (1978)					
- transport collectif					
adulte	- .22	- .63 (déplacement)			
enfant	- .52				
Frankena (1978)					
- transport collectif	- .38 à -.09				-.63 à -.16

Sources: DOMENICH, T. et KRAFT, G. ***Free Transit.*** Lexington, Mass: Health, 1970.

LAVE, C. "The Demand for Urban Transportation". ***Review of Economics and Statistics.*** 1970, vol. 52.

MCFADDEN, D. "The Measurement of Urban Travel Demand". ***Journal of Public Economics.*** 3 nov. 1974.

GAUDRY, M. "A Study of aggregate bimodal urban travel supply, demand and network behaviour using simultaneous equations". ***Centre de recherche sur les transports.*** Université de Montréal, 1978.

GAUDRY, M. "An aggregate time series analysis of urban transit demand: The Montreal care". ***Transportation Research.*** 1975, vol. 9.

FRANKENA, M. "The demand for urban bus transit in Canada". ***Journal of Transport, Economics and Policy.*** 12 sept. 1978.

données agrégées portant sur le nombre de déplacements par mode d'une zone à l'autre dans l'agglomération urbaine. Seule l'étude de McFadden utilise des données désagrégées au niveau des ménages individuels et à cet égard se rapproche davantage du modèle de comportement dont nous avons discuté précédemment.

La première mesure d'intérêt est l'élasticité-prix. En examinant les résultats, on constate que l'élasticité-prix pour le transport collectif est sensiblement inférieure à 1, de telle sorte que toute réduction de tarif devrait accroître très peu l'achalandage. En fait, les élasticités-prix varient entre -.09 et -.52. Ainsi, une réduction de 1% des tarifs aurait pour effet d'accroître l'achalandage de .52 de 1% au meilleur des cas. Toutefois, une augmentation des tarifs contribuerait à accroître considérablement les revenus. Ces résultats statistiques confirment ce qu'on a observé à Montréal, suite à l'augmentation de tarif de la CTCUM en 1979.

Une deuxième mesure d'intérêt est l'élasticité de la demande par rapport au temps de déplacement. Les résultats présentés au tableau 5.5 indiquent que les usagers sont plus sensibles à la qualité du service qu'aux tarifs proprement dits. En effet, dans la plupart des études, on trouve les élasticités par rapport au temps plus élevées que les élasticités-prix. Ceci est compréhensible dans la mesure où la valeur du temps est substantiellement supérieure au tarif. Par exemple, Gaudry (1975) estime que l'élasticité par rapport au temps d'attente est de -.54 et au temps de déplacement -.27, comparativement à une élasticité par rapport au tarif de -.15 seulement. Ces résultats sont conformes également à une évaluation du temps d'attente plus grand que pour le temps passé en déplacement. Selon ces résultats, pour atteindre le même impact sur l'achalandage qu'une diminution de 10% dans le temps d'attente, il faudrait une diminution de tarif de 36%. Ainsi, les compagnies de transport peuvent accroître leur achalandage de façon beaucoup plus effective en améliorant la qualité du service qu'elles offrent, fréquence des autobus et régularité, que par la voie d'une diminution de tarif.

Une autre mesure importante est l'élasticité croisée, c'est-à-dire la sensibilité relative de la demande d'automobile par rapport à une variation de coût des transports collectifs, et inversement, la sensibilité relative de la demande de transport collectif par rapport à une variation de coût du transport automobile. Les résultats de McFadden indiquent qu'une baisse de coût du transport collectif ne permettrait de détourner vers ce type de mode que .15 de 1% des déplacements actuellement faits par automobile. En fait, si les tarifs étaient abaissés à zéro, c'est-à-dire que si le transport collectif était gratuit, seulement 15% des automobilistes décideraient de se convertir à ce mode pour leurs déplacements au travail. Par ailleurs, le pouvoir d'attraction relatif de l'automobile étant beaucoup plus fort, une diminution de 1% du coût du transport par automobile permettrait d'attirer presque le même pourcentage du transport collectif. En résumé, la capacité du transport collectif de détourner les automobilistes de leur mode préféré est relativement faible.

Une dernière mesure intéressante pour notre propos est l'élasticité-revenu. Les résultats indiquent dans la plupart des cas une élasticité-revenu positive pour le transport par automobile, et négative pour le transport collectif. Par exemple, les élasticités obtenues par McFadden indiquent qu'un accroissement du revenu de 1% favorise non pas une augmentation, mais une diminution de .28 de 1% dans la demande de transport collectif. L'auteur propose l'explication suivante: puisque la valeur du temps est proportionnelle au salaire après impôt, et que le transport collectif est plus lent et moins cher que le transport automobile, cela entraîne une élasticité-revenu négative par rapport à ce mode. Il faut souligner cependant que l'unanimité n'est pas faite sur le signe de cette élasticité-revenu. Par exemple, Gaudry (1978) trouve une élasticité-revenu positive et significative pour le transport collectif des adultes.

En résumé, les études sur l'élasticité de la demande de transport collectif montrent qu'elle est peu sensible aux variations de prix, mais beaucoup plus sensible à la qualité du service. De plus, la croissance des revenus favorise nettement les modes de transport individuels et rapides, en particulier l'automobile. Ainsi, à moins de changements drastiques du côté des préférences et des autres facteurs, on peut difficilement entrevoir des modifications aux tendances actuelles concernant l'automobile versus le transport collectif.

5.3 LES CONSIDÉRATIONS DE L'OFFRE À COURT TERME

Dans une situation de court terme, on suppose que la capacité du système est donnée. La question est alors de connaître les conditions permettant l'utilisation la plus efficace possible de la capacité existante. Nous allons distinguer, à cet égard, le réseau routier et les transports collectifs. Dans le premier cas, nous nous attarderons au problème de la congestion ge et à l'identification d'un système de prix permettant une meilleure utilisation du réseau. Dans le second cas, nous nous intéresserons à la question du subside optimal cohérent avec une affectation efficace des ressources.

5.3.1 L'utilisation du réseau routier: la congestion

Comme nous l'avons vu, la capacité du système routier est souvent dépassée en période de pointe. Ce problème d'achalandage est un obstacle majeur à une utilisation efficace de la capacité existante, étant donné le système de prix actuel. En fait, les usagers ne paient pas plus cher parce qu'ils utilisent les routes en période de pointe, si ce n'est le temps additionnel qu'ils mettent à effectuer un trajet donné. Ainsi, le temps prend la place du prix comme mécanisme d'allocation. Le problème est que l'allocation à laquelle il conduit n'est pas efficace.

En effet, si l'individu A évalue le temps à $5 de l'heure et l'individu B à $2.50 et que les deux utilisent une route congestionnée, l'individu A serait prêt à payer l'individu B pour qu'il utilise la route à un autre moment. Par exemple, s'il peut ainsi réduire la durée de son trajet d'une demi-heure, il pourrait être prêt à payer jusqu'à $2.00. Dans ces conditions, l'individu B serait prêt à retarder ou à avancer, jusqu'à concurrence d'une heure, l'utilisation qu'il fait de la route.

Dès qu'il y a possibilité d'échange, permettant d'améliorer la situation de l'un ou de l'autre, sans que personne ne soit pénalisé, l'allocation optimale n'est pas encore atteinte. Toutefois, il est peu probable qu'un tel système d'échange puisse véritablement fonctionner lorsqu'une route est utilisée presque au maximum de sa capacité. Toute voiture additionnelle vient diminuer la vitesse des véhicules déjà sur la route. Il s'agit d'un cas type d'externalité négative où l'intervention d'un tiers parti est requise pour faire payer à l'usager les coûts qu'il occasionne à l'ensemble, soit les coûts de congestion.

Afin de découvrir progressivement les principes d'allocation efficaces dans un tel contexte, nous reproduisons un modèle simple de congestion et la structure des coûts qui en découle. Considérons, à cette fin, une section d'autoroute (1 kilomètre). Si le nombre de véhicules est relativement faible, chaque automobiliste peut conduire à la vitesse désirée. Toutefois, à mesure que le nombre de véhicules sur le tronçon augmente, après un certain point, les automobilistes déjà sur l'autoroute notent la plus forte densité, la distance entre les véhicules est réduite de telle façon que pour maintenir un niveau de sécurité acceptable, il faut réduire la vitesse. La congestion apparaît lorsque, avec un tel accroissement de la densité, le nombre de véhicules-kilomètre par heure, c'est-à-dire le flux de véhicules, augmente à un rythme décroissant et même peut diminuer.

Un exemple simple de cette relation entre densité, vitesse et flux de véhicules est présenté au tableau 5.6. On constate que le phénomène de la congestion se manifeste lorsque la densité est supérieure à 10 véhicules par kilomètre. À partir de ce point, le flux augmente mais à un rythme décroissant. De plus, lorsque la densité dépasse 110 véhicules, le flux se met à diminuer. De fait, pour qualifier l'ampleur du phénomène, on peut dire que jusqu'à une densité de 10 véhicules par kilomètres, la congestion est nulle, de 10 à 110 véhicules par kilomètre, celle-ci est modérée et pour une densité supérieure à 110, elle est sévère.

TABLEAU 5.6: Relations de l'embouteillage (exemple hypothétique)

(1) Densité (D) (nbre de véhicules par km)	(2) Vitesse (V)[a] (km par heure)	(3) Flux (F)[b] (véhicules/km par heure)	(4) Temps (T)[c] (minutes par véhicules/km)
5	65	325	0,92
10	65	650	0,92
30	61	1 830	0,98
50	55	2 750	1,09
70	49	3 430	1,22
90	43	3 870	1,40
110	37	4 070	1,62
130	31	4 030	1,94
150	25	3 750	2,40

(a) La relation sous-jacente est la suivante:

$V = a_0 - a_1D$, où $a_0 = 70$ et $a_1 = 0.3$; pour $D > 10$
$V = 65$, pour $D \leqslant 10$

(b) $F = D \times V$, soit (1) x (2)

(c) 60 (minutes) divisé par la vitesse (2).

Le phénomène de la congestion tel que présenté jusqu'à maintenant ne fait intervenir que des relations physiques. Toutefois, celles-ci ont une contrepartie monétaire et vont déterminer la structure des coûts de déplacements. En particulier, la dernière colonne du tableau 5.6 nous donne le temps nécessaire par véhicule pour effectuer un kilomètre. Si on suppose que les coûts d'opération du véhicule et de la valeur du temps sont de 20 cents par minute, on obtient le coût par véhicule-kilomètre en multipliant l'un par l'autre. Ce coût moyen est reproduit dans la seconde colonne du tableau 5.7, de même que le coût total et le coût marginal, respectivement aux colonnes (3) et (4).

Pour le coût marginal, on donne la valeur approximative pour de grandes variations dans le flux de véhicules et la fonction exacte, dont l'expression mathématique est donnée au bas du tableau. En l'absence de congestion, le coût moyen est égal au coût marginal. Lorsqu'il y a congestion, le coût marginal est supérieur au coût moyen, dans la mesure où l'addition d'une voiture diminue la vitesse de toutes les autres.

On peut reproduire, au graphique 5.3, les fonctions de coût moyen et de coût marginal. On constate que, pour un flux de véhicules supérieur à 650, le coût moyen augmente et le coût marginal est supérieur au coût moyen.

Supposons une fonction de demande en période de pointe DD'. En l'absence d'une "taxe de congestion", 3 430 véhicules vont venir sur

TABLEAU 5.7: Relation entre le coût total, le coût moyen et le coût marginal des déplacements sur 1 kilomètre d'autoroute (exemple hypothétique - congestion modérée)

(1) Flux (F) (véhicules - km par heure)	(2) Coût moyen (CM) (cents par véhicules - km)	(3) Coût total [a] (CT) (cents par heure)	(4) Coût marginal (Cm) [b]	
			$\frac{\Delta CT}{\Delta F}$	$\frac{\delta CT}{\delta F}$
325	18,4	5 980	—	18,4
650	18,4	11 960	18,4	18,4
1 830	19,6	35 868	20,3	22,5
2 750	21,8	59 950	26,2	27,7
3 430	24,4	83 692	34,9	34,9
3 870	28,0	108 360	56,1	51,8
4 070	32,4	131 868	117,5	61,3

(a) Obtenu en multipliant (1) par (2): $CM = \frac{C}{V} \times 60$

où C = 20 cents, le coût par minute d'utilisation du véhicule, et CT = CM x F

(b) $C_m = \frac{\delta CT}{\delta F} = CM + F\frac{dCM}{dF} = CM + F\frac{dCM}{dV}\ \frac{dV}{dF} = CM\left[1 - \frac{FV_F}{V}\right]$

et $V_F = \frac{-a_1}{V}$ puisque $V = a_0 - a_1D$, et $F = D \times V$

donc $C_m = CM\left[1 + \frac{a_1F}{V^2}\right]$

GRAPHIQUE 5.3: Équilibre en situation de congestion

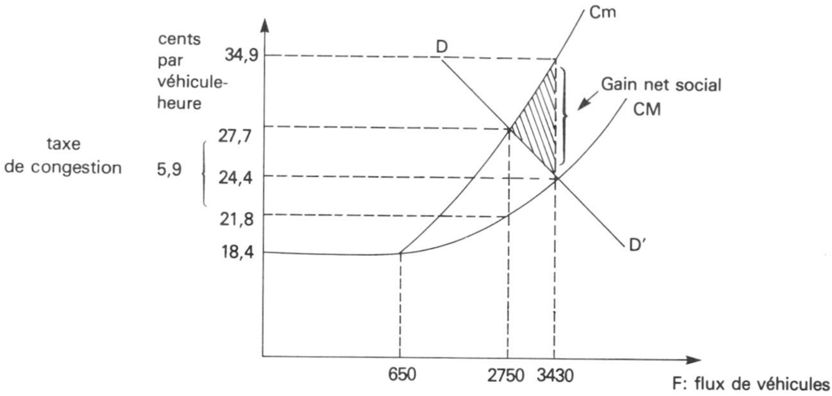

l'autoroute et le coût moyen pour chaque usager sera de 24,4 cents-heure. Ceci représente un nombre trop grand de véhicules et une allocation inefficace des ressources, dans la mesure où les usagers ne paient pas le coût "réel" d'utilisation de l'autoroute incluant le coût externe imposé à l'ensemble des usagers. En effet, à ce niveau de 3 430 véhicules, le dernier usager est prêt à payer 24,4 cents alors que le coût est de 34,9. De fait, il y a 650 véhicules pour lesquels l'évaluation par l'usager est inférieure au coût marginal social. Ainsi, le prix devrait être de 27,7 cents incluant une taxe de congestion de 5,9 cents. Un tel prix va permettre d'exclure de l'utilisation de l'autoroute les 650 usagers pour lesquels l'évaluation des bénéfices était inférieure au coût social. Le gain net est donc représenté par la partie hachurée sur le graphique.

Pour que cette politique de tarification au coût marginal puisse jouer adéquatement son rôle, i.e. de rationner l'utilisation de l'autoroute, il faut que les usagers soient informés à l'avance du prix qu'ils devront payer. De plus, il importe que les coûts de transaction, c'est-à-dire les coûts d'implantation d'un tel système, ne dépassent pas les bénéfices qui en découlent. Plusieurs systèmes de perceptions ont été proposés dans la littérature mais peu d'entre eux ont été effectivement implantés. La méthode de perception la plus connue est le péage manuel tel qu'implanté sur les principales autoroutes d'accès. Toutefois, la tarification qu'on y pratique se rapproche très peu des principes que nous avons élaborés précédemment. Une autre méthode est l'émission de permis spéciaux pour pouvoir circuler dans certaines zones à certaines heures; le prix des permis pourrait varier selon le degré d'embouteillage dans ces zones. Le permis pourrait être d'une durée variable selon les préférences de l'usager. Un tel système coûte peu au niveau de l'implantation mais les frais de fonctionnement et de contrôle sont élevés. Une troisième méthode plus sophistiquée assure une identification automatique du véhicule et de l'heure. Un ordinateur central enregistre l'information et assure une facturation périodique de l'usager. Une variante de cette méthode est le compteur installé dans chaque véhicule et qui s'actionne lorsque le véhicule circule dans certaines zones. Toutes ces méthodes sont techniquement possibles et les frais d'installation et de fonctionnement sont généralement inférieurs aux coûts sociaux imposés par le système actuel[10].

Outre ces méthodes directes de tarification, il existe des méthodes indirectes pouvant permettre de réduire la congestion, telle la taxation sur les espaces de stationnement du centre-ville: pour les terrains publics, l'implantation d'une telle taxe ne pose pas de problèmes; pour les terrains privés, les municipalités devraient pouvoir imposer une telle taxe, laquelle taxe se répercuterait à plus ou moins longue échéance sur les tarifs de stationnement. Cette méthode comporte plusieurs limites: d'abord, elle ne frappe pas le trafic qui passe par le centre sans s'y arrêter; de plus, la demande de stationnement semble passablement inélastique au prix, les chiffres les plus plausibles indiquent que l'imposition d'une taxe de stationnement de $2 par jour ne réduirait le trafic de pointe que de 10% à 15%[11]. Donc, une taxe de stationnement ne pourrait seule résoudre le problème de la congestion, elle pourrait cependant être combinée à d'autres mesures comme la tarification des voies d'accès, etc.

Deux autres méthodes indirectes pour réduire la congestion sont le prélèvement d'une taxe sur les carburants et les subsides aux transports publics. La seconde méthode fait l'objet de la prochaine section. Quant à la taxe sur les carburants, elle consiste à taxer un bien complémentaire au trafic de pointe, et sous cet aspect, elle va dans le sens désiré. Toutefois, elle comporte des inconvénients, dont celui de ne pas discriminer en fonction des heures d'utilisation du véhicule. Ainsi, par rapport à une tarification optimale, telle qu'exposée dans le modèle, elle diminue le coût de congestion aux heures de pointe et augmente aux autres moments.

Pour conclure cette section sur le problème de la congestion et les méthodes de tarification permettant de l'atténuer, il est important de souligner que notre approche a été de simplifier le plus possible l'exposé afin d'attirer l'attention sur les relations essentielles. Or, le traitement des problème de congestion est fort complexe, surtout lorsqu'on considère l'ensemble du réseau routier.

---

(10) Une évaluation de ces diverses méthodes de tarification a été faite par: KULASH, D. "Congestion Pricing: a Research Summary". ***Urban Institute.*** 1974.

(11) Voir MIGUÉ, J.-L. et al. ***Op. cit.,*** pp. 110-113.

5.3.2 L'utilisation des transports collectifs: les subventions

Nous avons vu, dans la section précédente, différentes méthodes pour atténuer le problème de la congestion. Une d'entre elles serait de subventionner fortement le service-substitut que représente le transport collectif. D'après les mesures d'élasticités croisées que nous avons rapportées précédemment, il est peu probable qu'une telle politique soit efficace pour les fins recherchées. La question demeure toutefois posée; quels sont les fondements des subventions au transport collectif, et quel doit être le niveau de telles subventions?

Une des premières justifications des subventions au transport collectif est la présence d'économies d'échelle, à savoir que le coût moyen de long terme d'un déplacement par ce mode diminue à mesure que le nombre des déplacements par heure augmente. La principale source de ces économies réside dans la diminution des temps d'attente lorsque pour faire face à un achalandage accru, on augmente le nombre de véhicules. Or, comme nous l'avons vu, le temps fait partie des inputs nécessaires à la production du service de transport et sa valeur pour l'usager constitue une part substantielle des coûts. Le coût moyen du déplacement diminue donc avec la fréquence ou le nombre de déplacements à l'heure. C'est dire également que l'usager additionnel contribue à diminuer le coût moyen pour tous les autres. Le coût marginal associé à l'usager supplémentaire est donc inférieur au coût moyen. Ceci est illustré au graphique 5.4.

Supposons une fonction de demande DD_1 pour le transport collectif. Une allocation efficace des ressources exige que le service soit accessible à ceux, et seulement ceux, qui sont prêts à payer le coût marginal de long terme. Ainsi, le nombre de déplacements optimal Q_0 est obtenu au point de rencontre E, entre la fonction de CmLT et la fonction de demande. Si la commission de transport adopte une politique tarifaire au coût marginal de long terme, soit un tarif égal à OG, les revenus seront $(OQ_0 \times Q_0E)$ et les dépenses $(OQ_0 \times Q_0F)$. Ainsi, pour maintenir le service et assurer que tous les usagers qui sont prêts à payer le coût marginal puissent recevoir le service, la commission de transport doit recevoir une subvention égale à EFGH. On estime que la présence d'économies d'échelle peut justifier entre 50% et 60% des coûts des commissions de transport[12].

D'autres raisons ont été proposées pour justifier les subventions. D'abord, dans la mesure où la tarification actuelle pour l'utilisation de l'automobile est beaucoup trop faible pour les routes et les autoroutes

---

(12) MOHRING, H. "Optimization and Scale Economies in Urban Bus Transportation". ***American Economic Review.*** Sept. 1972.

GRAPHIQUE 5.4: Structure des coûts pour les services de transport collectif

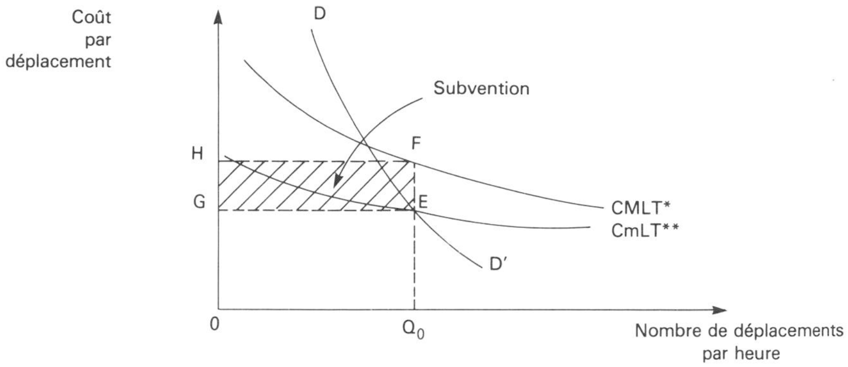

---

* CMLT est le coût moyen de long terme.

** CmLT est le coût marginal de long terme.

achalandées, un nombre trop grand d'usagers utilisent leur automobile et trop peu les transports collectifs. En l'absence d'une tarification optimale pour les deux modes, l'autre option serait d'abaisser les tarifs des transports collectifs afin d'encourager l'utilisation de ce mode. Or, les élasticités croisées de la demande de transport public laissent présager du peu de chance de succès de ce type de politique. De plus, une telle politique nécessiterait des subventions encore plus substantielles que celles obtenues au graphique 5.4. On peut également justifier les subsides aux transports collectifs sur la base d'arguments redistributifs. En effet, la part du revenu consacré au transport public diminue avec le niveau du revenu. Ainsi, en offrant des subsides, les bénéfices qui en découlent sont plus importants, en proportion du revenu, pour les faibles revenus que pour ceux élevés. L'effet redistributif est favorable si les subventions sont financées à partir des revenus généraux de taxation, dont la structure est proportionnelle ou encore progressive.

Qu'en est-il, en pratique, des subventions aux transports collectifs? On peut distinguer deux types de subventions, les subventions pour fins d'investissement et celles pour fins de fonctionnement. En ce qui concerne les premières, la province accordait des subventions de 30% du coût d'acquisition d'équipement roulant fabriqué au Québec, et 10% s'il provenait de l'extérieur. Avec la réforme de 1979 (13), la subvention aux

---

(13) Gouvernement du Québec. ***Réforme de la fiscalité municipale et du financement des communautés urbaines et du transport en commun.*** 1979.

dépenses d'immobilisation est portée à 75%. En ce qui concerne le métro, la subvention à l'égard du service de la dette du métro, pour les travaux entrepris après le 1er janvier 1980, est portée à 100%.

Concernant les subsides pour fins de fonctionnement, la province assumait entre 45% et 55% du déficit. La proportion finalement choisie entre 45 et 55 était liée au succès de l'exploitant à accroître l'achalandage. Les municipalités desservies par les commissions de transport se répartissent le déficit encouru une fois les autres revenus et les subventions provinciales enlevés. Le partage entre les municipalités membres se fait "au prorata" de l'évaluation foncière.

Le principe du financement du déficit qui inspire l'octroi des subventions pose un certain nombre de problèmes dont celui d'engendrer des incitations contraires à la recherche de l'efficacité. Au lieu de récompenser l'administrateur qui cherche à minimiser ses coûts, on l'incite plutôt à les gonfler. De plus, les réseaux les moins rentables sont ceux qui reçoivent le plus d'aide. On diminue les incitations à s'adapter aux modifications de la demande. En fait, le principe de financement qui soulèverait le moins de ces effets pervers est celui où la subvention est liée à l'achalandage. Elle n'entretient pas de biais en faveur du gonflement des coûts et amène l'exploitant à se soucier de la demande et ainsi à améliorer le service offert. Avec la réforme de 1979, l'aide au déficit d'exploitation des organismes de transport est remplacée par une subvention de 40% versée en proportion des revenus générés par les services réguliers. Quant aux contributions municipales au transport public, les formules de répartition devraient se fonder sur la vérité des coûts: faire supporter par chaque municipalité les coûts que l'organisme de transport doit encourir pour desservir cette municipalité[14].

5.4 LES CONSIDÉRATIONS DE L'OFFRE À LONG TERME

Nous avons abordé précédemment les questions d'allocation efficace de la capacité des réseaux de transport urbains. À cet égard, le problème consistant à déterminer une structure de tarification tenant compte de la congestion a occupé une place importante. Nous avons découvert qu'une "taxe de congestion" assurerait une meilleure allocation des ressources et permettrait d'atténuer le problème, sans toutefois l'éliminer. Dans une perspective de long terme, une autre option pourrait être d'accroître la capacité du réseau. On doit donc s'interroger maintenant sur les critères devant guider ces choix d'investissements et leur impact sur l'affectation du sol.

---

(14) On trouvera une étude de ces formules dans: FORTIN, G. ***Les contributions municipales au transport en commun.*** Transport Canada, Transport Québec, 1978.

5.4.1 Les critères de rentabilité des investissements du transport

Le type d'approche le plus utilisé pour guider les choix d'investissements dans le secteur public est l'analyse coût-bénéfice. Cette approche consiste à prévoir les bénéfices et les coûts sur la période de vie d'un projet, et à ramener ces bénéfices et ces coûts à leur valeur présente à l'aide d'un taux d'actualisation approprié. Nous allons voir comment une telle approche peut être utilisée dans le cas du transport.

Supposons que le projet envisagé soit l'élargissement d'une route existante de deux à quatre voies. L'objectif est de réduire la congestion. Afin d'évaluer les bénéfices, il faut prévoir ce que deviendront la structure et le volume des déplacements, suite au projet, en tenant compte bien sûr de l'impact possible de cette amélioration du réseau routier sur la localisation des emplois et des résidences. Une fois que les flux de déplacements futurs sont prévus, il faut imputer une valeur aux économies de temps, de frais d'opération et de risque réduit d'accident attribuables au projet pour ses utilisateurs; ce sont les bénéfices directs. Pour ceux qui n'utilisent pas la route en question, la nouvelle carte des déplacements peut signifier des économies de temps, du fait qu'une partie de la demande s'est déplacée vers la nouvelle autoroute et que la congestion est moins grande; ce sont les bénéfices indirects.

Comment effectuer une telle évaluation en pratique? La meilleure façon de présenter ceci est à l'aide de l'exemple simple présenté au graphique 5.5. Il existe, comme pour tout autre bien, une demande de la part des automobilistes, pour cette route. On suppose que la demande en période de pointe est DD'. Les fonctions de CM décrivent la relation entre le coût moyen, soit les coûts d'opération du véhicule, la valeur du temps et les pertes dues aux accidents, et le niveau d'utilisation de la route mesurée par le nombre de véhicules à l'heure. La fonction CM_s correspond à la fonction de coût moyen sans le projet et CM_a avec le projet. Celui-ci permet d'abaisser les coûts moyens en raison d'une congestion moins grande. Avant le projet, le flux de véhicules par heure est de 2 000 et le coût moyen du trajet est de $0.30. Avec le projet, le coût moyen s'abaisse à $0.20 et le flux de véhicules s'accroît à 2 250. Les bénéfices directs sont composés d'abord de la réduction de $0.10 du trajet pour les 2 000 véhicules qui utilisaient la route avant le projet, soit $200 par heure de déplacement (période de pointe), et de l'évaluation que font les 250 usagers additionnels du nouveau service. Lorsque le flux des véhicules est de 2 000, l'usager additionnel est prêt à payer un peu moins de $0.30 pour le bénéfice d'utiliser l'autoroute. Pour un flux de 2 250, le prix qu'il est prêt à payer passe à $0.20. L'évaluation des bénéfices pour ces nouveaux usagers est donc égale à $12.50 [(250 × .10)/2] par heure de déplacement en période de pointe. Donc, la valeur des bénéfices directs est égale à

$212.50 par heure de déplacement en période de pointe. Si on suppose 3 heures de pointe par jour, dans chaque direction, en excluant les samedis et dimanches, on obtient 780 heures de pointe par année, donc un bénéfice direct total de $331 500 par an.

GRAPHIQUE 5.5: Évaluation des bénéfices directs d'un projet d'élargissement de route

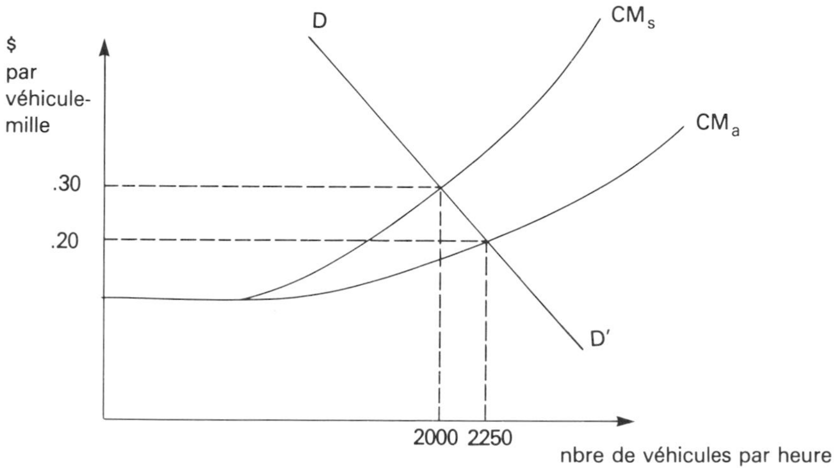

Il existe également des bénéfices indirects pour ceux qui n'utilisent pas l'autoroute mais qui profitent du fait que les routes qu'ils utilisent sont moins congestionnées. En fait, le déplacement de la demande vers la nouvelle autoroute permet de réduire la congestion sur les routes environnantes et occasionne des économies de temps pour les automobilistes qui les utilisent. Nous ne tenterons pas d'évaluer ces bénéfices indirects dans le cadre de notre exemple, mais une analyse complète devrait les inclure.

Si l'on s'en tient aux bénéfices directs annuels de $331 500, la seconde étape consiste à ramener à leur valeur présente ces bénéfices annuels sur la durée du projet. Pour ce faire, il faut choisir un taux d'actualisation approprié. Quel montant dois-je recevoir dans un an pour compenser la privation d'un dollar maintenant? Si je peux placer ce dollar sur le marché financier et recevoir 10% d'intérêt, je devrai exiger $1.10 dans un an et la valeur présente de ce montant est $1.00. Dans cet exemple, on utilise le taux d'intérêt sur le marché comme taux d'actualisation. Or, le problème est de savoir quel taux d'intérêt utiliser. Dans un marché du capital parfaitement concurrentiel, les échanges d'actifs s'effectueraient jusqu'à ce que le taux de rendement soit égal pour tous les actifs. Dans un tel cas, le taux d'intérêt refléterait ce que les consommateurs sont prêts à sacrifier de la consommation présente pour une consommation future plus grande et constituerait, à cet égard, un taux d'actualisation approprié. Or, le marché du capital est imparfait, et dans le cas d'investissements publics, des critères sociaux autres que la simple maximisation des revenus peuvent entrer en ligne de compte. Donc, le choix d'un taux d'actualisation approprié est difficile à faire en pratique.

Pour les fins de notre exemple, nous supposons un taux d'actualisation de 10%, c'est-à-dire que dans l'évaluation du projet, $1.00 de bénéfice pour une année particulière va avoir le même poids que $1.10 un an plus tard. Ainsi, la valeur présente des flux annuels de bénéfices sur la durée de vie du projet, estimée à 50 ans, nous est donnée par la formule suivante:

$$\sum_{i=1}^{50} \frac{\$331\ 500}{(1 + .10)^i} = \$3\ 286\ 761$$

Ainsi, la valeur présente des bénéfices du projet est estimée à $3,3 millions environ.

Il faut comparer cette évaluation des bénéfices avec la valeur actuelle des coûts du projet. Ces coûts comprennent les frais d'acquisition du sol, incluant la valeur des maisons ou des commerces qui ont dû être démolis pour élargir la route; les coûts de construction proprement dits; les coûts de congestion imposés aux automobilistes durant la période de construction de la route; enfin, les coûts de pollution occasionnés par la construction et imposés aux ménages vivant en bordure de la route. C'est la comparaison de la valeur présente de ces coûts avec la valeur des bénéfices qui va déterminer si le projet doit être entrepris ou non. Si les coûts excèdent les bénéfices, le projet n'est pas rentable et ne devrait pas être entrepris. Ceci montre qu'il peut être inefficace et inapproprié d'entreprendre un projet, même s'il va servir à réduire la congestion, lorsque le coût pour réduire cette congestion est supérieur aux bénéfices escomptés.

L'exemple que nous avons choisi est certainement simple mais il nous a quand même permis de présenter les principaux ingrédients qui entrent dans une analyse coût-bénéfice. Une démarche analogue devrait être adoptée dans le cas de la construction d'une nouvelle autoroute, de la relocalisation de voies ferrées ou encore de choix d'investissements entre différents modes(15).

---

(15) On trouvera des exemples d'analyse coût-bénéfice pour ces autres cas dans FRANKENA, M.-W. ***Op. cit.,*** chapitre 7.

Voir également, MIGUÉ, J.-L. et al. ***Op. cit.,*** chapitre XII.

5.4.2 Les investissements en transport et l'allocation du sol

Nous avons déjà eu l'occasion, au chapitre 3, dans l'analyse du marché foncier, d'étudier la relation entre les coûts de transport et le prix du sol et les phénomènes de localisation. Comme notre intérêt portait d'abord sur le marché foncier, nous n'avons pas insisté outre mesure sur l'effet structurant des choix de transport urbain, sur l'affectation du sol et l'aménagement du territoire. Nous voulons revenir sur cet aspect dans la présente section en insistant sur les interrelations entre transport et allocation du sol.

Dans le modèle simplifié d'une ville qui se déploie sur une plaine uniforme, autour d'un centre d'emploi unique, les avantages d'accessibilité, ou l'épargne sur les coûts de transport, se reflètent dans une valeur du sol accrue. On observe une structure de prix foncier qui diminue avec la distance par rapport au centre. La rente d'accessibilité dont bénéficie un terrain plus accessible est égale à l'épargne de coût de transport qu'il permet de réaliser par rapport au terrain à la limite de la ville: c'est la rente différentielle. Une croissance de la population urbaine occasionnerait une pression uniforme sur les prix fonciers et un éloignement des limites de la ville: c'est la rente absolue.

Quel sera l'impact d'une amélioration des transports permettant d'en atténuer les coûts? Le prix du transport ayant baissé, ceci va se refléter dans une baisse de prix des terrains. La réaction prévisible à ces baisses de prix est, d'une part, une consommation accrue de transport, donc localisation plus éloignée, et d'autre part, une demande acrue de terrain qui aura pour effet d'atténuer la baisse initiale occasionnée par la diminution des coûts de transport. Toutefois, la demande étant plus prononcée pour les terrains plus éloignés, leur prix relatif devrait augmenter.

On peut complexifier davantage notre modèle et superposer à cette structure de prix foncier les choix concernant l'habitat. Comme le prix relatif du terrain par rapport aux autres inputs s'accroît à mesure qu'on se rapproche du centre, l'économie du facteur onéreux, le terrain, conduit à une plus forte densification. La relation inverse s'observe bien sûr lorsqu'on se dirige vers les banlieues. Or, la forme d'habitat et la densité du développement conditionnent l'efficacité de plusieurs services publics, en particulier le transport collectif. En effet, le transport public est peu efficace, relativement à l'automobile, pour desservir les zones peu denses. On voit donc le degré d'interdépendance qui existe entre les choix effectués sur les transports et l'aménagement du territoire.

Quels sont les principaux arguments qui sous-tendent les grandes orientations du transport urbain: automobiles versus transports publics? Ceux qui préconisent de couper les dépenses de construction d'autoroutes au profit des transports collectifs argumentent des effets néfastes du processus de décentralisation des emplois et des résidences sur les villes centrales. Ce mouvement de décentralisation a, en effet, considérablement miné la base taxable de ces villes et réduit leur capacité d'offrir des services de qualité. De plus, la construction d'autoroutes dans les zones densément peuplées contribue à briser le tissu urbain et provoque des déséquilibres sur certains segments du marché du logement. Par exemple, la construction de l'autoroute Ville-Marie à Montréal a entraîné la démolition de nombreux logements et a certes contribué à exercer une pression sur le prix des logements faisant partie du segment de marché affecté. Les infrastructures routières accaparent une partie importante du territoire urbain aux dépens du territoire normalement consacré à l'occupation. L'amélioration qu'elles permettent d'apporter aux déplacements automobiles contribue à accroître l'utilisation de ce mode; plus d'espaces de stationnement sont alors nécessaires et la spirale ne peut que s'accentuer.

Les opposants aux transports collectifs, qui d'ailleurs ne sont pas nécessairement des défenseurs de l'automobile, soutiennent que l'efficacité réduite de ce mode dans les zones à faible densité limite considérablement son utilisation. L'aversion des individus pour la marche contribue à accroître considérablement les coûts d'utilisation de ce mode. Ainsi, il est peu probable que des investissements massifs réussissent à amener beaucoup d'automobilistes vers ce mode. Les bénéfices d'une congestion et d'une pollution réduite, que l'on associe généralement à ce type d'investissements, pourraient être moins importants que prévu.

Dans cet ensemble d'arguments et contre-arguments fort valables, certains organismes publics semblent avoir fait leur choix. C'est le cas, par exemple, de la Communauté urbaine de Montréal. Dans son plan d'intégration des transports [16], elle entend nettement privilégier les transports collectifs, d'abord par la reprise des travaux de construction du métro, l'utilisation, aux fins du service passager, des lignes de chemin de fer du CN au nord-ouest et du CP au sud-ouest du territoire de la CUM, et enfin, l'intégration au réseau de la CTCUM du territoire de la région Ouest.

(16) Communauté urbaine de Montréal. ***Intégration des modes de transport public sur le territoire de la Communauté urbaine de Montréal.*** Novembre 1978.

LECTURES SUGGÉRÉES

BEESLEY, M.-E. ***Urban Transport: Studies in Economic Policy.*** London: Butterworths, 1973.

FRANKENA, M.-W. ***Urban Transportation Economics: Theory and Canadian Policy.*** Toronto: Butterworths, 1979.

MIGUÉ, J.-L. BÉLANGER, G. et BOUCHER, M. ***Le prix du transport au Québec.*** Éditeur officiel du Québec, 1978.

MOHRING, H. ***Transportation Economics.*** Ballinger Publishing Co., 1976.

PARKINSON, T. ***Passenger Transport in Canadian Urban Areas.*** Ottawa: Commission canadienne des transports, 1970.

TROISIÈME PARTIE

LE SECTEUR PUBLIC

Si jusqu'à présent on a analysé la ville comme une entité économique qui évolue en fonction du mécanisme du marché, on doit maintenant considérer les villes comme des institutions publiques qui interviennent en fonction des objectifs qui leur sont propres.

Dans cette troisième partie, on abordera les problèmes généraux du financement municipal en s'interrogeant d'abord sur les fonctions d'allocation des biens municipaux (chapitre 6), puis sur leur financement (chapitre 7). Dans ces chapitres, on s'interrogera donc sur le rôle que jouent les municipalités en distribuant des services locaux et en finançant ces services à l'aide de taxes locales. L'examen de la notion de mode de financement optimal nous permettra de juger de l'imposition foncière et des autres modes de taxation. Aussi, et brièvement, on abordera les grands traits de la réforme de la fiscalité municipale québécoise.

Enfin, le chapitre 8 examine les justifications des interventions de l'État et le fondement théorique de ces interventions. En particulier, le chapitre explique les conditions de l'optimalité sociale qui constitue en dernière analyse l'objectif ultime des interventions de l'État.

CHAPITRE 6

L'ALLOCATION DES SERVICES PUBLICS URBAINS

6.1 LE PARTAGE DES FONCTIONS BUDGÉTAIRES DE L'ÉTAT: LE FÉDÉRALISME FISCAL

Le gouvernement municipal se partage, avec les niveaux de gouvernement fédéral et provincial, les grandes fonctions budgétaires d'un État. La théorie(1) du "fédéralisme budgétaire" nous amène à distinguer trois types d'intervention publique: les fonctions d'allocation, de redistribution et de stabilisation.

Dans son rôle allocatif, un gouvernement assure la production et la distribution d'un certain nombre de biens et services publics. Ainsi, les gouvernements fournissent des services de défense nationale, des services éducatifs, des services de sécurité policière ou de protection contre l'incendie.

Dans son rôle redistributif, l'État assure une répartition des revenus qui peut différer de la répartition initialement réalisée par les marchés des facteurs de production. Les transferts gouvernementaux (sécurité sociale, assurance-chômage, allocations familiales, pensions de vieillesse, subventions à la rénovation d'habitation, etc.) ont précisément comme objectif de mieux répartir les ressources entre les différents groupes de citoyens.

Enfin, comme stabilisateur, l'État a la responsabilité de régulariser, d'ajuster et de contrôler la conjoncture économique. L'État, dans ce rôle,

---

(1) Initialement Musgrave (1959) et plus récemment Gillespie (1971) dans le cadre du fédéralisme canadien.

MUSGRAVE, R.-A. ***The Theory of Public Finance; a Study in Public Economy.*** New York: McGraw-Hill, 1959.

GILLESPIE, I. ***L'économie publique urbaine.*** Ottawa; monographie no 4, rapport Lithwick, le Canada urbain, 1971.

doit favoriser un taux de croissance continu et chercher à réduire, autant que faire se peut, les coûts sociaux et économiques qui résultent des variations trop brutales des taux de croissance, d'inflation ou de chômage.

En raison du caractère global et général des politiques fiscales ou monétaires, le rôle de stabilisation est normalement dévolu au niveau le plus élevé de gouvernement: le niveau fédéral.

Les fonctions budgétaires redistributives peuvent être remplies par le gouvernement fédéral (ex. assurance-chômage), ou par les gouvernements provinciaux (ex. le complément de revenu aux personnes âgées), et, au Canada, certaines fonctions redistributives peuvent être partagées entre les niveaux fédéral et provincial (ex. les allocations familiales). Cependant, on admet généralement que les gouvernements municipaux ne doivent pas assumer la responsabilité de redistribuer les revenus entre leurs contribuables ni, surtout, entre les contribuables de la nation. Au niveau local, les programmes de redistribution des revenus ont pour effet de défavoriser les municipalités les plus généreuses en attirant vers elles les citoyens qui profitent de cette redistribution (les plus pauvres), et en faisant s'éloigner les contribuables qui financent cette redistribution (les plus riches). Ainsi, aux États-Unis, certaines grandes villes(2) ont établi des programmes de bien-être suffisamment généreux pour déclencher cet effet de ''magnétisme fiscal'' qui résulte en une attraction des catégories les plus pauvres et en une répulsion des résidents les plus riches, ainsi que des activités commerciales et industrielles. Par contre, quand un programme redistributif est assuré à un niveau supérieur, les contribuables ne peuvent s'y soustraire qu'en changeant de province, quand il s'agit d'un programme spécifique à une province, ou en émigrant hors du pays, s'il s'agit d'un programme fédéral. Ainsi, pour réduire les inconvénients de programmes trop diversifiés, pour garantir un traitement plus uniforme des citoyens et pour éviter les effets différentiels de magnétisme fiscal entre municipalités, il est préférable que les fonctions redistributives soient assumées par les gouvernements fédéral et provincial.

D'après ce qui vient d'être énoncé, il ne resterait donc au gouvernement municipal que des fonctions d'allocation de biens et services; nous allons voir maintenant pourquoi ce rôle allocatif doit aussi être partagé avec les autres paliers de gouvernements. Auparavant, il sera utile de préciser la nature des biens et services qui sont alloués par le secteur public au lieu d'être alloués, comme tous les autres biens et services, par les mécanismes du marché.

---

(2) La ville de New York étant l'exemple le plus fréquemment cité, même si le problème s'est développé dans la plupart des grandes villes.

6.1.1 Les biens[3] d'allocation publique

On qualifie de biens d'allocation publique des catégories de biens qui, en raison de leurs caractéristiques de production ou de consommation, sont alloués par le secteur public par nécessité ou par préférence collective. Parmi ces biens, distinguons d'abord trois grandes catégories: les biens publics purs, les biens mixtes et les biens tutélaires.

Les biens publics purs

Les *biens publics purs* se caractérisent par l'indivisibilité de leur consommation et de leur production. Leur consommation est indivisible puisque la consommation par un individu n'affecte pas celle qui peut être faite par les autres: ainsi, le fait que j'assiste à un concert public ne réduit pas votre consommation du même concert; le fait qu'un navire se guide sur la lumière projetée par un phare ne réduit pas le même service qui peut être fourni aux autres navires.

Leur production est également indivisible puisque, à partir du moment où le bien est produit, le fournisseur ne peut exclure aucun consommateur potentiel. Ainsi, le coût de desserte pour un ou plusieurs consommateurs est le même (le coût marginal de production est nul) et il n'est pas possible de restreindre l'offre du produit puisqu'on ne peut contrôler l'accès au service fourni. Cette caractéristique de coût d'exclusion infini entraîne une autre conséquence importante: les consommateurs n'ont aucune incitation à exprimer une demande individuelle pour ces biens puisqu'ils savent que, si le bien est fourni collectivement, ils pourront de toute façon en profiter. Le consommateur ne révélant pas individuellement sa préférence pour ce bien, il n'est pas possible d'en fixer le prix. Pour mieux illustrer ce point, imaginons qu'un certain nombre de citoyens "révèlent" leur préférence pour un service particulier, par exemple, en acceptant de se regrouper, au niveau d'un quartier, pour organiser et financer un concert en plein air en partageant le coût. On peut facilement imaginer que quelques voisins peu coopératifs n'accepteront pas de payer leur quote-part, en étant conscients qu'ils pourront de toute façon profiter du concert. Si ces consommateurs-parasites (free-riders) sont trop nombreux, le coût moyen supporté par chaque consommateur payant sera probablement supérieur à l'utilité marginale qu'il pourra retirer du concert et il cessera aussi de révéler ses préférences. On reconnaît ici une autre illustration des problèmes d'externalité de consommation et on avait vu

---

(3) Pour simplifier, on parle de "biens" alors qu'il s'agit généralement de services directs ou de services dérivés de biens publics. On peut aussi parler de biens collectifs ou même de "concernements" collectifs. Ici encore, ces "biens" peuvent avoir des utilités négatives, et donc, peuvent être des nuisances publiques.

précédemment que, dans le cas d'externalité impliquant peu d'acteurs, des solutions négociées pouvaient conduire à une entente. Par contre, dès que le nombre d'acteurs est trop élevé, et en particulier, dès qu'il n'est plus possible d'identifier les consommateurs-parasites, les coûts de négociation et d'exclusion deviennent beaucoup trop grands pour qu'une solution "de marché" soit envisagée. Aussi, ce type de bien ne peut être fourni que par un organisme public et financé à l'aide d'un impôt (i.e. une contribution obligatoire). Les exemples habituels de biens publics purs sont la Défense nationale, les services de vaccination ou les services de justice; nous allons voir maintenant que certains biens publics "moins purs" peuvent également être définis.

Les biens publics mixtes

Les biens publics purs ont été caractérisés par l'indivisibilité de leur production et de leur consommation, mais cette notion d'indivisibilité n'est pas une notion absolue: à moins de référer à des biens publics mondiaux (la sécurité garantie par les Nations unies), on doit admettre que presque tous les exemples habituels de biens publics se prêtent à une certaine divisibilité géographique, soit à la production (la Défense nationale), soit à la consommation (le phare maritime); la production des services de défense ne s'applique qu'aux résidents des territoires protégés, et la lumière du phare ne profite qu'aux navires de la zone côtière contrôlée par ce phare. Cependant, on réservera le qualificatif de biens mixtes à ces biens d'allocation publique qui, n'étant fournis que sur un territoire restreint, impliquent l'exclusion géographique de tous les consommateurs qui ne résident pas sur ce territoire; par exemple, un parc national, un système d'éclairage municipal, un concert public ou une patrouille policière ne peuvent être consommés que sur les lieux mêmes de la production. Ces biens mixtes étant assez clairement l'objet principal de l'allocation municipale, on doit encore raffiner leur classification.

Certains biens mixtes d'allocation publique ne peuvent être consommés que de façon active: le citoyen doit se déplacer pour se rendre à l'aréna ou à la salle de concert. Dans ce dernier exemple, la production musicale a les caractéristiques d'un bien public, pour le mélomane, à condition seulement qu'il soit dans la salle, et dans ce cas, il a dû révéler sa préférence en se rendant au concert, il a exprimé une option de consommation. Ces biens mixtes qui sont divisibles à la consommation et qui requièrent un acte explicite de choix seront qualifiés de *biens mixtes volitifs* ou encore de *biens mixtes optionnels.* Du fait que les consommateurs doivent révéler leur préférence pour ces biens volitifs, on peut adapter l'offre de ces biens à leur demande par un système de prix formellement similaire au système de prix du marché. La différence réside cependant dans le fait que, d'une part, le coût marginal de production du bien n'est pas clairement défini, et d'autre part, que le bien en question peut avoir certaines caractéristiques méritoires (voir ci-dessous), et donc, que la collectivité décide de ne pas en faire payer le plein prix. Aussi, pour tenir compte de ces différences, on ne parle pas de prix mais plutôt de *pseudo-prix ou de tarifs.* Parmi ces biens mixtes optionnels on retrouvera, bien sûr, un grand nombre de services municipaux (aréna, piscine, bibliothèque, terrains de jeux, etc.) qui se prêtent bien à une tarification et qui constituent une part importante des biens alloués par les gouvernements locaux.

Par ailleurs, on l'a vu, certains biens mixtes qui ont les caractéristiques de consommation passive des biens publics purs, impliquent, par leur nature, une exclusion géographique dont il faut maintenant distinguer les effets.

On qualifiera de *biens mixtes clairs* les biens dont le territoire de prestation correspond assez exactement au territoire de consommation: les résidents d'une municipalité bénéficient (ou subissent) du service d'éclairage public, du service policier, du service de voirie et d'urbanisme fournis par leur municipalité. Puisque ces biens mixtes clairs ne "débordent" pas trop du bassin de prestation, on dit qu'ils ne sont pas sujets à des débordements juridictionnels. Encore une fois, on retrouve ici la notion d'externalité: un débordement juridictionnel est en effet externe (à une juridiction) dans la production d'un bien (ou d'une nuisance) d'allocation publique. À ces biens mixtes qui, par contre, donnent lieu à d'importants débordements, on réservera le terme de *biens mixtes flous.* Bien sûr, les meilleurs exemples de ces biens mixtes flous sont les nuisances générées par les acteurs d'une municipalité et qui doivent être subies par les communautés voisines (pollution atmosphérique, dégradation esthétique, déversements d'égouts, etc.).

On conçoit facilement que si les biens mixtes clairs peuvent être financés par une imposition limitée au territoire de prestation, alors le financement local des biens mixtes flous pose des difficultés puisque le bassin de service (ou de nuisance) ne correspond pas nécessairement au bassin de taxation. Dans ces situations, on doit envisager un financement supraterritorial ou des négociations entre juridictions, le niveau juridictionnel optimal de la taxation devant normalement être relié au degré de débordement géographique du bien ou de la nuisance considérée.

Ainsi, la gestion fiscale de la réglementation d'un lac sera confiée à un organisme intermunicipal des communautés riveraines, alors que le financement et le contrôle des services d'aménagement régionaux devront être assumés par une autorité régionale (exemple: les conseils de comté renouvelés mis en place au Québec après 1979).

Les biens tutélaires

Les biens tutélaires (ou les biens méritoires)[4] sont des biens privés par nature, mais publics par destination. Ces biens ont toutes les caractéristiques des biens privés (divisibilité à la production et à la consommation); cependant, leur allocation est gérée par un organisme public parce qu'on reconnaît à ces biens un tel mérite, ou un tel démérite, qu'on veut en favoriser ou en décourager la consommation. Ainsi, l'État (le tuteur) encourage ou rend obligatoire (décourage ou interdit) la consommation de biens dont les externalités de consommation permettent d'atteindre une utilité collective supérieure à la somme des utilités individuelles. Ainsi, la santé, l'éducation, le civisme ou les ceintures de sécurité voient leur consommation imposée ou encouragée par la collectivité, alors que l'alcool, la drogue, la prostitution ou le mauvais goût architectural se voient interdits ou contrôlés. Les municipalités agissent donc comme "allocatrices" de biens tutélaires en construisant des piscines ou des bibliothèques, en réglementant les débits d'alcool, en interdisant la prostitution et en édictant des règlements de zonage ou de construction.

Il est important de noter que la plupart de ces biens tutélaires peuvent aussi être alloués par le marché privé pour satisfaire aux besoins des consommateurs qui jugent insuffisante la prestation publique de ces biens. Ainsi, on trouve des piscines et des bibliothèques familiales ainsi que des réseaux d'enseignement privés qui complètent, et parfois se substituent aux services publics existants. Reconnaissons finalement que la caractéristique méritoire peut aussi se surimposer aux caractéristiques de biens publics purs et de biens publics mixtes et ainsi amener à distinguer des biens méritoires mixtes (flous et clairs) selon les caractéristiques de production, de consommation ou de débordement de ces biens. Cependant, pour alléger la typologie du tableau 6.1, on ne traite pas les biens tutélaires comme une catégorie distincte mais plutôt comme une qualité particulière à certains biens d'allocation publique.

Pour conclure cet exercice de définition des biens d'allocation publique, il importe de se défendre d'un excès de précision. Les catégories retenues doivent plutôt être perçues comme des positions, très relatives, sur un continuum entre les biens privés purs et les biens publics purs. De plus, les caractéristiques de divisibilité technique ou territoriale, d'exclusion ou de rivalité entre consommateurs, sont toutes aussi relatives selon les types de biens, selon le niveau de conscience collective et selon les cadres juridiques et institutionnels qui permettent leur allocation.

---

(4) Les "Merit Wants" de Musgrave. ***Op. cit.***

Enfin, l'aspect plus ou moins méritoire d'un bien domine ses autres caractéristiques et relativise encore son positionnement dans notre classification selon les lieux et les époques. Le flou de cette typologie ne réduit pas son utilité, il incite seulement à une certaine prudence dans les conclusions que nous allons maintenant en tirer, concernant les niveaux d'allocation et le mode de financement optimal de ces biens.

6.2 LE NIVEAU OPTIMAL D'ALLOCATION DES BIENS PUBLICS(5)

À quel niveau doit-on allouer les biens publics? Quelle doit être la taille optimale du territoire desservi? Comment évaluer le nombre de consommateurs? Doit-on centraliser les activités allocatives ou, au contraire, les disperser pour les rapprocher des consommateurs? C'est à ces questions d'un grand intérêt pratique qu'il faut répondre maintenant en abordant, d'une part, un problème "économique" pour décider de la présence ou de l'absence d'économie d'échelle dans la production des biens d'allocation publique, et d'autre part, répondre à un problème "politique" et s'interroger sur la façon optimale de révéler les préférences des consommateurs. En d'autres termes, on doit considérer l'offre et la demande des biens d'allocation publique.

6.2.1 Offre des biens d'allocation publique et taille des villes

En principe, on peut vouloir allouer les biens d'allocation publique en essayant de réduire leurs coûts de production et de distribution. Pour ce faire, comme dans le cas de la production de biens privés, on devrait chercher à profiter au maximum d'éventuelles économies d'échelle en augmentant la quantité produite jusqu'à ce que le coût moyen de production soit minimal. Dans le cas des biens normaux, on sait que la production peut être augmentée tant que le coût marginal demeure inférieur au coût moyen; cependant, puisque le coût marginal de production d'un bien public pur est nul, ses coûts moyens vont décroître de façon continue et normalement l'échelle de production devrait être la plus grande possible. Ainsi, si les biens publics purs bénéficient d'économies d'échelle, ils doivent être produits et alloués au niveau le plus élevé possible de façon à minimiser leurs coûts de production. C'est ainsi que la Défense nationale, les satellites météorologiques et les services consulaires sont alloués, pour l'ensemble de la nation, par la juridiction la plus élevée possible (la nation, le gouvernement fédéral).

---

(5) Troisième colonne du tableau 6.1. Ce tableau synthétise l'essentiel de la discussion des chapitres 6 et 7. On y retrouve la définition des biens publics, leurs principes d'allocation et de financement, qui sont à la base de tous les développements subséquents. Pour décrire le caractère utopique de cette optimalité fiscale on parlera de "Fiscaltopia".
ACHOUR, D. "Toward Fiscaltopia and fiscal autonomy". ***Proceedings.*** University of South California Law Center. 1980.

TABLEAU 6.1: La distribution des biens d'allocation publique

Typologie des biens	Caractéristiques	Juridiction d'allocation optimale	Mode de financement optimal
Biens publics purs	• Indivisibilité de la production et de la consommation: coût marginal nul, coût d'exclusion infini, non-rivalité des consommateurs.	• Le niveau le plus élevé possible selon les contraintes techniques de production.	• Imposition générale et nationale selon la capacité de payer des contribuables (ex. impôt sur le revenu).
Biens mixtes clairs	• Divisibilité spatiale de la production ou de la consommation: exclusion territoriale. • Bien à l'aire de consommation: peu de débordements juridictionnels.	• Le niveau le plus bas possible selon les contraintes techniques de production. • Le niveau de production devrait correspondre aux bassins de desserte.	• Imposition générale et locale selon les bénéfices reçus par les contribuables de l'aire desservie (ex. impôt foncier).
Biens mixtes flous	• Divisibilité spatiale. • L'aire de prestation recouvre plusieurs juridictions (débordements).	• Niveau supralocal qui permet d'internaliser les débordements.	• Imposition "supralocale" selon les bénéfices reçus par les contribuables de l'aire de desserte.
Biens mixtes optionnels	• Divisibilité de la consommation.	• Le niveau le plus bas possible selon les contraintes techniques de production.	• Tarifs ou taxes imposés aux utilisateurs des services.
Biens privés purs	• Divisibilité de la production et de la consommation.	• La firme individuelle et le marché.	• Le prix du marché des biens et services.

Cependant, comme les biens d'allocation municipale ne sont pas des biens publics purs, leurs coûts de production ne décroissent pas nécessairement avec le niveau de production: le coût d'un service urbain ne diminue pas nécessairement quand la taille de la ville augmente.

Ainsi formulé, le problème du niveau optimal d'allocation est, en fait, celui de la taille optimale des villes ou des administrations municipales. L'économie urbaine n'a pas apporté de réponse très claire à ce problème, pour au moins trois raisons.

1. L'analyse d'éventuelles économies d'échelle nécessite l'évaluation des fonctions de production des biens publics, c'est-à-dire la relation entre la quantité de services produits et la quantité de facteurs de production utilisés. Or, d'une part, la "quantité" des services offerts par une municipalité est très difficile à évaluer, et d'autre part, cette quantité est indissociablement liée à sa qualité. Par exemple, la production du service de sécurité publique se mesure, non seulement en nombre d'heures de patrouille policière, mais aussi par le niveau de sécurité offert par ces patrouilles; la production de loisirs peut se mesurer au nombre d'équipements récréatifs offerts ainsi qu'à leur accessibilité ou leur disponibilité. De plus, la quantité et la qualité des services publics dépendent aussi de l'attitude des consommateurs. Gérard Divay[(6)] parle de coproduction des services publics pour définir cette interaction entre le niveau du service fourni et son mode de consommation par des contribuables. Pour illustrer ce concept, prenons à nouveau l'exemple de la protection policière. Le niveau de sécurité offert par la patrouille ne dépend pas que de la vigilance des policiers, mais tout autant de la coopération des citoyens qui peuvent, à divers degrés, respecter les lois, dénoncer les violations, et même participer à la répression des délits. On conçoit qu'il est bien difficile d'évaluer de telles "fonctions de coproduction" de biens et services publics pour y faire apparaître d'éventuelles économies d'échelle.

2. Pour éviter la difficulté d'évaluation des fonctions de production, on se contente, empiriquement, d'évaluer les fonctions de coût des services offerts en reliant le coût de production du service au coût des différents intrants (main-d'oeuvre, équipements). Ce faisant, on ne fait qu'esquiver le problème précédent puisqu'on mesure les coûts de services difficilement comparables: affirmer que le coût per capita des services de loisirs est le même dans deux municipalités n'a de sens que si on peut juger que ces services sont de qualité et de quantité similaires. Or, on l'a vu, un tel juge-

---

(6) Notion élaborée par Gérard Divay (1978);

DIVAY, G. ***La coproduction des biens collectifs locaux et ses implications institutionnelles.*** Montréal: INRS, urbanisation, décembre 1978.

ment est difficile sinon impossible.

3. En supposant même que les deux problèmes précédents soient résolus, celui de la taille urbaine optimale reste entier puisque les villes fournissent toute une série de services dont les fonctions de coût n'ont pas nécessairement la même forme. Pour certains services, la fonction de production est pratiquement horizontale: le coût moyen de ramassage des ordures est relativement constant; d'autres services auront des fonctions décroissantes (le coût moyen de fonctionnement d'un réseau d'aqueduc est généralement décroissant), enfin, et plus généralement, les fonctions de coût seront des courbes en U qui feront bien apparaître une phase initiale d'économie d'échelle, une phase de coûts minimaux, puis une phase d'augmentation des coûts moyens (déséconomies d'échelle). Cependant, ces courbes en U diffèrent beaucoup, quant à leurs minimums et quant à leurs pentes. Ainsi, les coûts moyens d'opération d'un service de police peuvent être minimaux pour les municipalités de moins de 10 000 habitants alors que les coûts moyens d'opération d'un service de transport en commun sont minimaux au-delà de 500 000 habitants. Nous aurons plus loin l'occasion de revenir sur ce problème, qu'il suffise à ce point de bien réaliser qu'à la limite, chaque service a son aire optimale de prestation, et donc, que la taille des municipalités ne peut pas être optimale pour tous les services simultanément. En se limitant au seul aspect du coût per capita pour l'ensemble des services, la littérature placerait la taille optimale entre 250 000 et 50 000 habitants pour différents pays et l'observation des budgets des municipalités québécoises nous la ferait placer entre 5 000 et 100 000... Bien sûr, cette indication n'est pas d'une grande utilité, et quand bien même ce seuil serait défini avec plus de précision, nous ne pensons pas que le problème des économies d'échelle soit très pertinent pour juger du niveau optimal d'allocation des biens publics. En effet:

1° Il n'y a pas de rapport nécessaire entre le niveau optimal de production des services et la taille optimale des communautés qui allouent ces services. Certains services qui bénéficient fortement d'économie d'échelle (par exemple le traitement des eaux) peuvent être fournis à un niveau supralocal par entente entre plusieurs municipalités, et inversement, certains services qui sont plus efficacement fournis à petite échelle (par exemple des garderies municipales) peuvent être alloués au niveau du quartier par le gouvernement municipal.

2° Il n'y a pas non plus de rapport nécessaire entre l'aire de prestation des services et leur niveau juridictionnel de taxation. Pour reprendre les exemples précédents, l'usine de traitement peut être financée par la quote-part des municipalités d'une communauté urbaine, alors que les garderies de quartier peuvent être financées par les ressources de toute la municipalité.

3° Finalement, et surtout, la taille optimale des communautés semble n'avoir que très peu de relation avec la minimisation des coûts moyens de prestations des services sinon, comment pourrait-on expliquer la remarquable diversité de taille entre des villes qui, par ailleurs, fournissent des services très comparables? Comment peut-on expliquer que Montréal-Nord (95 000 habitants) et Sainte-Geneviève (3 000 habitants), que Charlesbourg (65 000 habitants) et Saint-Emile (3 000 habitants), que Gatineau (70 000 habitants) et Val-des-Monts (2 500 habitants) distribuent approximativement la même "quantité-qualité" de services municipaux à des coûts qui ne sont pas substantiellement différents sans qu'il soit possible d'affirmer que ces municipalités (et toutes les autres) soient gérées selon des critères différents d'efficacité.

Ainsi, si *on peut affirmer qu'il n'existe pas, a priori, de normativité économique sur la taille optimale des juridictions,* on peut par contre défendre une normativité "politique" dont la justification résulte des caractéristiques de la demande des biens publics locaux.

6.2.2 Demande des biens d'allocation publique et taille des villes

Le niveau de demande optimale est atteint quand l'utilité marginale évaluée par le consommateur individuel est égale au coût marginal de production de l'unité du service consommé, CM (graphique 6.1) . Par ailleurs, si les courbes de demandes individuelles (D_1, D_2, D_3) ont une pente négative, habituelle en raison du principe de décroissance de l'utilité marginale, leur sommation doit être effectuée verticalement, pour les biens publics. En effet, alors que la demande de biens privés de chaque individu contribue à une augmentation de la quantité totale demandée, la demande individuelle des biens publics purs ne se traduit pas par une demande collective supplémentaire puisque leur consommation n'est pas divisible. Ainsi, la demande agrégée d'un bien public par trois consommateurs serait représentée par ΣD sur le graphique 6.1.

Dans notre exemple, le premier consommateur, dont la demande est représentée par D_1, serait prêt à consommer Q_1 unités des biens publics fournis au prix P^*, le deuxième consommateur (D_2) se contenterait de Q_2 unités, alors que le troisième (D_3) préférerait ne pas consommer de ce bien si son prix est fixé à P^*. Cependant, la production du bien étant également indivisible (on ne peut fournir le bien à certains consommateurs et en exclure d'autres), la quantité ΣQ sera produite et le financement du bien pourra être négocié entre les trois consommateurs de façon à ce que chacun contribue selon sa demande respective; ainsi le prix P^* pourrait être obtenu par la somme des contributions P_1, P_2 et P_3 de chaque participant à la négociation.

GRAPHIQUE 6.1: La demande de biens publics

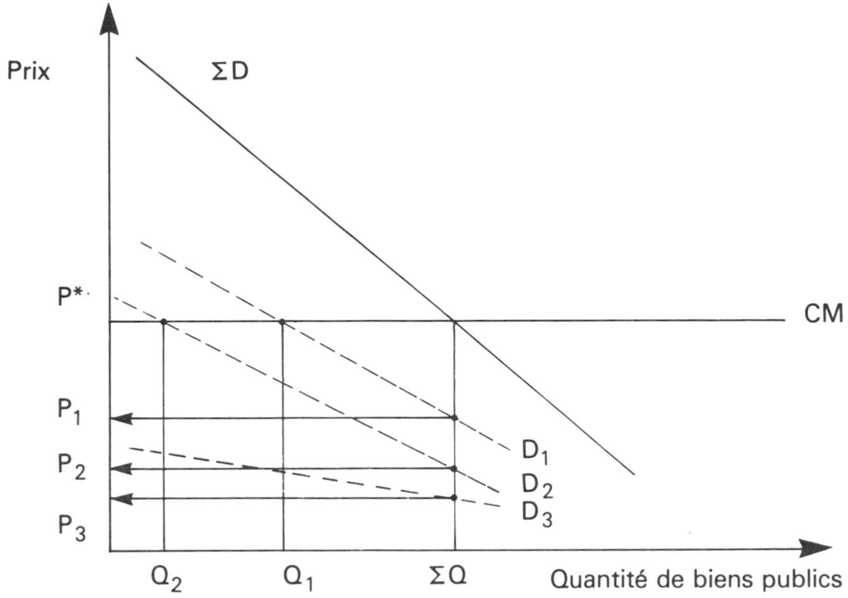

Une telle solution pourrait conduire à une allocation optimale sous deux conditions. Il faudrait, d'une part, que les consommateurs soient prêts à révéler leurs préférences, et donc à payer les prix P_1, P_2 et P_3 au lieu de se comporter en consommateurs-parasites (free-riders); il faudrait d'autre part que les coûts de négociation soient nuls. Si les coûts de négociation ne sont pas nuls, la quantité optimale ΣQ ne sera pas atteinte, et à la limite, aucun bien public ne sera produit si le coût de négociation est supérieur aux bénéfices attendus de ces biens. On suppose habituellement que ces deux conditions ont plus de chances d'être respectées dans les groupes restreints: le petit nombre de participants entraîne généralement une réduction des coûts de transaction et minimise les risques de parasitisme et de dissimulation des préférences réelles. Enfin, il est plus facile de démontrer à chacun des membres d'un petit groupe les avantages d'une coopération. Cette communauté des intérêts sera d'autant plus évidente que les préférences des consommateurs sont homogènes: ils sont prêts à consommer les mêmes quantités et à payer le même prix pour des services publics donnés. Résumons ces arguments: les conditions d'optimalité d'allocation des biens publics locaux ont plus de chances d'être rencontrées dans les petites unités territoriales homogènes, en raison de la transparence des préférences des ménages, de la réduction probable des coûts de négociation et enfin de la plus grande compatibilité des besoins en biens publics.

La théorie du "pied invisible"(7) de Tiebout

Par analogie avec la "main invisible" des néo-classiques, Tiebout (1956) a suggéré qu'on pouvait concevoir un marché des biens publics locaux qui donnerait aux contribuables la possibilité de révéler leurs préférences par le déménagement (le "vote avec les pieds") entre diverses municipalités. Le modèle fait l'hypothèse que la mobilité et l'information des ménages est parfaite et qu'un grand nombre de municipalités offre des gammes très variables de services locaux, et donc de taxes locales. Les ménages auraient alors la possibilité de satisfaire leur demande de biens publics en choisissant la municipalité qui offre le type de services et de taxes désiré. Par les déménagements, les ménages se regrouperaient alors en communautés homogènes quant à leurs préférences pour les services municipaux. Selon Tiebout, la diversité et la petite taille des unités administratives sont les meilleurs moyens d'assurer ce quasi-marché pour les biens publics locaux.

Information, démocratie de taille du groupe

D'autres éléments permettraient aussi de justifier ce choix en faveur des petites unités territoriales et administratives; le schéma ci-dessous décrit le mode de fonctionnement du "marché" des biens d'allocation publique.

La partie supérieure simule le rôle d'"offreur" du gouvernement qui traduit des demandes exprimées en une offre de services formulée sous la forme de budgets et de réglementations, distribués par des administrations publiques aux contribuables.

La partie inférieure représente des consommateurs qui expriment leurs demandes selon deux modes: un mode long et formel par le processus d'élection, et un mode court et informel par interaction (plaintes, réclamations, concertations, participation, obstruction, etc.) avec les administrations dispensatrices de services. Le modèle de transmission de l'information par l'élection est non seulement très long, mais il est aussi réducteur puisqu'un conseiller municipal n'est pas élu à cause d'un programme très précis de biens publics qu'il s'engage à fournir. Par contre, le mode informel interactif est plus court et peut mieux s'adapter aux be-

---

(7) L'expression est de Harry W. Richardson. Se référer à son chapitre sur le modèle de Tiebout et sur les tentatives de vérification empirique.

RICHARDSON, H.-W. ***Urban Economics.*** Illinois: The Dryden Press, 1978, p. 146.

TIEBOUT, C.-M. "A Pure Theory of Local Government Expenditures". ***Journal of Political Economy.*** Octobre 1956.

soins exprimés; l'installation de feux rouges, la construction d'une piscine, la prolongation des heures d'ouverture de l'aréna ou l'angoisse devant les comptes de taxes ne sont pas perçues de la même façon par les contribuables et par les représentants et administrateurs municipaux.

Le "marché" des biens d'allocation publique

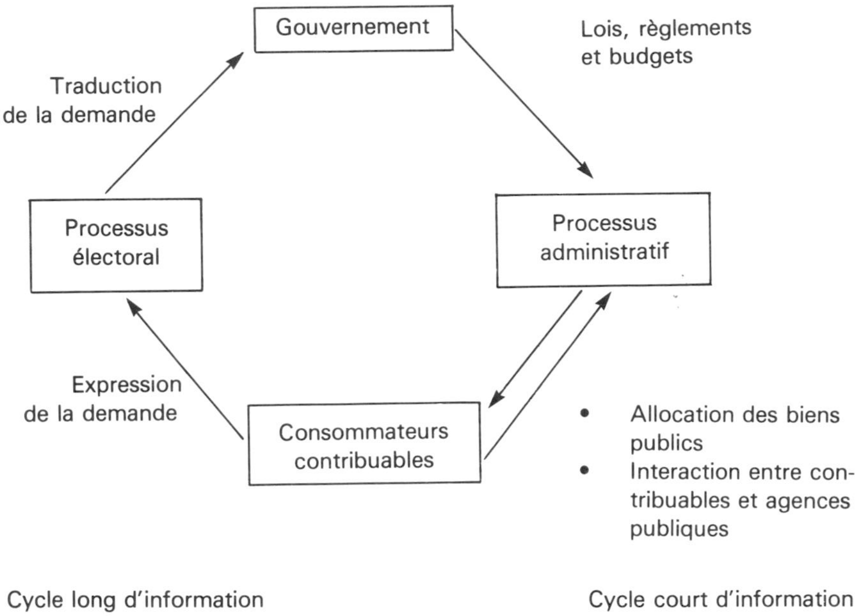

Même si le mode informel peut donner lieu à de nombreux "vices démocratiques" (patronage, népotisme, avantages aux mieux informés, manque de transparence et de contrôle, etc.) on peut le considérer comme un meilleur révélateur des préférences, qui sera d'autant plus efficace que la communauté sera petite.

Le mode électoral peut lui aussi être d'autant plus révélateur qu'il s'exerce à un bas niveau de juridiction: la transmission de l'information est beaucoup plus facile à travers un conseil de quartier qu'un conseil municipal; elle est plus facile au conseil municipal qu'à l'Assemblée nationale, et là encore, plus facile qu'au Parlement fédéral.

Ainsi, les modes électoraux et interactifs peuvent probablement d'autant mieux conduire à une allocation optimale des biens publics que leur niveau est plus bas, et on vient de renforcer les arguments développés précédemment pour justifier une normativité du "small is beautiful" appuyée sur les caractéristiques de la demande de biens publics.

On peut maintenant mieux justifier les principes d'allocation territoriale énoncés dans la colonne 3 du tableau 6.1. Le principe général consiste à *ramener au plus bas niveau décisionnel compatible avec les caractéristiques du bien (son caractère flou ou clair) et avec ses caractéristiques de production (la forme de sa courbe de coût: l'existence d'économies ou de déséconomies d'échelle).* Bien sûr, ce principe n'a rien d'absolu ni de catégorique, il soulève même quelques contradictions; par exemple:

- Les débordements juridictionnels sont d'autant plus nombreux que les juridictions sont petites. Dans ce cas, la solution de négociation des externalités n'est pas nécessairement efficace puisque le coût de négociation est lui-même d'autant plus élevé que les participants sont nombreux. Ainsi, on envisagera mal de laisser à des conseils de quartier le soin de la réglementation et du contrôle de la pollution atmosphérique.
- Le critère d'homogénéité au sein des unités (il est plus facile d'y atteindre un consensus) implique une hétérogénéité nécessaire entre les diverses unités. Cette hétérogénéité géographique, socio-économique ou culturelle augmente les coûts de négociation et rend difficile l'obtention d'un consensus global pour l'allocation de biens moins locaux. Par exemple, si une communauté doit faire un choix entre la construction d'une salle de concert et un circuit régional de motoneige, on conçoit qu'il sera difficile d'obtenir un consensus entre deux municipalités dont les compositions socio-économiques sont très polarisées.

Bien sûr, les villes et villages se sont constitués pour une multitude de raisons, bien éloignées des principes énoncés dont il faut admettre le caractère normatif, vague et théorique. Pourtant on peut retrouver à travers l'histoire des municipalités québécoises, et vraisemblablement dans leur futur, la validité générale de nos principes. Illustrons ce point par quelques exemples(8).

– La lenteur de l'émergence des municipalités rurales résulte du type d'occupation des sols. La dispersion des habitats impliquait l'absence d'externalités et de besoins publics: les services d'incendie, de protection policière ou de ramassage des ordures n'étaient certainement pas réclamés par les résidents des rangs. L'homogénéité des modes de vie

---

(8) Pour une bonne revue de l'histoire municipale voir:

DRAPEAU, J. ***Histoire du régime municipal au Québec.*** Ministère des Affaires municipales, 1967.

et des formes de production favorisait aussi le consensus sur cette non-nécessité de biens publics locaux.

- Les premiers découpages municipaux, fait intéressant, obéissent presque exactement aux principes théoriques énoncés précédemment. En 1847 et 1855, on cherche à atteindre une taille minimale (de 300 habitants) pour profiter d'économies d'échelle, mais on s'assure surtout de l'homogénéité de ces unités, d'une part en séparant les municipalités anglaises (de cantons) des municipalités françaises, et d'autre part en s'adaptant le mieux possible aux paroisses existantes de façon à conserver l'homogénéité présumée de ces communautés.

- Par la suite, la séparation entre municipalités de campagne et municipalités de village offre probablement la meilleure illustration des principes du tableau 6.1. Quand les résidents des villages regroupés autour de l'église et des quelques commerces locaux ont voulu se doter de services "urbains" (entretien des rues, système d'égout, éclairage public, service d'incendie, etc.) et en partager le financement avec les résidents des rangs, le consensus initial s'est rompu et les municipalités se sont scindées en regroupements homogènes, pour constituer des communautés différentes qui mettent en commun des biens collectifs différents et qui les financent à des niveaux différents. Aujourd'hui encore, les municipalités de campagne allouent l'essentiel de leur budget à l'ouverture des routes en hiver et ne se soucient pas des services d'infrastructures. D'ailleurs, conformément à la théorie du pied invisible, plusieurs nouveaux résidents s'installent juste à l'extérieur des limites des villages pour bénéficier à la fois des taxes plus basses de la municipalité de campagne et des services du village (free-riding). Mais, au fur et à mesure que ce comportement se généralise, la densité à la périphérie des villages augmente à un point tel que les municipalités de campagne doivent alors y installer des aqueducs, des égouts, des trottoirs, organiser une collecte des ordures etc.; à ce stade, le niveau des taxes augmente suffisamment pour se rapprocher de celui du village. Des mouvements de refusion se mettent alors en oeuvre; c'est la tendance à laquelle on assiste maintenant au Québec.

- À titre de dernier exemple, observons l'histoire des très nombreux regroupements et annexions des villes et villages du Québec. Dans presque tous les cas, volontairement, ou à l'incitation du gouvernement provincial, les fusions et annexions se justifient par la mise en commun d'équipements (pompiers, usines d'épuration, services récréatifs, etc.). Pour réduire les coûts moyens on cherche, par augmentation de la population desservie, à se rapprocher du minimum de la fonction de coûts, et pour réduire l'inéquité des débordements juridictionnels, on cherche à internaliser les externalités.

Cette lecture, un peu réductrice de l'histoire municipale, nous confirme donc que même si la logique de l'efficacité n'est pas inéluctable, elle finit généralement par entraîner un ajustement territorial ou contractuel. Selon le cas, cet ajustement peut conduire à l'établissement d'un niveau supralocal (ex. une communauté urbaine) pour allouer les biens mixtes et flous; il peut par contre impliquer la négociation d'accords intermunicipaux pour allouer des biens mixtes clairs, dont la production bénéficie d'économie d'échelle (ex. service d'incendie, décharges municipales), ou encore pour allouer des biens mixtes optionnels qui peuvent donner lieu à une bonne tarification (ex. une aréna ou une piscine commune à plusieurs juridictions). Enfin, cette même logique de l'efficacité peut conduire à la création de juridictions spécialisées pour allouer des biens clairs ou flous dont l'aire de desserte ne correspond pas aux limites municipales existantes. C'est cette solution de redécoupage fonctionnel qui a donné naissance à plus de 20 000 "special districts" aux États-Unis (4 000 en Californie, plus de 1 000 pour la seule ville de Chicago,...). Ces districts spéciaux allouent et financent, de façon autonome, un grand nombre de services tels les réseaux d'aqueduc et d'égout, l'approvisionnement en électricité, le ramassage des ordures, les soins hospitaliers ou le contrôle de la pollution. Ce découpage conduit bien sûr à cette balkanisation du territoire et de l'assiette fiscale, qui est fréquemment critiquée. Cependant, il permet de respecter notre principe allocatif qui consiste à choisir *le niveau de production le plus bas possible conforme aux contraintes techniques de production.*

Au Canada, il existe un excellent exemple de ce découpage fonctionnel sous la forme des commissions scolaires sauf, bien sûr, qu'il résulte ici de contraintes constitutionnelles plutôt que de principes d'allocation optimale. Pourtant, la taille et le nombre de ces commissions ont également subi les variations que leur imposent les contraintes de la fonction de production des services éducatifs: l'augmentation considérable des coûts des intrants (équipement et personnel) a contraint ces commissions à regrouper leurs équipements et à accroître leur taille dans l'espoir (ou l'illusion) de réduire leurs coûts unitaires. Cependant, aujourd'hui, on voit réapparaître le poids des contraintes à la demande en faveur d'un rabaissement du niveau d'allocation pour raccourcir le cycle d'interaction et rétrécir le territoire de desserte. Pour les commissions scolaires, comme pour les municipalités, ce conflit entre des contraintes techniques et politiques ne se résout que lentement mais, à long terme, il devrait aussi conduire à de nouveaux découpages. Ici cependant, une importante distinction doit être gardée à l'esprit: le système scolaire alloue un bien public particulièrement flou (l'éducation de chacun profite présumément à tous) et notoirement méritoire (la valorisation de l'éducation a entraîné son obligation); aussi, l'aire de desserte et de financement devrait-elle être au plus haut niveau possible. Et de fait, la réalité de la gestion et du financement par les ministères provinciaux de l'Éducation confirme ce principe: le rôle d'allocation réel des commissions scolaires était largement artificiel et il a été encore considérablement réduit par la réforme de la fiscalité municipale québécoise (voir ci-dessous). Cette décentralisation du financement des fonctions éducatives étant, de plus, particulièrement justifiée, si on considère l'aspect redistributif des dépenses publiques dans ce domaine. Nous aurons, par la suite, l'occasion de revenir sur ce point.

Avant de conclure, rappelons que nous venons de démontrer que le niveau optimal d'allocation doit être "le plus bas possible". Bien sûr, en des termes aussi généraux ce principe n'est pas très utile; il nous reste encore à définir le "plus bas niveau" possible. Concrètement, dans le cadre actuel, le plus bas niveau possible signifie la municipalité, le niveau supralocal signifie les communautés urbaines et les conseils de comté et le niveau le plus élevé réfère à la province ou au gouvernement fédéral selon la nature constitutionnelle des fonctions allouées. Mais justement, notre principe théorique doit permettre d'affirmer que le découpage existant n'est pas nécessairement optimal; en effet, premièrement, la taille des gouvernements municipaux est tellement variable que la nature même du niveau change quand on compare des métropoles, des petites villes de banlieue et des municipalités de campagne; deuxièmement, les cadres actuels ne prévoient pas de niveaux infralocaux suffisamment petits (secteurs, quartiers, etc.), ni d'institutions supralocales suffisamment diversifiées pour répondre aux caractéristiques de divers biens publics mixtes.

Nous avons cherché jusqu'ici à énoncer un critère théorique pour décider du niveau optimal d'allocation des biens publics locaux et donc, en pratique, décider à la fois de la taille optimale des villes et du meilleur découpage des fonctions urbaines. Dans cette analyse, nous avons fait apparaître la contradiction entre les contraintes reliées à la forme des fonctions de production et les contraintes reliées à la révélation des demandes par les contribuables.

Nous avons également expliqué que le découpage existant ne correspond pas nécessairement aux nécessités de la décentralisation qui découlent du principe d'allocation optimal. En gardant cette dernière réserve à l'esprit, reformulons une dernière fois le principe allocatif:

- les biens publics mixtes clairs et optionnels doivent être alloués au plus bas niveau juridictionnel compatible avec les contraintes de production;

– les biens mixtes flous doivent être alloués au niveau qui permette le mieux d'internaliser les débordements juridictionnels et qui soit compatible avec les contraintes de production.

Voyons maintenant comment les municipalités québécoises allouent les quelques deux milliards et demi de dollars de biens et services locaux dont elles ont la responsabilité.

6.2.3 Analyse fonctionnelle des dépenses municipales

A. Répartition des dépenses municipales

Le tableau 6.2 donne, en première analyse, une illustration des responsabilités budgétaires des municipalités du Québec juste avant que la réforme de la fiscalité ne prenne effet.

TABLEAU 6.2: Structure générale des dépenses par fonctions - Québec - 1979

	Ensemble des municipalités		Municipalités de plus de 5 000 habitants		
	Millions	%	Millions	%	Per capita
Administration générale	351,8	14,0	294,8	14,0	62,9
Sécurité publique	284,7	11,6	268,4	12,7	57,3
Transport routier	329,8	13,5	278,3	16,1	59,4
Hygiène du milieu	194,3	7,9	156,8	7,3	33,4
Santé et bien-être	15,2	0,6	15,0	0,7	3,2
Urbanisme et mise en valeur du territoire	43,9	1,8	39,8	1,8	8,5
Loisirs et culture	195,7	8,0	176,6	8,3	37,7
Frais de financement	625,9	25,7	542,0	25,7	115,7
Autres dépenses	377,7	15,5	333,9	15,7	71,3
TOTAL	2 437,2	100,0	2 106,5	100,0	449,8

Précisons et illustrons la nature de ces fonctions en se référant à la classification du Manuel de normalisation de la comptabilité municipale au Québec.

- *Administration générale:* Législation - Application de la loi - Gestion financière et administrative - Greffe - Évaluation - Gestion du personnel - Contributions de l'employeur - Autres.
- *Sécurité publique:* Police - Protection contre l'incendie - Protection civile - Autres.
- *Transport routier:* Administration - Voirie municipale - Enlèvement de la neige - Éclairage des rues - Circulation - Stationnement - Transport en commun - Autres.
- *Hygiène du milieu:* Aqueduc et égouts (administration - purification et traitement de l'eau - réseaux de distribution de l'eau - usines et bassins d'épuration - réseaux d'égouts) - Enlèvement et destruction des ordures - Autres.
- *Santé et bien-être*
- *Urbanisme et mise en valeur du territoire:* Urbanisme et zonage - Promotion et développement industriels - Rénovation urbaine et restauration - Logement - Autres.
- *Loisirs et culture:* Administration - Centres communautaires - Arénas et patinoires - Piscines, plages, marinas - Parcs et terrains de jeux - Expositions et foires - Bibliothèques - Autres.
- *Autres activités:* Édifices - Machinerie et véhicules - Dépenses en immobilisations à même les revenus - Programme de lutte contre le chômage.
- *Autres dépenses:* Frais de financement (à la charge de la municipalité - à la charge d'autres municipalités) - Mauvaises créances - Quote-part des dépenses de la communauté municipale - Excédents de coûts sur règlements d'emprunt - Dépenses recouvrables (du fonds des règlements d'emprunt - d'autres fonds - de tiers).

En revenant maintenant au tableau 6.2, observons le remarquable déséquilibre de la répartition de taille des municipalités et donc des dépenses locales. Il n'existait, en 1979, que 164 municipalités de plus de 5 000 habitants, environ 10% du nombre total de municipalités qui regroupaient 4,6 millions d'habitants (soit plus de 73% de la population de la province) et qui contribuaient à 86% des dépenses municipales totales.

Bien sûr, un tel déséquilibre ne permet pas de révéler les différences entre les allocations budgétaires des petites et des grandes municipalités, pourtant, cette différence est considérable non seulement entre les municipalités de campagne, les municipalités de village ou les villes, mais encore entre des municipalités contiguës situées au sein d'une même communauté urbaine. Illustrons ces écarts avec l'exemple de la Communauté urbaine de Québec.

TABLEAU 6.3: Les disparités allocatives entre les municipalités du territoire de la Communauté urbaine de Québec (1976)

	% moyen	$ per capita	$per capita maximal	$per capita minimal
Administration	17,2	60,6	103,0 (Québec)	11,7 (Saint-Emile)
Sécurité publique	15,6	54,8	91,9 (Québec)	4,3 (Val-Bélair)
Transport routier	16,3	57,4	80,4 (Québec)	27,2 (Loretteville)
Hygiène du milieu	7,3	25,8	40,9 (Cap-Rouge)	11,6 (Saint-Augustin)
Santé et bien-être	0,4	1,4	3,0 (Québec)	0
Urbanisme et mise en valeur du territoire	1,4	4,9	10,5 (Cap-Rouge)	0,68 (Lac Saint-Charles)
Loisirs et culture	8,0	28,3	54,4 (Cap-Rouge)	2,21 (Lac Saint-Charles)
Service de la dette	25,4	89,6	144,4 (Cap-Rouge)	38,7 (Vanier)

Ces différences surprenantes reflètent certainement des choix collectifs distincts dans chaque municipalité; elles nous donnent également de bons indices quant à l'absence d'économie d'échelle puisque, généralement, la plus grande ville (Québec) a les coûts moyens les plus élevés; elles peuvent aussi nous laisser deviner l'importance du rythme de croissance sur la détermination des coûts moyens (la ville de Cap-Rouge connaît une croissance rapide), mais surtout, elles doivent nous rappeler qu'il existe de nombreux débordements juridictionnels pour les biens d'allocation municipale (tableau 6.3). Sans vouloir élaborer de discussions sur le thème de "l'exploitation du centre par la banlieue", suggérons seulement qu'une partie des différences observées pourrait provenir du fait que les villes centrales fournissent, par débordement, un certain nombre de services aux villes de banlieue, au moins dans le domaine de la sécurité publique et de la voirie. Même si le modèle de Tiebout repose sur une hypothèse d'absence d'externalités intermunicipales, reconnaissons que cette diversité des budgets municipaux donne effectivement ce quasi-marché de biens publics locaux qui permet aux contribuables de "voter avec leurs pieds".

Dans une perspective dynamique, on doit maintenant s'interroger sur l'évolution de ces dépenses municipales. On est fréquemment incité à craindre la boulimie budgétaire des gouvernements locaux, expliquée par la turpitude présumée des administrateurs et justifiée par l'urbanisation et la densification des banlieues. Qu'en est-il en fait? En dollars courants, les dépenses municipales ont augmenté de 17% par an depuis 1972 pour dépasser 2,5 milliards de dollars en 1979. Cependant, si on tient compte de la hausse des prix (11%) et de la croissance démographique (2%), la hausse réelle n'est plus que de 3% à 4% annuellement. Par ailleurs, la part de ces dépenses dans le PIB du Québec passait de 4% en 1968, à 4,5% dix ans plus tard; pendant ce temps, la part des dépenses provinciales passait de 13,7% à 18,3% et continuait à croître à un rythme annuel supérieur à 18% depuis 1972.

Aussi, plutôt que d'invoquer la turpitude des administrateurs locaux, on devrait se surprendre de leur sobriété, surtout si on tient compte des nombreux facteurs de hausse auxquels ils ont eu à faire face. Vérifions maintenant si cette relative stabilité ne cacherait pas des transferts de budgets entre les diverses fonctions locales.

En analysant le tableau 6.4, on constate que la part relative de chaque fonction n'a pas varié sensiblement en dépit des anticipations qui ont été faites concernant l'augmentation rapide des dépenses "d'aménités" tels l'urbanisme, l'aménagement du territoire, les loisirs et la culture. Certes, ces derniers postes budgétaires ont augmenté substantiellement en valeur relative, mais leur poids absolu reste mineur par rapport aux fonctions allocatives traditionnelles.

Les seuls changements majeurs de poids relatifs portent sur le transport routier et la sécurité publique. En fait, pour ces deux postes, il y a transfert partiel ou total des responsabilités aux communautés urbaines et la diminution de ces deux postes est compensée par l'augmentation des quotes-parts aux organismes communautaires (classées dans "autres dépenses" au tableau 6.4).

Bien sûr, si on tenait à faire une analyse plus fine de cette évolution, il faudrait détailler chaque grand poste par fonction et par objet puis-

TABLEAU 6.4: Évolution des dépenses municipales Québec, 1964 à 1979 (% et totaux en millions de $ courants)

	1964	1968	1972	1976	1979
Administration générale	13,4	14,3	10,1	13,0	14,0
Sécurité publique	15,8	16,4	18,2	17,2	11,6
Transport routier	20,8	18,4	19,2	15,3	13,5
Hygiène du milieu	8,9	7,7	7,6	8,1	7,9
Santé et bien-être	2,9	2,0	1,0	0,9	0,6
Urbanisme et mise en valeur	—	—	1,2	1,7	1,8
Loisirs et culture	4,9	6,8	7,0	7,9	8,0
Service de la dette	28,2	29,2	25,6	23,6	25,7
Autres dépenses	5,1	5,2	7,4	11,3	15,5

que le caractère très vague de postes tels que "administration générale" et surtout "autres dépenses" ne permet pas de déceler tous les changements qui ont pu survenir au cours de la période. Cependant, on peut accorder une fiabilité générale à cette conclusion surprenante: *les dépenses municipales n'on pas donné lieu à un accaparement croissant des richesses nationales*[9]*, ni à un réajustement de fonctions allocatives locales.* En dépit des modifications assez importantes de l'environnement urbain et des fonctions de production des biens locaux, les responsabilités budgétaires locales semblent avoir été assumées avec une efficacité qui n'est pas souvent reconnue à ce palier de gouvernement. Cette efficacité pourrait enfin être évaluée d'une façon plus intuitive: si on se réfère au tableau 6.2, on constate que le Québécois moyen payait approximativement $449 en 1979 pour un ensemble complexe de services qui, entre autres, lui assurait sa sécurité, sa mobilité, son hygiène de base, une bonne part de ses loisirs et, pour citer G. Divay[10],

(9) On verra plus loin que les soi-disant transferts du gouvernement provincial aux municipalités n'ont pas augmenté suffisamment pour infirmer ces conclusions.

(10) DIVAY, G. "Des collectivités de coresponsabilité, utopie ou nécessité?". ***Critère.*** Automne 1978, no 23.

[...] *le privilège de recevoir chaque année un compte de taxes habituellement dûment facturé, et d'élire tous les quatre ans des gens qui dispensent le citoyen de penser quotidiennement à toutes ces activités.*

Même si on tient compte de la grande disparité entre municipalités, on doit admettre que les biens et services locaux sont fournis à bon compte si on les compare aux services provinciaux (environ $1 700 per capita) et surtout aux consommations privées (logement, habillement, loisirs, automobiles, etc.). On trouverait ici encore, par ce biais, une bonne justification à notre principe sur le niveau optimal d'allocation des biens publics mixtes. D'ailleurs, revenons brièvement à ces considérations plus théoriques pour introduire la distinction traditionnelle entre les fonctions municipales qui bénéficient directement aux personnes (santé, loisirs et culture,...) et celles qui s'appliquent aux immeubles (urbanisme, hygiène du milieu, etc.). Évidemment, cette distinction est simpliste puisque les personnes bénéficient indirectement des services à la propriété (la protection contre l'incendie, installation d'aqueduc et d'égouts, etc.); cependant, elle facilite la discussion des problèmes de financement et de débordement. En effet, on verra bientôt qu'elle permet de justifier l'utilisation des taxes foncières pour le financement local et on sait aussi que les externalités sont plus fréquentes dans le cas de services aux personnes, et que les services sont plus "clairs" quand ils sont alloués aux propriétés: seuls les bâtiments de la municipalité sont desservis par ses égouts et protégés par ses pompiers.

La distinction entre services aux personnes et services aux propriétés permet aussi de souligner que, si les derniers correspondent assez bien aux fonctions allocatives de Musgrave, les services aux personnes ont probablement plus d'effets redistributifs de richesses entre les citoyens d'une municipalité. Même si nous ne devons pas tomber dans la facilité de ce clivage, utilisons-le provisoirement aux fins d'une comparaison entre les municipalités américaines et canadiennes.

Encore qu'une telle comparaison soit délicate, on s'entend généralement pour affirmer que les municipalités américaines, surtout les grandes métropoles, consacrent une part plus importante (et croissante) des services à la personne, qui ont de forts effets redistributifs, que ne le font les municipalités canadiennes. Ainsi, Muth[(11)] estime qu'en 1970, près de la moitié des dépenses locales étaient consacrées à des fonctions redistributives: éducation, hôpitaux, logement et bien-être social. Bien

---

(11) MUTH, R.-F. ***Urban Economic Problems.*** New York: Harper & Row, Publishers, 1975, p. 364.

sûr, Muth critique cette évolution au nom des principes du fédéralisme budgétaire puisque, selon ces principes, les fonctions redistributives ne doivent pas être assumées par les gouvernements locaux. Un tel reproche ne saurait être adressé aux municipalités canadiennes ou québécoises puisque la responsabilité de ces fonctions redistributives est confiée entièrement aux provinces (éducation et logement) ou partagée entre les provinces et le gouvernement fédéral (santé, hospitalisation et bien-être social).

Cette différence entre le Canada et les États-Unis est importante. Elle permet de mieux comprendre pourquoi, généralement, les problèmes fiscaux des métropoles canadiennes sont moins sévères et explosifs que ceux des grandes villes américaines et aussi pourquoi la réaction populaire à la taxation municipale est ici moins virulente(12). En fait, le système canadien respecte d'assez près les principes du fédéralisme budgétaire de Musgrave et, ce faisant, évite une partie des conséquences de la mauvaise allocation des ressources dont on voit les résultats critiqués, ad nauseam, dans la littérature sur l'économie urbaine américaine.

B. Les déterminants des niveaux de dépense

Comment peut-on expliquer les importantes différences de coûts de production des services municipaux? Peut-on (encore!) parler de taille optimale des unités de production? L'arrivée de nouveaux résidents va-t-elle entraîner une augmentation des taxes payées par chacun?... À toutes ces questions théoriques et pratiques, la littérature donne des réponses particulièrement confuses, en dépit de l'imposant volume de recherche qui y a été consacré. Deux blocages méthodologiques demeurent difficiles à surmonter:

1° Que mesure-t-on? Mesure-t-on la dépense consacrée, per capita, à chacune des fonctions municipales? Dans ce cas, cette dépenses est elle un bon indicateur des services rendus et du niveau de consommation? Sur le marché des biens privés il existe, en théorie, une correspondance exacte entre l'utilité de la consommation d'un bien et la quantité de facteurs qui doivent être consacrés à la production de ce bien. Or, puisqu'une telle correspondance ne peut exister pour la production et la consommation de biens publics, on ne peut pas affirmer que la dépense per capita est un indicateur utilisable de l'utilité dérivée par le consommateur.

D'ailleurs, existe-t-il même une correspondance entre le niveau de la dépense et la quantité de facteurs engagés pour cette dépense? N'ayant

---

(12) En dépit du fait qu'aux États-Unis les taxes foncières municipales sont déductibles des revenus du contribuable aux fins de l'impôt fédéral sur le revenu.

pas d'information (pas de prix) sur l'optimalité de l'allocation des facteurs, il ne nous est pas possible de répondre à ces questions. Pourtant, indistinctement, on parle de dépenses municipales et de services municipaux sans expliquer non plus comment on mesure ces services. Doit-on mesurer les actes accomplis (volume d'eau traité, nombre de patrouilles), les résultats de ces actes (salubrité de l'eau et sécurité publique) ou encore la satisfaction des contribuables devant ces résultats?

2° Quel type de fonction faut-il utiliser? Poser le problème de taille optimale revient à étudier les fonctions de production des services ou des fonctions d'offre(13); poser celui de l'efficacité des services amène à estimer les fonctions de coût, et enfin, les problèmes de performance et de satisfaction requièrent l'analyse de fonction d'offre et de demande.

La littérature nous donne de nombreux exemples(14) d'une confusion systématique de ces divers niveaux d'analyse. En effet, de telles estimations ne sont possibles que si la production de services publics est correctement mesurée; or, nous venons d'expliquer les difficultés de cette mesure. Ainsi, faute de mesure d'extrant, on ne peut estimer les fonctions de coût ou de production, et faute de ces estimations, il est impossible de répondre aux questions sur la quantité et la qualité des services fournis.

Ce noeud ne pouvant être délié, il suffit de le trancher et c'est généralement(15) ce qui est fait en limitant l'analyse à des solutions hybrides où le coût de production (la dépense municipale per capita) est expliqué par de présumés facteurs de demande (la taille de la population, la vitesse de croissance, la richesse municipale, etc.).

À partir de cette simplification, trois grandes familles d'analyse peuvent être conduites: 1. l'analyse statique des coûts moyens par fonc-

---

(13) Dans le cas où seulement deux facteurs de production sont utilisés (du travail: W, et du capital: K), une fonction de production s'écrit:

$Q = f(K,W)$, où Q est la quantité de services fournis.

Une fonction de coût s'écrit:

$C = p_K . K + p_w . w$, où C est le coût et p_k et p_w le prix des facteurs.

Une fonction d'offre s'écrit:

$Q_o = f(p)$, où p est le prix unitaire des services.

Et une fonction de demande:

$Q_d = f(p)$

(14) GILLESPIE, I.-W. ***Op. cit.***

(15) Mais non exclusivement, pour diverses solutions, se référer à:

HIRSCH, W. ***Urban Economic Analysis.*** McGraw-Hill Cie, 1975, p. 306 et suivantes.

tion expliquée par la seule variable de taille, 2. l'analyse dynamique de ces coûts pour évaluer l'importance du rôle de la croissance urbaine, 3. une analyse strictement "incrémentale" de l'augmentation des coûts nets immédiats qui résultent de développements spécifiques (étude d'impact fiscal). Citons brièvement les principaux exemples et résultats de ces familles d'analyse.

1° L'analyse statique des coûts moyens par fonction

Le moyen le plus simple d'aborder la question des économies d'échelle est de calculer les dépenses moyennes des municipalités de tailles différentes pour l'ensemble des budgets et aussi pour chacune des fonctions urbaines. Le tableau 6.5 décrit les principaux résultats de diverses recherches américaines.

TABLEAU 6.5: Études de la courbe du coût des économies de dimension

Nom et année	Service	Type	Résultat
Riew (1966)	Éducation secondaire	S	CMU en forme de U, le creux se situant à environ 1 700 élèves
Kiesling (1966)	Éducation primaire et secondaire	S	CMU à peu près horizontal
Hirsch (1959)	Éducation primaire et secondaire	S	CMU à peu près horizontal
Schmandt-Stephens (1960)	Protection policière	S&Q	CMU à peu près horizontal
Hirsch (1960)	Protection policière	S&Q	CMU à peu près horizontal
Will (1965)	Protection contre les incendies	T	CMU à la baisse, les principales économies étant réalisées au niveau de 300 000 habitants
Hirsch (1959)	Protection contre les incendies	S	CMU en forme de U, le creux se situant à environ 110 000 habitants
Hirsch (1965)	Enlèvement des ordures	S	CMU à peu près horizontal

Hirsch (1959)	Administration scolaire	S	CMU en forme de U, le creux se situant à environ 44 000 élèves
Nerlove (1961)	Électricité	S	CMU à la baisse
Isard-Coughlin (1957)	Usines d'épuration	S	CMU à la baisse
Lomax (1951)	Gaz	S	CMU à la baisse
Johnston (1960)	Électricité	S	CMU à la baisse
Clé des abréviations:	S = données statistiques CMU = coût moyen par unité Q = données du questionnaire T = données techniques		

Source: HIRSCH, W.-Z. "The Supply of Urban Public Services". ***Issues in Urban Economics*** (H. Perloff et L. Wingo, éd.).

Au Québec, la seule étude détaillée de cette nature pour l'ensemble des municipalités de la province est celle de G. Divay (1974)[16], sur des données de 1972 où il distingue, pour la plupart des fonctions, une absence assez remarquable d'économies d'échelle. Des résultats similaires, quoique plus nuancés, sont illustrés au tableau 6.6 sur les données de 1979.

2° L'analyse dynamique des coûts par fonction

Au lieu de se contenter d'une seule variable (la population totale) pour expliquer le niveau des dépenses municipales, on peut aussi chercher à introduire d'autres éléments et en particulier à dynamiser l'analyse pour poser le problème un peu plus complexe du coût (ou du bénéfice) de la croissance urbaine et de ses implications fiscales. Dans cette direction, Chung et Anh[17] essayent de mesurer les conséquences fiscales de la croissance de la région métropolitaine de Montréal pour la période 1971-1980 à l'aide des variables de population, de revenu moyen, d'âge de la municipalité, de la densité économique après avoir, au préalable, calculé

(16) Il s'agit en fait d'une analyse multivariée sur les niveaux d'activité mais on se limite ici aux résultats les plus simples du tableau de la page 23.

DIVAY, G. ***Les niveaux de services municipaux au Québec.*** Québec: annexe au rapport du GTU, 1974.

(17) CHUNG, J. et ANH, T.-M. ***Implications fiscales de la croissance économique de la région métropolitaine de Montréal, 1971-1980.***

TABLEAU 6.6: Relation entre la dépense per capita et la taille des municipalités (1979)

DÉPENSES / POPULATION (milliers)	MONTRÉAL (1 069 700)	LAVAL (256 900)	QUÉBEC (177 000)	LONGUEUIL (131 900)	15 municip. 50 à 100 000	23 municip. 25 à 50 000	23 municip. 15 à 25 000	29 municip. 10 à 15 000	30 municip. 7 à 10 000	41 municip. 5 à 7 000	Total des 164 municip. de + de 5 000 habitants
Administration	68,49	90,34	94,13	47,33	59,34	57,97	61,12	61,21	49,18	46,31	62,98
Sécurité publique											
Incendie et police	77,32	58,13	86,58	55,75	47,43	38,65	46,31	58,09	37,84	29,17	54,43
Autres	3,91	0,28	—	—	0,68	0,45	0,31	22,66	0,25	0,42	2,91
Transport routier											
Enlèvement de la neige	12,29	13,15	14,80	20,07	20,16	14,20	19,12	15,21	13,27	12,11	15,63
Transport en commun	18,82	18,24	13,85	26,66	25,09	15,78	13,10	2,91	3,20	1,77	16,24
Autres	23,38	24,34	24,86	22,85	29,64	28,61	34,69	26,69	30,34	27,74	27,59
Hygiène du milieu											
Enlèvement des ordures	7,80	10,63	15,93	16,77	13,56	11,94	13,85	12,16	9,59	9,96	11,53
Aqueduc et égout	14,09	19,34	13,53	16,15	22,95	20,67	22,96	23,75	30,54	21,75	20,54
Autres	0,98	0,92	—	—	3,74	2,38	0,28	2,34	0,51	0,38	1,71
Santé et bien-être	12,52	1,18	0,31	—	0,79	0,15	0,68	0,07	0,12	0,06	3,21
Urbanisme et mise en valeur	13,55	13,60	12,14	5,80	6,21	6,20	6,13	7,00	5,48	3,84	8,50
Loisirs et culture	45,07	34,36	43,75	23,24	36,17	39,26	37,33	32,03	31,51	26,73	37,73
Quote-part aux communautés	32,07	0	11,47	0	56,62	52,30	44,53	3,72	12,63	14,27	34,17
Frais de financement	134,53	143,26	76,53	26,50	103,24	119,98	108,32	107,08	124,15	101,09	115,77
Totaux	513,73	458,76	440,29	362,76	461,74	443,07	444,74	407,7	382,38	324,97	449,84

le niveau d'emploi, de population et de construction pour chacune des municipalités de la région. Achour et Lapointe[18] s'attachent plus spécifiquement aux municipalités à forte croissance, de 10 000 habitants et plus, pour vérifier l'influence des variables de croissance (population, densité, base économique, évaluation moyenne) sur le déséquilibre fiscal de ces municipalités. Leurs résultats permettent d'infirmer un rôle fiscal bénéfique de la croissance rapide, même quand les dépenses d'infrastructure sont assumées par les municipalités au lieu d'être transférées aux promoteurs-constructeurs.

Enfin, plus récemment, Divay et Richard[19] (1981) utilisent des

TABLEAU 6.7

Variable dépendante	Dépense municipale totale per capita		% d'accroissement des dépenses per capita	
	1971	1976	1966-1971	1971-1976
Constante	44,4 **	103,6	1,46 **	1,05 **
Évaluation des biens fonds des compagnies (en $,000 par habitant)	29,5 **	42,8 **	0,10 **	0,21 **
Évaluation des biens fonds des particuliers (en $,000 par habitant)	13,5 **	15,32**	0,34 *	0,12 *
Population totale	0,14 **	0,31**	0,00057	0,00076
Taux de croissance	-0,057	-0,15	-0,0012	0,00050
Niveau de départ			-0,0053 **	-0,012**
R^2 corrigé	0,66	0,14	0,24	0,38
Nombre de cas	85	85	82	82

* Coefficient significatif à .05.

** Coefficient significatif à .01.

(18) ACHOUR, D. et LAPOINTE, A. "Financement municipal et construction des infrastructures". ***Finances municipales en transition.*** Chicoutimi: Gaëtan Morin, 1979, p. 185 et suivantes.

(19) DIVAY, G. et RICHARD, L. ***Croissance résidentielle et services municipaux.*** Études et documents, INRS-Urbanisation, 1981.

enquêtes détaillées auprès des chefs de service de 27 municipalités, sur les territoires desquels des projets de développement résidentiel importants se sont implantés entre 1971 et 1976, pour essayer d'évaluer l'impact de ces projets sur les dépenses, les taux d'encadrement en personnel et le niveau d'équipement dans ces municipalités pour chacune des grandes fonctions municipales. Le tableau 6.7 présente des résultats des équations de régression qui cherchent à expliquer la dépense municipale per capita et son taux d'accroissement par des variables sur la richesse municipale, la population, le taux de croissance et le niveau initial des dépenses.

Ces résultats globaux, confirmés par des analyses fonctionnelles plus fines, illustrent que ni la taille ni le rythme de croissance n'affectent les coûts municipaux: ceux-ci sont essentiellement déterminés par le niveau de richesses municipales, qui lui est mesuré par l'évaluation imposable des compagnies et des particuliers. Ce résultat, quelque peu réducteur, inciterait donc à infirmer les diverses rationalisations sur les périodes de démarrage, les seuils de croissance ou les phases de rattrapage des dépenses municipales, ou sur la diversification des besoins reliés à la croissance. Par contre, ce résultat confirme non seulement les théories sur les comportements bureaucratiques[(20)], mais aussi le fait que l'élasticité de la demande des biens publics locaux par rapport aux revenus est supérieure à l'unité. Les "riches" réclament et consomment plus de services municipaux que les "pauvres". Ce résultat, apparemment contre-intuitif, est pourtant confirmé assez régulièrement depuis les premiers travaux de Fabricant (1952) sur cette question[(21)].

3° Les études d'impact fiscal

Enfin, au niveau très marginal d'un développement spécifique, on peut aussi chercher à vérifier si les nouveaux contribuables (résidents, commerces, industries) vont augmenter ou réduire les coûts moyens d'opération et d'équipement d'une municipalité. C'est ce problème très pratique que cherchent à résoudre les analyses dites "d'impact fiscal". Ce domaine, maintenant très riche, a l'avantage d'être abordé non seulement par les théoriciens, mais aussi par les "praticiens" municipaux qui doivent quotidiennement décider de la possibilité d'autoriser un nouveau développement. En théorie, il s'agit de savoir si le coût municipal marginal est supérieur ou inférieur au coût moyen; en pratique, cette question revient à calculer si les nouveaux contribuables vont payer des taxes suffisantes

---

(20) DOWNS, A. ***Inside Bureaucracy.*** Boston, 1967.

(21) Pour une revue de ce point particulier, voir:

GILLESPIE. ***Op. cit.,*** pp. 84-85.

pour couvrir les coûts d'équipements et d'opération qu'ils occasionnent; en d'autres termes, vont-ils pouvoir se payer leurs égouts et leurs pompiers?

Aux États-Unis, cette préoccupation de l'impact fiscal des nouveaux développements a une dimension particulière en raison des responsabilités éducatives des municipalités. De nouveaux résidents impliquent un nombre (plus ou moins bien déterminé) d'enfants d'âge scolaire, aussi la part la plus délicate du travail porte-t-elle sur cet aspect[(22)].

Au Canada, l'impact scolaire est rarement examiné dans ce type d'analyse, mais au Québec, les modèles[(23)] doivent inclure l'évaluation du coût des infrastructures de viabilité (aqueducs, égouts, voirie, éclairage public) puisque, contrairement à la pratique nord-américaine, ces coûts sont généralement assumés par les municipalités[(24)]. Notons bien que ces modèles demeurent limités à une comptabilité municipale restreinte: il s'agit seulement de mesurer les conséquences fiscales directes d'une implantation et non pas d'en évaluer l'ensemble des conséquences économiques. Il s'agit donc de modèles d'investissements-revenus municipaux et non pas de modèles de coûts-bénéfices. Le problème plus large du coût-bénéfice de la croissance urbaine est infiniment plus complexe et bien rarement abordé empiriquement. L'exemple le plus massif d'un tel traitement est l'importante étude du "Cost of Sprawl"[(25)] qui pose simultanément le problème de la croissance et de la forme physique (la densité) que prend cette croissance. C'est cette même préoccupation qui a inspiré l'étude québécoise des nouveaux espaces résidentiels. En plus d'évaluer de nombreux aspects reliés aux développements résidentiels récents, cette étude esquisse un bilan économique des coûts privés

---

(22) Pour une revue et une description très complètes de ces analyses, voir:

BURCHELL et LISTOKIN. ***Fiscal Impact Handbook: Estimating Local Costs and Revenues of Land Development.*** The Center for Urban Policy Research, Rutgers University, 1978.

(23) La première procédure de calcul a été mise au point par la ville de Laval. Le ministère des Affaires municipales oblige aussi les municipalités à calculer les conséquences fiscales de leurs dépenses d'infrastructure (Formule d'évaluation F.12). Enfin, dès 1974, D. Achour a mis au point un modèle informatisé qui dynamise l'analyse coûts-revenus (programme FISCAL).

(24) Pour une défense de cette pratique, voir:

ACHOUR, D. et LAPOINTE, A. ***Op. cit.***

(25) Real Estate Research Corporation: ***The Cost of Sprawl.*** Environmental Economic Costs of Alternative Residential Development Patterns and the Urban Fringe, Washington, 1974.

et publics de la croissance résidentielle[26] et fait surtout ressortir la très grande diversité des effets fiscaux des développements selon les municipalités, selon la densité des développements, et selon leur importance relative par rapport à la taille de la ville.

Nous venons de passer en revue les fonctions budgétaires des gouvernements municipaux, leur importance et les déterminants qui peuvent expliquer leur évolution.

Les biens publics alloués au niveau local ont été définis en distinguant les biens mixtes clairs, les biens mixtes flous, les biens optionnels et les biens tutélaires. Si les conditions de l'offre de ces biens ne permettent pas de conclure à l'existence d'une taille optimale pour les villes, les conditions de leur demande, par contre, nous ont amené à justifier pourquoi ces biens doivent normalement être alloués au niveau local et même au niveau de juridiction le plus bas possible.

Plus concrètement, l'analyse descriptive des postes de dépenses des municipalités du Québec a permis d'illustrer le poids relatif des fonctions budgétaires locales et de conclure que leur évolution récente ne fait pas apparaître un accaparement croissant des richesses nationales, ni de déplacements importants des principales responsabilités allocatives.

Enfin, nous avons étudié quelques-uns des problèmes qui se posent quand on veut expliquer les niveaux des dépenses selon les caractéristiques des villes, ou encore, évaluer l'impact du changement de ces caractéristiques sur le niveau des dépenses municipales, dont on va maintenant étudier le financement.

---

(26) ACHOUR, D. et RICHARD, L. ***Les coûts municipaux des infrastructures de viabilisation.*** Études et documents, INRS - Urbanisation, 1981.
ACHOUR, D. et RICHARD, L. ***Rentabilité fiscale des développements résidentiels.*** Études et Documents. INRS-Urbanisation. 1981.

LECTURES SUGGÉRÉES

BOADWAY, R.-W. ***Public Sector Economics.*** Cambridge: Winthrop Publisher Inc., 1979.

GILLESPIE, W.-I. ***The Urban Public Economy.*** Ottawa: monographie no 4, le Canada urbain, 1971.

HIRSCH, W.-Z. ***Urban Economics Analysis.*** New York: McGraw-Hill Book Co., 1973, chap. 10 à 13.

MILLS, E.-S. ***Urban Economics.*** Glenview: Scott, Foresman and Co., 1972, chap. 13 et 14.

SEGAL, D. ***Urban Economics.*** Homewood, Illinois: Richard D. Irwin Inc., 1977, chap. 11.

CHAPITRE 7

LE FINANCEMENT DES SERVICES PUBLICS URBAINS

7.1 LE MODE OPTIMAL DE FINANCEMENT DES BIENS PUBLICS

À nouveau, dans ce chapitre, il faudra d'abord clarifier plusieurs concepts avant de pouvoir justifier les principes énoncés dans la dernière colonne du tableau 6.1 que nous reprenons ci-dessous dans le tableau 7.1:

TABLEAU 7.1

Types de biens	Mode de financement optimal
Biens publics purs	Imposition générale et nationale selon la capacité de payer des contribuables (ex. impôt sur le revenu).
Biens mixtes clairs	Imposition générale et locale selon les bénéfices reçus par les contribuables de l'aire desservie (ex. impôt foncier).
Biens mixtes flous	Imposition "supralocale" selon les bénéfices reçus par les contribuables de l'aire desservie.
Biens mixtes optionnels	Tarifs ou taxes spécifiques imposés aux utilisateurs des services
Biens privés	Prix du marché des biens et services

7.1.1 Les principaux concepts

A. Impôts, taxes et tarifs

Un *impôt* est une contribution obligatoire et générale qui n'est pas liée à une prestation bien identifiable de services, et qui ne donne pas lieu à une contrepartie directe au bénéfice du contribuable. L'impôt est particulièrement bien adapté au financement de biens indivisibles à la production et à la consommation puisque, pour ces biens, ni le coût de production ni la prestation ne sont identifiables, d'où le premier principe général selon lequel les biens publics purs doivent être financés à partir d'un impôt, dont le meilleur exemple est, bien sûr, l'impôt général sur le revenu sur lequel s'appuient la plupart des pays pour produire et allouer des biens publics purs.

Une *taxe* est une contribution obligatoire spécifique qui porte sur un bien ou un service bien identifié. On peut ainsi parler d'une taxe de vente sur l'essence, d'une taxe d'eau ou d'une taxe sur le ramassage des ordures. Ces taxes sont levées sur un produit identifiable et servent, en principe, à financer sa production. Par contre, en dépit de l'usage courant, il serait préférable de parler d'impôt foncier puisqu'il s'agit d'une contribution au budget général de la municipalité. On conçoit qu'une taxe est mieux adaptée au financement de biens mixtes clairs dont les effets et les bénéficiaires sont facilement identifiables. Un *tarif* est une contribution "optionnelle" qui porte sur un bien ou service spécifique et qui permet de mesurer ou de rationner la consommation. Un tarif n'est pas obligatoire dans la mesure où la consommation du service n'est pas obligatoire et c'est la forme de "signalisation" de la demande qui se rapproche le plus du système de prix. Plus avant, nous avions même utilisé l'expression de pseudo-prix. En fait, un tarif peut être un véritable prix s'il est égal au coût marginal de production du service. Le tarif peut être inférieur au prix pour les biens méritoires dont on veut encourager la consommation (par exemple le tarif d'abonnement à une bibliothèque); enfin, il peut être supérieur au prix pour les biens déméritoires (par exemple, un tarif d'importation ou un tarif sur l'alcool). Un tarif est également un pseudo-prix dans la mesure où le coût marginal de production d'un bien mixte n'est pas toujours mesurable en raison de la relative indivisibilité de la production. On voit maintenant pourquoi la tarification est le mode idéal de financement des biens mixtes optionnels. Le consommateur qui a le choix de consommer ces biens (aller à l'aréna), d'ajuster leur consommation (utiliser plus ou moins d'eau tarifée par un système de compteur) ou de la différer pour éviter les embouteillages (tarifs en période de pointe sur les autoroutes) doit aussi révéler ses préférences et signaler l'intensité de sa demande. C'est pour ces raisons que de nombreux auteurs[1] favorisent la tari-

(1) BÉLANGER, G. ***Le financement municipal au Québec.*** Annexe du rapport sur l'Urbanisation, GTU, 1976.

LACHANCE, J.-G. dans ACHOUR, D. ***Finance municipale en transition.*** Chicoutimi: Gaëtan Morin, 1979.

G. Bélanger (1976), p. 33 et suivantes; J.-G. Lachance (1979), chap. 5, et bien sûr, tous les économistes du "Public Choice".

fication pour allouer les biens mixtes optionnels et contribuer substantiellement aux budgets municipaux. En particulier, S. Mushkin(2) montre qu'il est possible de reconsidérer un grand nombre de services publics comme des services mixtes optionnels et donc de les soumettre à une certaine forme de tarification.

B. *Imposition selon la capacité de payer vs imposition selon les bénéfices reçus*

Dans l'exercice de sa responsabilité redistributive(3), un gouvernement peut vouloir transférer une partie des revenus des plus riches aux plus pauvres en imposant une contribution plus lourde aux premiers et une contribution réduite (et même une exemption totale) aux seconds. Cette redistribution peut se faire de façon directe par des transferts versés aux plus pauvres (bien-être social), ou indirectement, en faisant payer plus cher aux riches des services qui sont consommés en quantités égales par tous les citoyens. L'imposition, dans ce cas, n'est pas reliée à la consommation (qui peut même être nulle) mais bien à la capacité de payer du contribuable. Un tel mode d'imposition est bien adapté au financement des *biens publics purs* que chacun consomme en égale quantité (indivisibilité de la consommation) et il doit être exercé au niveau national puisque, s'il était exercé au niveau local, il pourrait générer les effets de "magnétisme fiscal" et de "vote avec les pieds" décrits ci-dessus.

Par contre, dans l'exercice de ses fonctions allocatives, un gouvernement peut choisir de faire payer à chaque contribuable un montant qui reflète la quantité des services qui lui a été allouée, et donc faire payer les bénéfices présumés qu'il en a reçus. Pour pouvoir appliquer une telle forme de taxation, il faut donc que les services et les bénéficiaires soient bien identifiables afin de ne pas assujettir des citoyens qui ne profitent pas des services. Le financement local des *biens mixtes clairs* par taxation et des *biens mixtes optionnels* par tarification répond correctement à ce principe d'identification du service et de son aire de desserte.

Quant aux *biens mixtes flous* (ex. contrôle de la pollution) ils devraient, idéalement, être financés par taxation ou tarification, à un niveau "supralocal" qui englobe tous les effets de débordements, et donc, tous les contribuables bénéficiaires.

Si l'on s'en tient aux biens d'allocation municipale, résumons en posant que: si la consommation d'un bien public n'est pas divisible (ex. la

---

(2) Illustré dans, BÉLANGER, G. ***Op. cit.,*** tableau 6.

(3) On rappelle que, selon Musgrave, les trois responsabilités d'un État sont: allocatives, redistributives et stabilisatrices.

sécurité publique), on doit se contenter d'une "présomption" de bénéfices reçus et utiliser une imposition générale qui s'appuie sur une évaluation très approximative de ces bénéfices, par exemple l'impôt foncier. Par contre, si la consommation est divisible et identifiable, on peut recourir à un indicateur plus direct (ex. le nombre de pieds linéaires de "frontage" pour une taxe de viabilisation et même à une mesure assez exacte des bénéfices reçus sous la forme d'un pseudo-prix (tarification).

On vient, par ces définitions, d'expliquer l'essentiel des principes énoncés au début de ce chapitre. Hélas, leur élégante simplicité dissimule de graves écueils théoriques et empiriques qu'il nous faut maintenant aborder.

C. La notion d'incidence fiscale

Au-delà de l'apparence du paiement d'un impôt ou d'une taxe, se cache la réalité du fardeau véritable du financement des services publics, qui nous amène à nous poser des questions sur la possibilité de transférer cette charge à d'autres, sur la part relative supportée par chacun et enfin sur le déplacement de cette charge relative par la différence d'utilité dérivée des services reçus.

S'interroger sur l'incidence fiscale revient à déterminer dans quelle mesure et de quelle façon chaque citoyen supporte les coûts des activités budgétaires des gouvernements. Le fardeau d'une imposition peut être entièrement supporté par le contribuable, il peut être transféré *en amont* (en arrière), en répercutant entièrement ou partiellement la charge sur les facteurs de production, et il peut être transféré *en aval* (en avant) en faisant supporter la charge par les consommateurs. Ainsi, le fardeau d'un impôt direct sur le revenu est généralement supporté par le contribuable et sa famille; un impôt sur les profits d'une corporation peut être transféré en amont par une réduction des salaires des employés; enfin, un impôt indirect (ex. une taxe de vente) peut être transféré en aval par une augmentation du prix du produit imposé. Illustrons, par l'exemple d'une taxe indirecte spécifique[(4)], la façon dont un tel transfert va s'effectuer (graphique 7.1).

Une taxe indirecte spécifique imposée à un producteur entraîne une hausse des coûts de production et donc un déplacement de la courbe d'offre de O_1 vers O_2, l'écart entre O_1 et O_2 étant égal au montant de

(4) Un impôt indirect s'applique à un bien ou à un service; il est payé par le producteur ou le distributeur, même s'il est supporté par d'autres. Une taxe est dite spécifique quand le montant est fixé par unités vendues (e.g. 10¢ par gallon), alors qu'une taxe est dite ad valorem, quand le montant est proportionnel au prix (e.g. la taxe de vente est de 8% du prix du bien). L'incidence peut s'analyser de façon similaire dans les deux cas.

GRAPHIQUE 7.1: L'indice d'une taxe indirecte

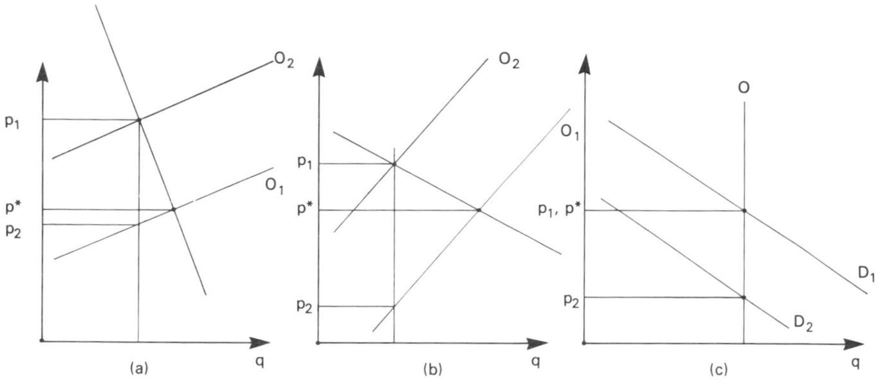

l'imposition.

D'un niveau d'équilibre p* avant taxe, le prix passe maintenant à p_1. Si l'élasticité-prix de la demande est inférieure à l'élasticité-prix de l'offre (a), la différence entre p* et p_1 sera surtout absorbée par le consommateur, alors que le producteur n'absorbera qu'une réduction de p_2p^* de son prix unitaire. Dans le cas inverse, (b), c'est le producteur qui supporte la plus grande part de la taxe et le lecteur peut se convaincre que le partage est égal si les élasticités-prix de l'offre et de la demande sont égales (le cas n'est pas illustré). Enfin, (c), si l'offre est parfaitement inélastique, l'imposition n'entraîne pas de déplacement de la courbe d'offre mais bien une réduction de la demande de D_1 à D_2. Dans ce cas, le consommateur continue à payer p* et le producteur ne reçoit que p_2 et absorbe entièrement la taxe p^*p_2.

D. Les notions d'équité fiscale, de progressivité et de régressivité

Une imposition est équitable si tous les contribuables supportent le même fardeau fiscal. On parlera d'équité verticale si toutes les classes de revenus sont traitées également[(5)], quel que soit leur lieu de résidence.

De plus, au-delà de l'équité verticale, un impôt peut être régressif ou progressif. Il est progressif quand le taux moyen de taxation augmente avec les revenus: par exemple, les "riches" paient un pourcentage de

(5) Ici encore, l'apparente simplicité de ces définitions cache leur complexité. Traiter "également" peut vouloir dire payer le même montant, payer le même pourcentage du revenu, sacrifier la même utilité ou le même pourcentage d'utilité totale. Qu'en est-il aussi de l'équité horizontale si les contribuables paient le même montant pour des services publics de qualités différentes selon la localisation?

leurs revenus plus élevé que les "pauvres", dans la plupart des systèmes d'impôt sur le revenu. Un impôt est dit régressif dans le cas contraire. Ainsi, une taxe de vente sur le tabac est régressive puisque les fumeurs "pauvres" doivent consacrer une part plus importante de leurs revenus au paiement de cette taxe.

Clarifions ces concepts à l'aide d'un exemple simpliste d'impôt sur le revenu (tableau 7.2) où trois systèmes fiscaux (I, II, III) s'appliquent à deux classes de revenus (Y_1 et Y_2) et à deux municipalités distinctes A et B. Les trois systèmes sont décrits par les taux d'imposition moyens suivants:

I: $T_A/Y = 20\%$ et $T_B/Y = 15\%$
$T_A/Y_2 = 20\%$ et $T_B/Y_2 = 15\%$

Où T_A et T_B sont les impôts payés en A et B par rapport aux revenus.

II: $T_A/Y_1 = 10\%$ et $T_B/Y_1 = 10\%$
$T_A/Y_2 = 20\%$ et $T_B/Y_2 = 20\%$

III: $T_A/Y_1 = 50\%$ et $T_A/Y_2 = 20\%$
$T_B/Y_1 = 10\%$ et $T_B/Y_2 = 15\%$

TABLEAU 7.2: Trois systèmes fictifs d'impôt sur le revenu

	I		II		III	
	A	B	A	B	A	B
Y_1 = 100 000	20 000	15 000	10 000	10 000	50 000	10 000
Y_2 = 10 000	2 000	1 500	2 000	2 000	2 000	1 500

Selon nos définitions, le système I est équitable verticalement, et horizontalement est inéquitable et neutre (ni progressif, ni régressif). Le système II est régressif mais horizontalement équitable. Le système III est bizarre: il est progressif en A, régressif en B et régressif entre A et B; on peut parler d'inéquité oblique puisque les "pauvres" de A paient proportionnellement plus que les "riches" de B.

E. La notion d'élasticité

Enfin, d'un point de vue dynamique et macroéconomique, une ressource fiscale est qualifiée d'élastique si elle croît plus vite que la richesse nationale, et d'inélastique dans le cas contraire. Un impôt progressif sur le revenu est généralement élastique puisque l'augmentation de la richesse des individus est imposée plus que proportionnellement. Par contre on ne doit pas généraliser puisqu'un impôt peut être régressif (notion redistributive statique) et cependant élastique (notion dynamique agrégée), si l'assiette fiscale (par exemple le volume des ventes pour une taxe de vente, l'évaluation foncière pour un impôt foncier) a augmenté plus vite que la richesse nationale. Ces diverses possibilités sont illustrées au tableau 7.3 qui décrit l'évolution du produit intérieur brut québécois et de quelques sources de revenus fiscaux entre 1971 et 1977.

TABLEAU 7.3: Évolution des PIB et des ressources fiscales P. Québec, 1971 à 1977, en millions de dollars

	1971	1977			
	$ courants (.000 000)	$ courants (.000 000)	$ constant 1971	Augmentation de 1971 à 1977	Élasticité
Produit intérieur brut	22 806	50 782	32 142	122,6%	
Impôt sur le revenu des particuliers	936	2 945	1 863	214,6%	1.75
Taxes de vente	540	1 341	848	148 %	1.21
Impôts fonciers municipaux	371	886	560	138 %	1.13
Indice des prix à la consommation (Montréal)	100	158			

Source: Calculé d'après, ***La réforme fiscale: fondements et principes.*** 1978, tableau XII, p. 50.

On constate que l'impôt sur le revenu des particuliers est très élastique (1.75 pour cette période) alors que les taxes de vente et les impôts fonciers le sont beaucoup moins. En particulier, les impôts fonciers municipaux augmentent à peine plus vite que le produit intérieur brut. Nous avons précisé plus haut qu'il n'y avait pas de relation directe entre l'élasticité et le caractère régressif ou progressif d'une taxe; aussi, nous ne devons pas inférer que les impôts fonciers sont progressifs du fait qu'ils sont (légèrement) élastiques, et comme les impôts fonciers représentent une part très importante des revenus municipaux; il nous faut aborder plus en détail le problème de leur incidence.

7.1.2 Le débat sur l'incidence de l'impôt foncier

La perception traditionnelle de l'incidence des impôts fonciers a été empiriquement mise en évidence par de nombreuses études canadiennes: Goffman[(6)], Clayton[(7)], Gillespie[(8)], Maslove[(9)], dont une bonne revue a été effectuée par Bird et Slack[(10)] et J. Patterson[(11)].

Ces études illustrent la décroissance de l'importance relative des taxes foncières par rapport au niveau de revenu; elles confirmeraient donc la régressivité des impôts fonciers, surtout pour les catégories de revenus les plus bas. Cette perception traditionnelle s'explique d'ailleurs facilement à l'aide du graphique 7.1; si on considère qu'un impôt foncier n'est qu'un impôt sur la consommation résidentielle et si on suppose que la demande de logement est inélastique par rapport au prix (le logement est un bien nécessaire), alors l'offre est élastique à long terme. Bien sûr, la portion des impôts fonciers portant sur le terrain sera supportée par le propriétaire (l'offre de terrain est totalement inélastique (c)), mais l'essentiel de la charge portant sur le bâtiment sera "refilée" au locataire ou supportée par le propriétaire occupant. Puisque les plus pauvres consacrent une part importante de leurs revenus aux dépenses de logement, une imposition de cette dépense réduit davantage leurs revenus réels. Il s'agit donc d'un impôt régressif; cette régressivité est d'ailleurs accentuée puisque la pratique de l'évaluation foncière contribue à sous-évaluer les immeubles les plus chers et donc, relativement, à surévaluer les propriétés

---

(6) GOFFMAN, I.-J. "The Incidence of Taxation in Canada". ***Public Finance.*** 1964.

(7) CLAYTON, F.-A. ***Distribution of Urban Residential Property Tax Burdens and Expenditure Benefits in Canada.*** Thèse M.A. Kingston, Ontario, 1966.

(8) GILLESPIE, W.-I. ***The Incidence of Taxes and Public Expenditures in the Canadian Economy.*** Ottawa: Studies of the Royal Commission on Taxation, 1964, no 2.

(9) MASLOVE, A.-M. ***L'incidence des impôts au Canada.*** Ottawa: Conseil économique du Canada, 1973.

(10) BIRD, R.-M. et SLACK, E. "The Incidence of the Property Tax in Canada: A Review of the Literature". ***Report of the Tri Level Task Force on Public Finance.*** Ottawa, 1975, vol. 3, p. 6.

(11) PATTERSON, J. "Property Taxes: Their Impact on Various Levels of Income". ***Colloque urbain.*** 4-5 octobre 1979.

occupées par les plus pauvres.

C'est à ces arguments, qui remontent au moins à A. Marshall (1897), que les impôts fonciers doivent leur grande impopularité "de taxes à pauvres" et de taxe inéquitable. Pourtant, dès 1924 (Brown) ces apparentes certitudes ont été remises en question et la formulation complète d'une nouvelle perception a été proposé par Mieskowski qui, en 1972, posait la question: *The property tax: an excise tax or a profits tax?* Le débat de fond, et surtout sa vérification empirique, posent de nombreuses difficultés, mais nous pouvons essayer de simplifier la discussion en distinguant deux types d'incidence de l'impôt foncier.

1. Un effet de capital: si l'impôt porte sur un capital (terrain et bâtiment) à offre fixe, c'est le propriétaire qui en supporte la charge, comme nous l'avons illustré précédemment ((c) graphique 7.1).

2. Un effet d'impôt indirect sur les facteurs mobiles, qui fera fuir les facteurs de production des villes où l'impôt est le plus élevé vers les villes où l'impôt foncier est le plus bas; cet afflux de capital dans ces villes entraîne à son tour une baisse du taux de rendement sur tous les actifs, jusqu'à ce que les taux de rendement s'égalisent dans la nation.

GRAPHIQUE 7.2: Impôt indirect sur les facteurs mobiles

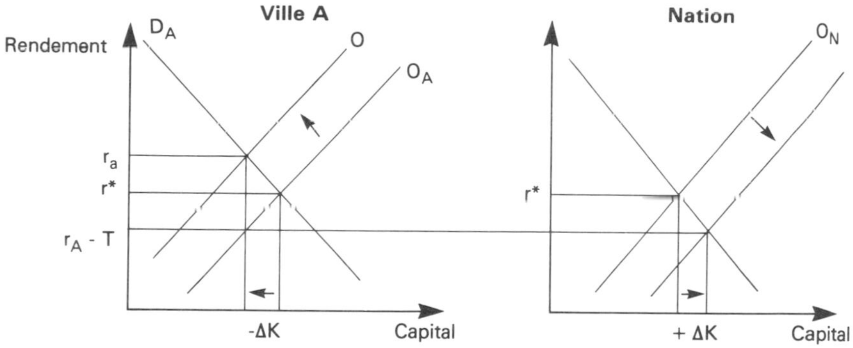

Le graphique illustre ce mouvement. Un nouvel impôt foncier T est appliqué dans la ville A seulement. Le taux de rendement brut doit passer à r_a pour les propriétaires de capital. De son niveau d'équilibre national avant l'impôt r* le rendement net tombe donc à r_A - T, entraînant une diminution des investissements et donc du stock de capital de -ΔK. Par contre, en économie fermée, ce capital ira s'investir dans le reste de la nation, augmentant le stock de + ΔK et réduisant le taux de rendement de tous les actifs jusqu'au niveau r_A - T.

Selon cette conception "moderne" de l'incidence, ce sont donc tous les détenteurs de capital de la nation qui supportent le fardeau de l'impôt foncier. Les détenteurs de capital étant les plus riches, on doit donc conclure que l'impôt foncier est progressif. C'est généralement derrière cette position que se rangent maintenant la plupart des économistes, quand ils reconnaissent que les conclusions traditionnelles de régressivité résultent d'une analyse d'équilibre partiel (analyse des effets directs de court terme) alors qu'un modèle d'équilibre général, qui tient compte des effets indirects de long terme, permet de considérer l'impôt foncier comme un impôt sur le capital donc comme un impôt progressif. Cette suggestion de progressivité est d'ailleurs renforcée par des arguments portant sur la façon de mesurer les revenus.

En effet, les analyses qui concluent à la régressivité de l'impôt foncier comparent les charges fiscales annuelles avec les revenus annuels des ménages. Pourtant d'une part, pourquoi faut-il juger de l'équité d'un impôt en fonction du revenu et non pas en fonction de tous les actifs des ménages? et d'autre part, pourquoi doit-on se limiter à un revenu annuel? Pour illustrer cette interrogation, imaginons la situation de trois ménages A, B et C.

TABLEAU 7.4

	A	B	C
Valeur des actifs détenus	0	0	300 000
Revenus en t	10 000	5 000	5 000
Revenus en t + 1	10 000	50 000	5 000
Impôts fonciers payés en t	500	500	500
Impôts fonciers payés en t + 1	500	500	500

L'effet de l'impôt mesuré en t pourra paraître très régressif entre les ménages A et B. Le ménage B est pénalisé en t, par contre, il est très avantagé en t + 1. Par ailleurs, l'impôt paraît évidemment régressif si on compare les charges fiscales des ménages A et C par rapport à leurs revenus, mais plus avantageux pour C si on inclut ses actifs dans ses revenus.

Le lecteur peut reconnaître, dans cet exemple caricatural, les éléments qui ont amené Milton Friedman à proposer sa notion du revenu permanent. Un tel concept de revenu doit tenir compte de l'irrégularité des entrées de revenus et du rôle des actifs dans la détermination de la richesse réelle des individus. L'exemple retenu d'ailleurs n'est pas entièrement irréaliste: le ménage A reçoit des revenus modestes et réguliers, mais sa "richesse" est inférieure à celle du ménage C (un couple âgé par exemple) dont les revenus courants sont bas, mais qui a accumulé des actifs importants, et même inférieure à celle du ménage B dont les revenus étaient transitoirement bas en t, mais dont le revenu permanent est élevé (une étudiante en t qui devient médecin en t + 1). Quand les analystes introduisent un tel concept élargi de revenu dans leurs études, ils sont généralement amenés à conclure que la taxe foncière est peu régressive et probablement légèrement progressive(12). En fait, on doit admettre que le débat théorique et empirique n'a pas encore apporté toutes les réponses.

> [...] *en fait, le sujet est mal connu, mais le peu que nous connaissons permet de penser que la taxe (foncière) n'est pas véritablement régressive.* (13)

Au-delà de ce débat théorique, il y a cependant la réalité d'un impact foncier qui apparaît régressif à tous les contribuables et administrateurs municipaux, et qui pose parfois de difficiles problèmes de liquidité aux ménages les plus démunis. À juste titre, J. Patterson(14) distingue l'impact fiscal de l'incidence pour différencier les effets perçus dans l'immédiat des effets d'équilibre général d'ajustement à long terme, de tous les prix des facteurs de production. Un ménage à la retraite va ressentir l'impact de l'impôt foncier mais ne sera pas particulièrement intéressé à savoir que, à long terme, l'incidence finale sera progressive.

Le politicien étant lui-même beaucoup plus préoccupé d'impact que d'incidence, on comprend aussi pourquoi les impôts fonciers sont manipulés avec prudence et fréquemment assortis de mesures de grâce pour les ménages les plus pauvres, comme par exemple des crédits d'impôt foncier au Québec, ou des "circuit breaker" aux États-Unis.

Le péché de régressivité, même s'il est le plus cité, n'est pas le seul dont se voit accusé l'impôt foncier. Le tableau synoptique ci-dessous

---

(12) Pour une très bonne revue, consulter:

BIRD, R.-M. et SLACK, E. "The Incidence of the Property Tax in Canada: A Review of the Literature". ***Report of the Tri Level Task Force on Public Finance.*** Ottawa,1975, vol. 3.

BIRD, R.-M. et SLACK, E. ***Residential Property Tax Relief in Ontario.*** Ontario Economic Council Research Studies: U. of Toronto Press, 1978.

(13) BIRD et SLACK. ***Op. cit.*** 1978, p. 82.

(14) PATTERSON, J. ***Op. cit.*** 1979.

essaie de reprendre les critiques courantes et de présenter, en contrepartie, les arguments qui permettent d'en réduire la portée.

Faute d'espace, ces différents points ne seront pas approfondis. Nous devrons seulement conclure qu'en dépit de sa réputation de "taxe mal aimée", l'impôt foncier demeure l'une des sources importantes de revenus locaux pour la plupart des pays dont la structure fiscale est d'inspiration britannique. Cette faveur durable, renforcée d'ailleurs au Québec depuis 1980, s'explique par plusieurs avantages évidents de cette forme d'imposition:

1) l'assiette foncière est très stable, ses ressources ne sont pas sujettes à des variations conjoncturelles importantes;

2) il y a une relation approximative entre le montant payé et les bénéfices reçus, pour tous les services à la propriété;

3) l'impôt foncier est l'une des rares contributions qui porte sur les actifs des ménages au lieu de porter sur les revenus ou sur la consommation;

4) enfin et surtout, il s'agit d'une "vieille" taxe et d'après l'adage, une "vieille taxe est une bonne taxe". Ceci ne veut pas dire qu'une taxe est bonne parce que les contribuables y sont habitués, mais plutôt parce que le marché s'est adapté à cette imposition en ajustant le prix des actifs. Un impôt foncier stabilisé est "capitalisé" dans la valeur des résidences et de tous les actifs immobiliers: à services comparables, les prix de ces actifs sont plus bas dans les municipalités fortement taxées que dans les autres, et inversement[15].

TABLEAU 7.5: Le débat sur l'impôt foncier: quelques éléments de discussion

Inconvénients perçus	Contre-argument (a) ou amélioration possible (b)
1. Impact régressif (inéquité verticale)	a) Incidence progressive et possibilité de recourir à des mesures de grâce

(15) Pour la mise en évidence de cette capitalisation, voir:

ACHOUR, D. et LAPOINTE, A. "Modèle hédonique de détermination de la valeur des aménités résidentielles". ***Analyse spatiale et utilisation du sol.*** Actes du colloque de l'association des Sciences régionales de langue française, Université de Dijon, 1981.

2. Fardeau variable selon le lieu de résidence en raison des différences de taux de taxation et de mode d'évaluation (inéquité horizontale)	a) La variabilité du fardeau correspond à des niveaux de services différents et permet ainsi aux citoyens de "voter avec leurs pieds" b) Rien n'interdit à un gouvernement de chercher à uniformiser les taux et les procédures d'évaluation (ex. réforme fiscale du Québec)
3. Manque d'élasticité	a) L'élasticité de l'impôt foncier est supérieure à l'unité b) Ici encore le mode d'évaluation (par exemple à 100% de la valeur marchande) peut être ajusté pour augmenter l'élasticité de l'impôt foncier
4. Visibilité: caractère "douloureux" d'un impôt à versement unique	a) Il s'agit plutôt d'un avantage puisque le citoyen perçoit mieux le coût des services qui lui sont fournis b) Des modes de paiement étalés peuvent facilement être mis en place
5. Trop d'exemptions	b) Les exemptions peuvent être réduites (ex. réforme fiscale du Québec)
6. Un impôt sur la valeur de l'immeuble n'encourage pas les améliorations du parc immobilier	a) Les gains tirés d'une rénovation sont généralement bien supérieurs au coût fiscal supplémentaire b) Certaines dispositions de grâce temporaires peuvent être adoptées par les municipalités qui tiennent à encourager l'amélioration des immeubles

7.1.3 Le mode optimal de financement

Le vocabulaire et les concepts principaux ayant été clarifiés, revenons à notre discussion sur le mode optimal de financement des biens d'allocation publique.

Les biens publics purs

N'étant pas assignables à des consommateurs individuels, ces biens devraient être payés d'égale façon par tous. Cependant, au nom de la "justice sociale", la collectivité juge préférable que la contribution de chacun dépende de sa capacité de payer et on obtient ce résultat, approximativement, par un système d'impôt progressif sur le revenu. Il serait hors de propos ici de discuter du bien-fondé de ce principe, observons seulement que c'est la solution adoptée de façon presque universelle depuis la Deuxième Guerre mondiale.

Les biens mixtes clairs

Ces biens donnent lieu à une certaine exclusion géographique mais ils ne se prêtent pas facilement à une assignation individuelle de la consommation. Cependant, comme la plupart de ces services bénéficient à la propriété (sécurité, aménagement, réglementation, etc), on peut chercher à répartir la charge fiscale selon les bénéfices reçus par chaque propriété en faisant, par exemple, l'hypothèse que ces bénéfices sont proportionnels à la valeur marchande de la propriété. C'est bien la solution approximative qui est retenue dans le cas de l'impôt foncier tel qu'utilisé en Amérique du Nord par les gouvernements municipaux.

On peut bien sûr contester plusieurs des hypothèses implicites à ce choix et envisager d'autres formes d'assujettissements:

— Les services municipaux sont-ils, d'une façon même approximative, reliés à la valeur des propriétés foncières? Pourquoi ne pas établir cet impôt sur la valeur des sols[(16)] plutôt que sur une évaluation hybride de la valeur du sol et de la valeur du bâtiment? Pourquoi ne pas appliquer, au niveau municipal, le même principe de "justice sociale" qui est invoqué au niveau national et utiliser, comme dans les pays scandinaves, un impôt municipal sur le revenu?

• Admettons, avec G. Bélanger, que la relation entre les services reçus et l'évaluation immobilière est assez vague:

---

(16) Pour une proposition en ce sens, voir:

BÉLANGER, G. ***Le financement municipal au Québec.*** Annexe du rapport sur l'Urbanisation, GTU, 1976, p. 45 et suivantes.

Une certaine relation existe pour le service de protection incendie... pour les autres services municipaux, le lien est beaucoup plus ténu. Le déneigement, l'entretien routier, le service de police et la récréation n'ont pas de relation directe avec la valeur de l'immeuble. Le coût de déneigement d'une rue est le même qu'elle soit habitée par des maisons de grande valeur ou par des taudis [...].(17)

• Admettons aussi qu'une imposition sur le sol serait plus neutre, qu'elle favoriserait une utilisation plus intensive des terrains et, surtout, qu'elle permettrait de récupérer une partie des rentes foncières qui résultent de la croissance démographique ou des investissements publics sans l'intervention des propriétaires du sol. Pourtant, en oubliant même tous les problèmes de mise en oeuvre, une taxation du sol n'a probablement pas la neutralité d'incidence qu'on lui reconnaît en théorie (après tout, au niveau local, l'offre de terrains n'est pas entièrement inélastique), et elle pose le délicat problème de l'évaluation et de l'imposition des terrains situés à la marge des villes et des terrains agricoles: une imposition uniforme des sols urbains et ruraux étant difficilement concevable.

• Reconnaissons enfin qu'un impôt municipal sur le revenu est à la fois progressif et élastique, et qu'il peut donner lieu à une importante réduction des coûts de perception quand cet impôt est perçu au niveau central et redistribué aux municipalités. Cette forme d'imposition est d'ailleurs largement utilisée en Suède, où l'impôt local sur le revenu constitue la principale ressource des municipalités. Il y est calculé sur la même assiette que l'impôt national mais son taux d'imposition est constant au lieu d'être très fortement progressif. Aux États-Unis(18), diverses formules utilisées s'apparentent à un impôt sur les salaires (a payroll tax) retenu à la source au lieu de l'emploi. Cet impôt, parce qu'il ne porte que sur les salaires et non pas sur les revenus d'investissement, on peut le juger plus régressif.

Certes, un impôt local sur le revenu peut présenter un certain nombre d'avantages techniques et théoriques, cependant cette forme d'imposition ne saurait être retenue dans le cadre fiscal canadien pour trois principales raisons.

— Les municipalités canadiennes limitent leurs fonctions budgétaires à l'allocation de biens locaux: elles n'ont pas, à l'instar des communes

(17) BÉLANGER, G. ***Op. cit.***, p. 46.

(18) Philadelphie depuis 1939, puis Louisville et Saint-Louis en 1948, Cincinnati et Pittsburg en 1954 et d'autres villes par la suite dont Détroit et New York.

suédoises et des municipalités américaines, de fonctions redistributives (bien-être social, création d'emplois, etc.) et ne doivent donc pas recourir à une forme redistributive de taxation comme un impôt sur le revenu.

– Un impôt local sur le revenu affaiblit encore plus la relation entre les bénéfices reçus du gouvernement local et les impôts payés. Si c'est la capacité de payer qui détermine le niveau des services, la tendance à la constitution d'enclaves fiscales homogènes risque de s'accentuer.

– Un impôt local sur le revenu implique un partage de l'assiette fiscale entre les trois niveaux de gouvernement: à ce partage, les municipalités s'objectent au nom de leur autonomie fiscale. En fait, elles semblent préférer un impôt imparfait qui leur est propre à un impôt plus élastique sur lequel elles auraient moins de contrôle.

C'est typiquement ce principe de l'autonomie locale que le gouvernement du Québec a renforcé par sa réforme fiscale en 1980 en réservant aux municipalités la quasi-exclusivité du champ d'imposition foncière.

Les biens mixtes flous

Selon nos principes, ces biens devraient également être financés par un impôt foncier général pour les raisons énoncées précédemment. Cependant, le problème revient ici non pas à déterminer le mode de taxation, mais bien le niveau d'allocation optimal qui correspond le mieux aux aires de débordement. Au Québec, les seuls niveaux supralocaux qui recourent à des impôts fonciers sont les communautés urbaines, les conseils de comté et les commissions scolaires. Ce recours est justifié pour les deux premières instances puisqu'elles exercent des fonctions allocatives qui bénéficient à la propriété et qui ont peu d'effets redistributifs (épuration des eaux, planification et aménagement, évaluation foncière, etc.); par contre, l'utilisation de l'impôt foncier pour le financement de l'éducation n'est pas défendable sur le plan des principes et sera d'ailleurs fortement réduit au Québec après 1980.

Les biens mixtes optionnels

Ces biens ont été définis comme des biens pour lesquels le consommateur doit révéler ses préférences. Ils se prêtent à une certaine mesure de la demande effective et peuvent donc être financés par un système de pseudo-prix (la tarification). Selon le caractère méritoire de ces biens, on peut recourir à une combinaison de tarification et de financement général. De plus, si les biens alloués sont sujets à des demandes excessives (congestion), on peut utiliser les tarifs comme un instrument de rationnement. Bien sûr, toute tarification, comme tout système de prix, est essentiellement régressive, mais on doit comparer cette régressivité avec d'autres formes d'inéquité qui consistent à faire payer à tous des services consommés par quelques-uns, quel que soit leur niveau de revenu. Ainsi, il nous apparaît plus régressif de faire payer, à travers un impôt foncier général, les coûts d'une patinoire à des personnes âgées qui n'y accèdent jamais que de faire payer le même prix d'entrée à deux utilisateurs de revenus différents.

La même forme d'inéquité verticale et horizontale se retrouve encore dans les municipalités qui financent les dépenses de viabilité de nouveaux quartiers par une augmentation globale de l'impôt foncier géné-

TABLEAU 7.6: Source des revenus des municipalités de plus de 5 000 habitants, en %

	1974 (147 municipalités)	1979 (164 municipalités)
Revenus de sources locales		
Taxes		
Foncière générale	22,6	25,9
Spéciales et répartitions locales	16,9	18,3
Aqueducs et égouts	13,3	7,8
Affaires	6,1	5,6
Autres	3,7	3,1
Compensations en lieu de taxes	3,3	4,8
Services rendus		
Vente d'eau	1,2	0,7
Autres	2,9	3,7
Autres revenus autonomes	7,9	3,8
Transferts		
Inconditionnels	19,0	14,5
Conditionnels	3,1	5,2
TOTAL	100,0	100,0
(en millions de $)	1 118,3	2 083,5

Source: B.S.Q. ***Analyse budgétaire des municipalités du Québec, 1974 et 1979.***

ral au lieu de recourir à des taxes d'amélioration locale (un tarif d'équipement) qui reflètent exactement le coût marginal de l'investissement public. Dans cette situation, un impôt général pèse sur tous les anciens résidents, quels que soient leur localisation ou leurs niveaux de revenus, alors qu'une taxe d'amélioration locale révèle aux nouveaux résidents le coût réel des services fournis.

En conclusion de cette justification du recours à l'impôt foncier général pour financer les biens clairs et flous et de la tarification pour les biens optionnels, nous devons admettre que, si ces modes de financement méritent certaines critiques qui leur sont adressées, ils nous apparaissent encore comme les modes de financement qui correspondent le mieux aux caractéristiques des biens d'allocation locale, et qui assurent le mieux la visibilité et la responsabilité démocratique des choix budgétaires des gouvernements municipaux.

7.1.4 Analyse fonctionnelle des revenus

Le tableau 7.6 illustre que la prédominance relative des impôts de nature foncière s'affirme encore en 1979, mais que la répartition générale des postes demeure assez stable en dépit d'un quasi-doublement de la masse totale des revenus collectifs. Le tableau 7.7, quant à lui, précise la définition et le mode d'imposition des sources fiscales autonomes.

TABLEAU 7.7: Classification de la taxation municipale

Catégorie	But	Secteur imposable	Base d'imposition (assiette fiscale)
I Foncière générale	— équilibrer le budget de la municipalité — couvrir les dépenses d'administration et de fonctionnement de la municipalité	— ensemble du territoire	— tous les biens-fonds imposables (base de l'évaluation)
II Foncières spéciales et	— fins spécifiques (service de la dette) — taxe de 0.60 à la CUM — quote-part à la communauté régionale — quote-part servant à combler le déficit d'exploitation d'une commission de transport en commun	— ensemble du territoire	— base de l'évaluation — étendue en front — superficie des biens-fonds imposables — compensation

Répartition locale	— fins spécifiques (service de la dette) 1° service rendu ne bénéficie qu'à un secteur 2° les dépenses à couvrir ne sont pas à la charge de toute la municipalité 3° services rendus à tous les contribuables mais taux de taxe variable selon les différents secteurs	— partie du territoire	— base de l'évaluation — étendue en front — superficie des biens-fonds imposables — compensation
III Taxe de service			
— Eau	— dépenses d'administration et de fonctionnement	— ensemble du territoire	— unité de logement: taux fixe — compteurs
— Enlèvement et destruction des ordures	— dépenses d'administration et de fonctionnement	— ensemble du territoire	— unité de logement
— Enlèvement de la neige	— dépenses d'administration et de fonctionnement	— ensemble du territoire	— étendue en front
IV Taxe sur moyens d'existence			
— Affaires	— tient lieu des droits annuels	— ensemble du territoire (particulier, commerce)	— valeur locative (commerces, manufactures, établissements financiers ou commerciaux, occupations, art, professions, métiers, etc.)
— Licences et permis	— droits liés à l'émission de permis ou licences pour fins de réglementation et de contrôle — construction de bâtiments — lotissement — transport par taxi — colporteurs — bicyclette	— ensemble du territoire (particulier)	— droits annuels fixes — taux fixe
V Autres taxes			
— Locataires	— tous les locataires	— ensemble du territoire	— valeur locative des immeubles, telle que

	(particulier)	portée au rôle de valeur locative
— Autres • fonds de marchandises ou effets de commerce • taxes personnelles (capitations) • taxes sur étalons, bêtes à cornes, chiens	— ensemble du territoire	— valeur moyenne estimée des fonds de marchandises ou autres effets de commerce — état civil

Source: ***Manuel de normalisation de la comptabilité.*** Octobre 1974.
Précis de droit municipal.

Le tableau 7.8 effectue des regroupements différents sur les revenus de l'ensemble des municipalités du Québec en 1979 à partir des prévisions budgétaires, dont le détail et les définitions sont donnés aux tableaux 7.6 et 7.7. Ici, nous avons regroupé, sans respecter la codification comptable habituelle, les sources de revenus sur une base fonctionnelle qui colle mieux aux distinctions théoriques utilisées précédemment.

Pour les fins de notre illustration, retenons trois grandes catégories de revenus:

1) Les *revenus d'imposition générale* qui sont essentiellement de nature foncière et immobilière mais qui incluent aussi quelques formes générales d'imposition (capitation, taxes sur les fonds de marchandises ou sur les animaux).

Ces revenus sont des impôts directs sur la valeur des actifs (impôt foncier), sur leur valeur locative (taxes d'affaires et taxes de locataires) ou encore sur une approximation fictive de la valeur des actifs dans le cas des compensations versées, en lieu de taxes, par les contribuables exemptés de taxes foncières (gouvernements, commissions scolaires, hôpitaux et services d'accueil, institutions religieuses, etc.). Enfin, une partie de ces impôts à base foncière (taxes foncières spéciales et taxes de répartition locale) sont calculés sur la surface des lots, le nombre de pieds linéaires de frontage et même sous forme forfaitaire. Nous verrons prochainement que cette forme d'imposition est en fait une tarification affectée au remboursement des dettes contractées pour des fins d'investissement.

Si on inclut, pour simplifier, ces deux dernières taxations parmi les contributions générales, on constate donc que les revenus d'imposition générale représentaient, en 1979, environ 73% des revenus autonomes et

TABLEAU 7.8: Classification fonctionnelle des sources de revenus pour l'ensemble des municipalités québécoises 1979

Revenus d'imposition générale		55%
1. Impôt foncier général	628.5	
2. Autres taxes foncières	276.5	
3. Taxes de répartition locales	135.1	
4. Impôts locatifs (Affaires et locataires)	131.1	
5. Compensation tenant lieu d'impôt foncier ou de taxes spéciales	111.6	
6. Autres impositions générales	27.8	
Revenus des services tarifés aux contribuables		15%
Eau	192.5	
Enlèvement des ordures	39.9	
Déneigement	5.6	
Loisirs et culture	41.6	
Stationnement	7.0	
Licences et permis	10.6	
Droits sur divertissements	12.1	
Amendes	28.9	
Raccordements d'aqueducs et d'égouts	4.5	
Autres revenus sur travaux	12.2	
Autres services rendus	11.7	
	366.6	
Revenus des services tarifés à d'autres municipalités		1,06%
Protection	4.4	
Eau, égout, neige, ordures	17.5	
Loisirs et culture	0.9	
Frais de financement	1.5	
Autres	0.8	
Autres revenus autonomes(1)	131.2	5,50%
Revenus de transferts	602.9	25,31%
Total général	2381.9	100%

(1) Les "autres revenus autonomes" se prêtent difficilement à une classification fonctionnelle puisqu'ils regroupent des revenus de placement, des mouvements interfonds, des dispositions d'actifs municipaux, etc. (5,5% du total).

plus de la moitié (55%) de l'ensemble des revenus municipaux.

2) Les *revenus provenant de tarifs ou de taxes de services* représentent, quant à eux, plus de 20% des revenus autonomes et 15% des revenus totaux. Ces revenus sont tirés de la tarification ou de la taxation de biens mixtes optionnels par une grande variété de procédés.

L'eau peut être tarifée forfaitairement ou mesurée par des compteurs. Les taxes de neige sont ajustées selon que la neige est transportée ou simplement soufflée sur les terrains des riverains; les tarifs de "loisirs et culture" représentent des droits d'entrée ou d'inscription dans les arénas, les patinoires, les bibliothèques, etc.; les licences et permis sont des contributions forfaitaires en compensation de services administratifs; enfin, les amendes peuvent être considérées comme le pseudo-prix d'un bien "déméritoire" (une infraction).

Notons qu'un faible pourcentage de ces mêmes services sont aussi tarifés à d'autres municipalités dans le cadre de communautés municipales ou d'ententes municipales.

Enfin, rappelons que les taxes d'améliorations locales, traitées plus haut comme des impôts fonciers, sont en réalité des tarifs payés pour le financement de travaux de viabilité dont bénéficient les résidents d'un secteur. Si ces revenus de taxes étaient ajoutés aux autres services tarifés, cette source de revenu, sous forme de pseudo-prix, représenterait jusqu'à 28% des revenus totaux.

3) *Les revenus de transfert.* Avant la réforme de la fiscalité de 1980, les subventions provinciales(19) dépassaient 25% des revenus municipaux et leur rythme de croissance continuait à être supérieur à celui des sources de revenus autonomes.

L'essentiel de ces fonds de transfert provenait du partage des taxes de vente entre la province et les municipalités. Ce partage, effectué sur la base de 3/4 (province) et 1/4 (municipalité), était assorti d'un système de

---

(19) Pour respecter l'exclusivité juridictionnelle du gouvernement provincial en matière municipale, le fédéral limite ses subventions à des programmes conjoints ou à des interventions de la Société centrale d'hypothèques et de logement (financement des travaux d'aqueduc, rénovation urbaine, amélioration des quartiers, dégagement de terrains, logements à loyers modiques, encouragement à la densification). Divers programmes conjoints ont été appliqués, dans le cadre d'ententes Québec-Canada: zones spéciales, développement de l'est du Québec, infrastructures industrielles, développement de l'agriculture, etc. En 1976-1977, ces divers programmes conjoints représentaient environ 95 millions de dollars pour les municipalités.

péréquation[20] qui cherchait à corriger l'inégale distribution spatiale des activités commerciales. D'autres subventions dites inconditionnelles de la même façon restituaient aux municipalités une partie des revenus d'un champ fiscal qui avait été récupéré par la province (taxes sur repas et hôtels, droit sur les divertissements). Plus proche d'une véritable subvention inconditionnelle, la subvention basée sur la population était accordée selon une échelle progressive aux municipalités de plus de 5 000 habitants. Cette forme de transfert constituait une forme de redistribution horizontale en faveur des villes de plus grande taille.

Les transferts conditionnels ou spécifiques qui représentent, en 1979, environ 5% des ressources municipales totales, servent au financement très discrétionnaire et parfois très politique, d'une myriade de biens locaux tutélaires (bibliothèques, sports et loisirs, aqueducs, etc.). Ces diverses formes de transfert sont presque entièrement supprimées après 1980. Conformément aux principes généraux du fédéralisme budgétaire, le gouvernement provincial évite désormais de faire jouer un rôle redistributif aux budgets municipaux et préfère utiliser des mécanismes implicites[21] pour réduire les inéquités horizontales, plutôt que de recourir à des solutions de péréquation (taxe de vente) ou d'échelles progressives (subventions per capita).

Les seules justifications de subventions au niveau local sont de trois ordres: 1° réduire les coûts moyens de production en profitant d'éventuelles économies d'échelle; 2° compenser certaines municipalités pour les effets externes qu'elles génèrent ou qu'elles subissent; 3° permettre à des municipalités démunies de bénéficier des mêmes services que les autres.

---

(20) La formule de péréquation tenait compte du volume des ventes provinciales (V_P), régionales (V_R) et municipales (V_M) et de la population de ces trois niveaux, respectivement P_P, P_R, et P_M. Sur les 8% de taxe de vente perçus par la province, 2% étaient réalloués aux municipalités sur la base suivante:

$$\text{Transfert de taxe} = 0{,}01\, V_M + 0{,}08\, P_M / P_R \,.\, V_R + 0{,}02\, P_M / P_P \,.\, V_P$$

Depuis 1974, la province remettait aux villes de Montréal, Québec et Laval 50% de la taxe perçue sur les repas et les revenus hôteliers. Les droits sur les divertissements sont le meilleur exemple d'une fausse subvention: ces droits sont perçus et gérés par les municipalités, mais considérés comme des subventions d'un point de vue comptable (catégorie 01-3-7-2.40, au Manuel de normalisation de la comptabilité municipale).

En 1977, l'échelle indexée à la hausse des prix, partait de $6.40 per capita pour la catégorie 10 000 à 20 000 et atteignait $23.50 pour la catégorie 150 000 et plus.

(21) La normalisation des modes d'évaluation et des taux de taxe.

Le dernier objectif, qui consiste en fait à réduire le taux réel d'imposition dans les municipalités "pauvres", est une forme de redistribution de revenus effectuée beaucoup plus efficacement par les programmes directs du gouvernement central que par l'intermédiaire de gouvernements locaux.

L'objectif de répartition des effets de débordements juridictionnels, peut normalement être atteint par des organismes supralocaux (v.g. communautés urbaines ou districts spéciaux) sans impliquer le financement de transfert.

Enfin, le premier objectif, le seul qui soit vraiment justifiable, est celui qui est recherché par l'actuel programme de subvention aux transports en commun ou aux programmes de regroupements municipaux, encore que l'existence réelle d'économies d'échelle reste parfois à démontrer.

Concluons cette très brève discussion(22) sur les mérites de tranferts de ressources en citant ces paroles:

> *En fait, les transferts intergouvernementaux constituent généralement une mauvaise solution aux problèmes de finance publique.* (23)

7.1.5 Le recours à l'emprunt

Bien sûr, la lecture des tableaux sur les ressources fiscales ne permet pas de déceler l'importance de l'emprunt comme source annuelle de revenus. En fait, la discussion de ce sujet aurait pu se faire avec l'analyse fonctionnelle des dépenses, puisque les frais de financement représentent le poste le plus important des dépenses municipales (en moyenne près de 25% et dans certains cas, plus de 50%). Mais il faut bien réaliser que ces frais de financement servent à payer les intérêts d'emprunt de court terme et de long terme qui ont, à un certain moment, constitué des ressources pour les municipalités.

Les emprunts à court terme ne représentent pas, à proprement parler, une ressource supplémentaire puisqu'ils servent surtout à faciliter les mouvements de trésorerie entre les périodes de perception de

---

(22) Pour une analyse approfondie, voir:

LEBEL, J.-G. dans ACHOUR, D. ***Finances municipales en transition.*** Chicoutimi: Gaëtan Morin, 1979, p. 395.

(23) MUTH, R. ***Op. cit.,*** p. 395.

revenus[24]. En anticipation des impôts à recevoir et pour assurer leur liquidité, les corporations municipales peuvent emprunter, à l'aide de bons du Trésor, des billets à ordre, de billets "promissoires" ou même sur simple ligne de crédit auprès d'une institution financière.

Par contre, *l'emprunt à long terme* est la principale ressource qui permet de financer les investissements des municipalités. Ainsi les corporations de nature municipale ont emprunté plus de 600 M$ en 1979 portant ainsi leur dette totale à plus de 6 G$ en 1980.

a) Les municipalités ne peuvent emprunter que pour des fins d'investissement et jamais, comme une nation, pour couvrir un déficit d'opération. Par obligation légale, les budgets municipaux sont équilibrés: si les revenus courants sont insuffisants pour faire face aux dépenses, on doit augmenter l'imposition. Alors que la dette nationale peut servir à réduire un déficit, la dette municipale ne représente qu'un paiement différé d'une dépense d'investissement. L'emprunt permet d'obtenir immédiatement les ressources nécessaires à la construction ou à l'achat d'un bien capital qui sera utilisé, et payé, au cours des années subséquentes. D'ailleurs, la loi sur les emprunts municipaux ajuste la durée maximale des emprunts à la durée de vie probable des équipements. Une dette élevée n'est donc pas le signe nécessaire d'une mauvaise gestion, mais l'indication d'un niveau élevé de dépenses d'équipement (les grandes villes) ou d'une croissance rapide qui contraint une municipalité à de massives dépenses de viabilité pour accueillir ses nouveaux résidents.

Pourtant, en dépit des besoins importants générés par la croissance urbaine, les nouvelles émissions municipales diminuent en valeur absolue et relativement aux autres emprunteurs publics. De plus, le poids relatif des "encours totaux" demeure stable par rapport au produit intérieur brut (à 12% environ) et ce poids relatif diminue par rapport à l'évaluation foncière imposable (de 10,8% en 1970 à 8,2% en 1978). Cette diminution va être encore plus sensible quand toutes les municipalités auront ajusté leur rôle d'évaluation pour tenir compte de la valeur marchande des biens fonciers comme l'exige la nouvelle loi sur l'évaluation.

b) Si l'endettement des municipalités québécoises est effectivement de 2 à 3 fois supérieur à celui des municipalités ontariennes, c'est que leur mode de financement est très différent[25].

---

(24) Ils peuvent aussi servir au financement temporaire de dépenses en capital avant l'émission d'un emprunt à long terme, et au financement temporaire de dépenses imprévues et de travaux subventionnés.

(25) Sur ces points voir:

TABLEAU 7.9: Dette obligataire per capita et en pourcentage de l'évaluation des biens-fonds, 1970-1978

Année	Population	Évaluation des biens-fonds	Dette obligataire/ per capita	Dette obligataire/ évaluation
	(000)	($ 000)	$	%
1970	6 013	20 905 338	$377	10,8%
1971	6 028	22 381 625	383	10,3
1972	6 059	23 421 620	400	10,4
1973	6 081	24 379 676	434	10,8
1974	6 102	27 558 814	433	9,7
1975	6 250	30 472 756	488	10,0
1976	6 182	37 014 765	590	9,9
1977	6 255	43 443 615	652	9,4
1978	6 384	50 142 225	645	8,2

Source: ***Finances municipales.*** 1978; B.S.Q. 1980.

TABLEAU 7.10: Emprunts du secteur public

	1975	1976	1977	1978	1979(*)
Gouvernement	921	1 341	1 337	1 434	1 502
Hydro-Québec	1 075	1 752	1 097	1 542	1 847
Municipalité et communauté urbaine	843	955	968	713	607
Encours obligataire totaux des gouvernements locaux(*)	4 714	5 365	6 302	6 943	—
Produit intérieur brut	39 102	46 294	50 109	56 181	62 035

(*) Inclut la dette obligataire des commissions scolaires.

Sources: - discours sur le budget 1980-1981
- rapport du groupe de travail sur l'épargne
- évaluation.

(suite) (25)

Rapport du groupe de travail sur l'épargne au Québec. ***L'épargne.*** Gouvernement du Québec, Développement économique, Éditeur officiel du Québec, 1980, chap. 12.

Les municipalités ontariennes s'autofinancent pour plus du quart de leurs besoins en capital, elles émettent des obligations à échéances plus longues et n'ont donc pas autant recours à de nombreux refinancements. Par ailleurs, elles centralisent plus leurs procédures d'emprunt en passant par des organismes métropolitains régionaux.

Elles ne sont pas en concurrence avec d'autres emprunteurs locaux tels que des commissions scolaires, des hôpitaux ou des établissements d'enseignement, et elles utilisent beaucoup mieux les programmes de prêts de la Société canadienne d'hypothèques et de logement.

Mais la principale différence est due au fait que les municipalités ontariennes[26] n'ont pas la responsabilité du financement des infrastructures de viabilité. Hors Québec, cette responsabilité incombe aux constructeurs et le coût des équipements est incorporé dans le prix des unités construites au lieu de figurer dans la dette municipale. Comme les dépenses de viabilité représentent près de la moitié des besoins de financement des municipalités québécoises, on conçoit que leurs charges de remboursement soient plus élevées.

À nouveau cet endettement plus grand n'a rien de malsain, il ne fait que refléter certaines différences institutionnelles. Certaines de ces différences sont à l'avantage des municipalités et de leurs contribuables, d'autres par contre entraînent des coûts de financement plus élevés.

Le fait de financer les infrastructures de viabilité par emprunt obligataire remboursé à l'aide de taxes foncières de secteur réduit le coût réel des propriétés, et entraîne un coût de financement moins élevé pour les propriétaires qui auraient, comme en Ontario, à se financer par emprunt hypothécaire.

Par contre, le coût réel des emprunts est augmenté du fait de l'absence de centralisation des émetteurs d'emprunt, de la nécessité de refinancements fréquents, de la faible utilisation des programmes de la SCHL et de l'encombrement général du marché obligataire par d'autres emprunteurs locaux.

On verra sous peu que la réforme de la fiscalité devrait améliorer la situation, particulièrement en transférant à la province une plus grande part du financement des dépenses d'infrastructure pour le transport en commun. Cependant, la Loi 57 n'a rien prévu quant à la centralisation des procédures d'emprunt. Une telle mesure, fort souhaitable, a été proposée par le groupe de travail sur l'épargne qui recommande la mise en place

(26) Ainsi que toutes les municipalités canadiennes et américaines.

d'un Office de crédit aux administrations locales du Québec à l'image de la Municipal Finance Authority of British-Columbia[27].

Concluons ce chapitre, qui portait sur le mode optimal de financement des biens publics, en essayant d'évaluer le caractère optimal des budgets municipaux par rapport aux principes dégagés au début. Une telle évaluation rudimentaire peut se mener en regroupant les données budgétaires de 1979 en catégories de dépenses et de revenus qui devraient correspondre l'une à l'autre. Le tableau 7.11 donne l'exemple d'une telle correspondance. On y distingue: 1) Les dépenses d'allocation sur biens publics mixtes auxquelles on fait correspondre les sources d'imposition générales. 2) Les dépenses sur biens publics optionnels et sur certains biens mixtes clairs auxquelles on fait correspondre des sources de tarification ou de taxation spécifique. Dans cette partie du tableau, les postes de dépenses et de revenus sont placés sur la même ligne: les dépenses d'enlèvement de la neige sont comparées aux revenus de taxe de neige, etc. 3) Certaines dépenses sur biens publics à caractère redistributif ou stabilisateur (logement et programme de lutte contre le chômage) auxquelles on fait correspondre, assez arbitrairement, l'ensemble des revenus de transfert pour illustrer le fait que les revenus de transfert des paliers juridictionnels supérieurs ne devraient être affectés qu'aux dépenses non allocatives des gouvernements locaux. 4) Aux frais de financement pour dépenses de capital, on fait correspondre les sources de revenus affectés au remboursement d'emprunt de long terme (taxes foncières spéciales et taxes d'amélioration locale). 5) Enfin, faute de mieux, on fait correspondre les autres dépenses non affectées aux autres sources de revenus autonomes. En constatant l'importance relative (211,3 millions et 131,2 millions) de ces postes résiduels, on peut déduire que l'exercice ne peut pas être mené d'une façon très précise et qu'on ne doit pas s'attendre à bien "balancer" nos deux colonnes. Mais, même à ce niveau très grossier de comparaison, on peut dégager plusieurs constatations intéressantes.

1. Les ressources foncières générales sont insuffisantes ($899) pour couvrir les dépenses sur biens publics mixtes ($1 086.1). Cependant, si on ajoute aux sources d'imposition générale les pseudo-transferts (compensations de taxe de vente: 356 millions) qui sont, en fait, des revenus autonomes, on obtient une assez bonne équivalence entre les sources de revenus généraux autonomes et les dépenses d'allocation sur biens mixtes clairs et flous.

---

(27) Groupe de travail sur l'épargne. ***Op. cit.,*** recommandation 9 et chap. 19.3, pp. 628-634.

2. La tarification et la taxation ne suffisent pas, globalement, à générer les ressources nécessaires à l'autofinancement des biens clairs taxables. Les déséquilibres sont assez marqués selon les postes budgétaires: l'enlèvement de la neige coûte $106,3 millions aux municipalités du Québec, mais la taxe de neige ne rapporte que $6,6 millions; les dépenses sur les loisirs et la culture s'élèvent à $195,7 millions et leur tarification, sous forme de droits d'entrée ou d'inscription, ne rapporte que $42,3 millions; par contre, les stationnements et les services d'aqueducs et d'égouts(28) seraient "rentables" puisque les revenus générés ($219,4 millions) sont supérieurs aux dépenses d'opérations ($117,2 millions). Cependant, si l'objet de l'exercice est d'illustrer ces déséquilibres, on ne doit surtout pas inférer que tous les biens optionnels et certains biens mixtes clairs doivent s'autofinancer: on a vu que la tarification n'est qu'un système de pseudoprix qui doit tenir compte du caractère méritoire de certains biens (loisirs et culture), du caractère déméritoire de quelques autres (stationnement), et enfin de la difficulté technique à établir les tarifs appropriés (neige, eau, ordures, etc.).

3. Les revenus de transfert sont beaucoup trop élevés pour assurer le financement des biens non allocatifs, mais on a déjà noté que la plupart de ces revenus ne sont pas de véritables transferts (taxe de vente) et que les transferts conditionnels pourraient tout aussi bien être mis en correspondance avec les biens mixtes qu'ils servent à financer (aqueducs et égouts, sports et loisirs, chemins d'hiver, etc.). Une telle mise en correspondance illustre encore mieux le caractère méritoire de ces biens (subventions aux bibliothèques, aqueducs et égouts), ou le souci d'atteindre une meilleure équité horizontale (l'entretien des chemins d'hiver, réfection des chemins, protection contre l'incendie, etc.).

4. Les frais de financement ($625,7 millions) ne sont pas entièrement couverts par les revenus appropriés ($411,6 millions). La situation serait cependant plus équilibrée si on pouvait distinguer la part des taxes d'eau et d'égouts qui est affectée au financement des infrastructures. Mais, faute de cet ajustement, on doit constater qu'une partie de la dette locale est nécessairement financée par les revenus de transfert et les revenus d'imposition générale.

---

(28) En fait, la correspondance est particulièrement boiteuse dans cet exemple puisqu'une partie des taxes d'eau, d'égout et de raccordement sert à financer le remboursement des dépenses en capital.

TABLEAU 7.11: Tableau de concordance entre la nature des biens d'allocation locale et le mode de financement

P. de Québec — Ensemble des municipalités — 1979 - Millions de $

Dépenses		Revenus	
• Dépenses d'allocation sur biens publics mixtes (clairs et flous)		• Revenus d'imposition générale	
• Administration générale	351,8	• Impôt foncier général	628,5
• Sécurité publique	284,7	• Impôts locatifs	131,1
• Transport routier (déneigement et stationnement exclus)	220,5	• En lieu d'impôts fonciers	111,6
• Urbanisme et mise en valeur (logement exclus)	35,3	• Autres impôts généraux non fonciers	27,8
• Quote-part des dépenses de la communauté municipale	169,8		
• Autres dépenses d'hygiène du milieu [1]	8,8		
• Santé et bien-être	15,2		
• Total des dépenses sur biens mixtes locaux	1 086,1	• Total des revenus d'imposition générale	899,0
• Dépenses d'allocation sur biens publics et sur biens mixtes clairs "taxés"		• Revenus de tarification [2] et de taxes spécifiques	
• Enlèvement de la neige	106,3	• Taxes d'enlèvement de la neige	6,6
• Aqueducs et égouts	117,2	• Taxes d'eau, d'aqueduc, d'égouts et de raccordement	212,4
• Enlèvement et destruction des ordures	68,2	• Taxes d'enlèvement des ordures	40,5
• Loisirs et culture	195,7	• Revenus de droits d'entrée et d'inscription sur "Loisirs et culture"	42,2
• Stationnement	3,6	• Stationnements et compteurs	7,0
		• Autres services taxés [3]	28,9
		• Autres services tarifés [4]	23,9

(1) Essentiellement, contrôle de la pollution.

(2) Incluant les revenus pour services rendus à d'autres municipalités.

(3) Licences et permis, amendes, droits sur divertissement, autre.

(4) Autres revenus sur travaux ou sur services rendus.

• Total des dépenses sur biens optionnels et biens taxés	491,0	• Total des revenus de tarification et de taxation spécifique	361,6
• Dépenses à caractère redistributif ou stabilisateur		• Revenus de transferts à objectifs redistributifs ou stabilisateurs et autres revenus de transferts	
• Logement	8,6	• Lutte contre le chômage (g. fédéral)	10,0
• Programme de lutte contre le chômage	12,2	• Subvention per capita	67,8
		• Autres transferts	525,1
• Total	20,8	• Total	602,9
• Frais de financement pour dépenses de capital		• Sources de revenus normalement affectées au remboursement d'emprunts de long terme	
• À la charge de la municipalité	625,7	• Taxes de répartition locales	135,1
		• Taxes foncières spéciales	276,5
		• Total	411,6
• Autres dépenses non affectées par ailleurs	211,3	• Autres revenus autonomes	131,2

Ainsi, en dépit du caractère rudimentaire de l'analyse des correspondances, on peut en conclure que le système de financement de 1979 n'était pas optimal par défaut de revenus fonciers généraux, par défaut de sources de revenus tarifés et par excès de transferts. Voyons maintenant comment la réforme de la fiscalité québécoise a retenu les principes généraux que nous venons d'explorer pour orienter le système en direction de l'optimal théorique décrit au tableau d'introduction à ce chapitre.

7.2 LA RÉFORME DE LA FISCALITÉ QUÉBÉCOISE

Plus de vingt ans de récriminations, de conflits et "bricolages" fiscaux ont abouti, en juin 1978, à une proposition de fond soumise par la province aux municipalités. Cette proposition initiale, modifiée substantiellement par l'intervention de deux comités conjoints consultatifs, prenait, en décembre 1979, la forme de "loi sur la Fiscalité municipale et modifiait certaines dispositions législatives" (Loi 57). Cette Loi, inscrite dans un mouvement plus vaste de "revalorisation du pouvoir municipal", représente une modification assez radicale des règles de financement qui s'inspire, approximativement, des principes de l'orthodoxie budgétaire que nous nous sommes efforcés de justifier tout au long de ce chapitre.

Le tableau 7.12 schématise l'essentiel de la réforme et en évalue les conséquences monétaires pour divers acteurs.

TABLEAU 7.12: Coût de la réforme de la fiscalité municipale pour le gouvernement du Québec pour l'année 1980 (en millions de dollars)

1. Mesures affectant les revenus de taxation des municipalités et communautés urbaines		
1.1	Transfert du champ de l'impôt foncier scolaire perçu	$582
1.2	Abolition des surtaxes scolaires sur le territoire de la CUM et à Québec	115
2. Mesures d'élargissement de l'assiette foncière		
2.1	En lieu de taxes sur la pleine valeur des immeubles des réseaux de l'éducation et des affaires sociales	156
2.2	En lieu de taxes additionnelles sur les immeubles gouvernementaux (taxes foncières et d'affaires)	41
3. Réaménagements de l'aide gouvernementale aux municipalités et communautés urbaines		
3.1	Abolition de la part de la taxe de vente	(432)
3.2	Abolition de la part de la taxe sur les repas et l'hôtellerie	(47)
3.3	Abolition des subventions per capita	(79)
3.4	Abolition du régime d'en lieu de taxes sur les immeubles des réseaux basé sur le nombre de lits ou d'étudiants et sur l'évaluation	(34)
3.5	Abolition de la subvention spéciale à la ville de Québec	(4)
3.6	Abolition des subventions d'équilibre budgétaire aux communautés urbaines	(20)
3.7	Subvention au déficit de la Place des arts et financement du Conseil des arts	3
3.8	Création d'un fonds de péréquation	16
3.9	Formule de transfert minimum	12
3.10	Compensation pour les coûts du contrôle de qualité de l'air et de l'inspection des aliments	6
3.11	Réaménagement de l'aide au transport en commun	57
3.12	Compensation aux municipalités de l'effet de plafonnement des taxes foncières sur les fermes et les boisés	7

4. Mesures gouvernementales d'aide aux contribuables		
4.1	Programme de remboursement des impôts fonciers aux contribuables (crédit d'impôts fonciers)	70
4.2	Programme de remboursement de la taxe d'affaires aux PME	10
4.3	Remboursement aux agriculteurs d'une partie des taxes foncières et compensations	3
	COÛT DIRECT de la réforme pour le gouvernement à l'exclusion de l'abolition des subventions conditionnelles	$462
5. Coûts indirects de la réforme pour le gouvernement(2)		
5.1	Effets du transfert du champ de l'impôt foncier scolaire normalisé sur la formule de péréquation fédérale	19
	COÛT TOTAL de la réforme pour le gouvernement	$481

(1) Les chiffres entre parenthèses indiquent un gain pour le gouvernement.

(2) Ces coûts au gouvernement n'ont aucun impact sur les revenus ou dépenses des municipalités.

Source: "La loi sur la Fiscalité municipale: 1 an après". ***La Revue municipalité.*** Mars 1981.

On ne peut ici s'attarder aux détails de ces modifications[29], mais on peut résumer à la fois les grandes tendances de la réforme et quelques critiques qui y ont déjà été apportées. Quelques mouvements cohérents se dégagent:

- les municipalités obtiennent la quasi-exclusivité d'un champ d'imposition foncière élargi par de nouvelles modifications à la loi de l'Évaluation foncière qui datait de 1971, et enrichi par la suppression d'exemptions partielles ou totales (notamment en matière de biens-fonds publics);

- en contrepartie, la province se réserve entièrement les revenus des diverses taxes indirectes (taxes de vente, repas et hôtels), supprime toutes les subventions inconditionnelles et élague ses programmes de subventions conditionnelles;

- enfin, les communautés urbaines sont maintenant traitées comme des organismes supramunicipaux, financés par les municipalités membres, sans recours à des subventions d'équilibre ou à des surtaxes foncières;

(29) Pour une analyse complète et une discussion générale de la première version de la proposition, voir: GAUTHIER, A. dans ACHOUR, D. ***Finances municipales en transition.*** Chap. 1.

seuls quelques biens mixtes flous (inspection des aliments, qualité de l'air, police judiciaire et surtout les transports en commun) donneront lieu à des subventions provinciales.

Dans l'ensemble, cette réforme a été favorablement accueillie par les milieux municipaux et académiques au niveau des principes. Pourtant, plusieurs auteurs ont exprimé des réserves ou souligné des insuffisances:

- la réforme risque d'accentuer les disparités intermunicipales qui résultent des disparités des valeurs foncières résidentielles et de l'inégale distribution des biens-fonds commerciaux, industriels et publics (A. Lapointe, 1979, J. Chung et R. Faille, 1978)(30);

- le recours à la tarification des biens optionnels aurait pu être développé (J.-G. Lachance, 1979); en fait, la réforme ne s'adresse pratiquement pas à ce mode très important de financement;

- la réforme peut diminuer l'incitation municipale à développer sa base d'imposition commerciale ou industrielle (J. Chung, 1979)(31);

- entre la province et la municipalité, les niveaux supralocaux (communautés urbaines) et régionaux (conseils de comtés) n'ont pas été dotés des sources de financement qui leur permettraient d'allouer efficacement les biens à forts débordements juridictionnels (D. Achour, 1979).

Il faudra attendre quelques années avant de dresser un bilan utile de l'ensemble des mesures adoptées. On peut imaginer que, comme c'est le cas généralement pour les réformes complexes, les résultats seront différents des anticipations et que divers ajustements viendront insidieusement transformer cette législation dont l'orthodoxie cohérente avait au moins l'avantage d'en faciliter la justification théorique.

---

(30) CHUNG, J. et FAILLE, R. ***Réforme du régime de la fiscalité municipale au Québec.*** Montréal: Union des municipalités du Québec, 1978.

(31) CHUNG, J. "Impact socio-économique de la réforme du régime de la fiscalité municipale au Québec" dans ACHOUR, D. ***Finance municipale en transition.*** Chicoutimi: Gaëtan Morin, 1979.

LECTURES SUGGÉRÉES

AARON, H.-J. ***Who Pays the Property Tax?*** The Brookings Institution, 1978.

BOURASSA, G. "Le système municipal québécois". ***Le système politique du Canada; institutions fédérales et québécoises.*** Ottawa, 1973.

BRETON, A. "A Theory of Government Grants". ***Canadian Journal of Economics.*** 1965, vol. 34, pp. 175-187.

CRAWFORD, D.-G. ***Canadian Municipal Government.*** University of Toronto, 1954.

CRECINE, J.-F. ***Financing the Metropolis.*** Sage Publications, 1970.

GRAVEL, J.-R. ***La pratique de l'administration publique.*** ENAP, 1977 (Traduction).

LAJOIE, A. ***Les structures administratives régionales. Déconcentration et décentralisation au Québec.*** Presses de l'Université de Montréal, 1968.

LÉONARD, J. ***Le pouvoir local de financement.*** Presses universitaires de Lyon, 1977.

MOAK, L. et HILLHOUSE. ***Concepts and Practices in Local Government Finance.*** Municipal Finance Officers Association of the US and Canada.

POTTIER, C. ***La logique du financement public de l'urbanisation.*** Paris: Mouton, 1975.

STERNLIEB, G. et al. Housing Development and Municipal Costs. Nouveau-Brunswick: Center for Urban Policy Research, Rutgers University, 1976.

Report of the Tri-Level Task Force on Public Finance. Queen's University, 1977.

CHAPITRE 8

POLITIQUE ÉCONOMIQUE URBAINE

Au cours des chapitres précédents, nous avons discuté une série de politiques qui peuvent s'appliquer aux différents problèmes particuliers tels que l'habitation, le transport, les finances municipales et la croissance économique de la ville. Cependant, nous n'avons pas examiné comment ces éléments des politiques se sont interreliés l'un à l'autre et comment ils s'intègrent dans un cadre global cohérent. Le but de ce chapitre est donc d'examiner les objectifs ultimes de la politique économique urbaine auxquels chaque politique partielle doit se subordonner d'une part, et de définir les conditions essentielles de la politique économique urbaine optimale, d'autre part.

8.1 JUSTIFICATION DES INTERVENTIONS DE L'ÉTAT

La croissance économique de la ville accompagnée de l'accroissement de la population, de l'augmentation du revenu et de l'expansion du territoire se traduit inévitablement par l'accroissement de la demande de biens privés et de biens publics. Ceci amène forcément à l'expansion de la production de biens privés et publics.

L'État doit intervenir à cause des raisons suivantes:

— l'état imparfait du marché privé,

— la nature même des biens publics,

— l'effet externe,

— le monopole naturel.

Si le marché est parfait, s'il n'y a que des biens privés et s'il n'y a pas d'effet externe, l'optimalité sociale peut être assurée sans que l'État n'intervienne. Malheureusement, l'état du marché privé est loin d'être parfait et à moins que l'État n'intervienne, les conditions d'optimalité sont violées et le bien-être du citoyen est compromis. Par exemple, si le marché est oligopolistique, le prix ne sera pas égal au coût marginal et la quantité produite et le prix en vigueur ne correspondront plus à l'optimalité. Le bien public, comme nous l'avons constaté, se caractérise par la non-exclusivité d'usage et par l'impossibilité de déterminer son prix. Par conséquent, la responsabilité de déterminer la quantité de production et le prix relève de l'État. La Défense nationale en donne un exemple. Par définition, la Défense nationale est consommée par tous les citoyens sans que ces derniers en paient le prix. Il faut que l'État détermine la quantité et le prix de la Défense nationale.

S'il n'y avait pas d'effet externe, l'optimalité privée serait en même temps l'optimalité sociale. Cependant, dès qu'il y a des effets externes, l'égalité entre le bénéfice marginal et le coût marginal n'assure pas nécessairement l'égalité entre le bénéfice social et le coût social. Supposons qu'il s'agisse d'un entreprise quelconque qui pollue l'atmosphère. L'optimalité de l'entreprise en absence des effets externes s'établit lorsque le bénéfice marginal privé est égal au coût marginal privé. Cependant, sur le plan social, l'optimalité exige que le bénéfice marginal privé soit égal au coût marginal privé plus le coût marginal social (pollution). Si l'on fait abstraction du coût marginal social, l'entreprise risque de produire trop. Prenons maintenant l'exemple d'une entreprise qui produit des effets favorables sur la collectivité, telle qu'un centre de recherche scientifique. L'optimalité privée de ce centre de recherche exige que le coût marginal privé soit égal au bénéfice marginal privé. Mais, il ne faut pas oublier que le centre de recherche laisse une retombée favorable sur l'ensemble de l'économie et il faut ajouter le bénéfice social du côté du bénéfice. Autrement dit, l'optimalité sociale exige que le coût marginal privé soit égal au bénéfice marginal privé plus le bénéfice social marginal. Si l'on fait abstraction du bénéfice social, la collectivité risque de sous-produire les travaux de recherche.

Enfin, l'État doit intervenir aussi à cause des monopoles naturels. Certaines activités économiques telles que les utilités publiques (électricité, par exemple) et l'éducation nécessitent des investissements qui sont tellement massifs qu'aucune entreprise privée ne peut les entreprendre seule. De plus, ces types d'activités produisent une économie d'échelle si importante que le coût moyen continue à diminuer à mesure que la quantité de production augmente. Dans une telle situation, l'optimalité privée entraîne une perte importante du bien-être social. L'État doit donc intervenir.

Bref, l'État doit intervenir en vue d'assurer l'optimalité sociale qui peut être violée par une série de facteurs que nous venons de voir. Au niveau marcroéconomique, cette optimalité sociale amène également sur le sujet la croissance optimale de l'économie de la ville. Pour que la croissance soit optimale, il faut que le système de production corresponde exactement à la fonction de préférence de la collectivité (voir figure 8.1).

8.2 OPTIMALITÉ PRIVÉE

Les théories microéconomiques nous apprennent que l'optimalité globale est atteinte lorsque certaines conditions sont satisfaites. D'abord, il faut qu'il y ait l'optimalité de chaque consommateur, soit:

$$(TMS)_{XY} = \frac{(Um)_X}{(Um)_Y} = \frac{P_x}{P_y} \qquad (8\text{-}1)$$

L'équation (8-1) indique que pour qu'il y ait l'optimalité du consommateur, il faut que le taux marginal de substitution du bien X au bien Y soit égal au rapport des utilités marginales et au rapport des prix.

FIGURE 8.1: Schéma de la politique économique urbaine

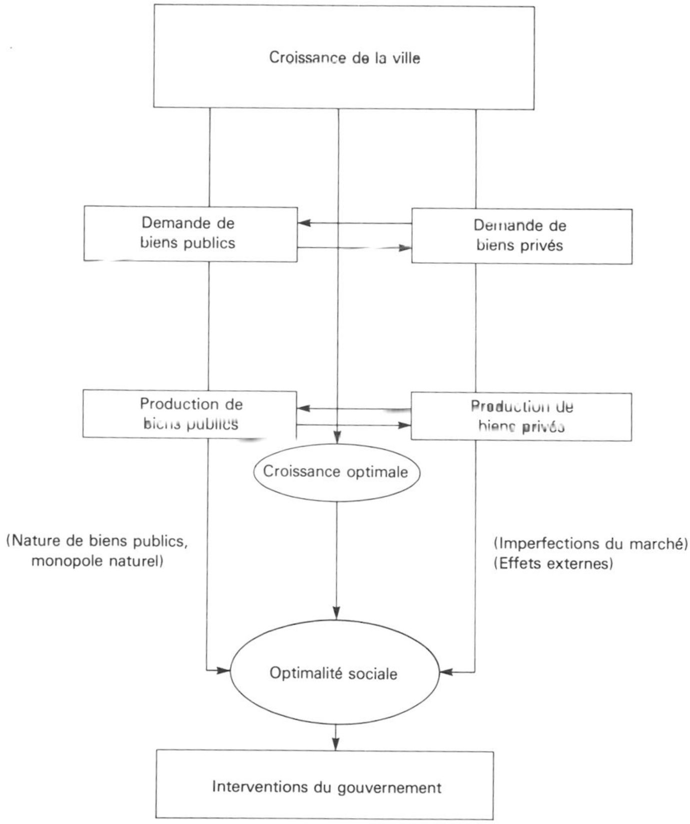

En deuxième lieu, il faut qu'il y ait l'optimalité d'échange, soit:

$$(TMS)^{A}_{XY} = (TMS)^{B}_{XY} \qquad (8\text{-}2)$$

D'après l'équation (8-2), il faut que les taux marginaux de substitution soient identiques pour tous les consommateurs.

En troisième lieu, il faut qu'il y ait l'optimalité de production, soit:

$$(TMST)^{X}_{TC} = (TMST)^{Y}_{TC} = \frac{S}{i} \qquad (8\text{-}3)$$

D'après l'équation (8-3), il faut que les taux marginaux de substitution technique de travail ou capital de tous les producteurs soient égaux au rapport des salaires (S) par rapport au rendement de capital (i).

Enfin, il faut que le système de production soit compatible avec la préférence de la collectivité, soit:

$$(TMS)_{XY} = (TMT)_{XY} = \frac{P_X}{P_Y} = \frac{(Cm)_X}{(Cm)_Y} \qquad (8\text{-}4)$$

D'après l'équation (8-4), il faut que le taux marginal de substitution de X pour Y (préférence du consommateur) soit égal au taux marginal de transformation de X pour Y et que ceci soit égal aux rapports des prix et des coûts marginaux. De plus, quand il s'agit de l'allocation des ressources entre la présente et la future génération, il faut que le taux marginal de substitution des biens de consommation immédiate pour les biens de consommation future soit égal au taux marginal de transformation correspondant, soit:

$$(TMS)_{PF} = (TMT)_{PF} \qquad (8\text{-}5)$$

8.3 OPTIMALITÉ SOCIALE

Dans un monde réel ou l'État offre des biens publics et où l'effet externe est la règle, l'optimalité sociale n'est pas nécessairement assurée même si l'optimalité privée est atteinte. D'une manière plus précise, l'optimalité sociale exige qu'on trouve une réponse aux questions suivantes:

- Quelle doit être la quantité optimale de la production des biens publics?
- Quel doit être le prix du bien public?
- Que peut-on faire devant les effets externes?
- Quelle doit être la politique de l'État en matière d'une entreprise?

8.3.1 Production optimale des biens publics

Chaque consommateur consomme une certaine quantité de biens publics et de biens privés. Les biens qu'on peut acheter sur le marché libre en payant un prix sont des biens privés. Par contre, on consomme aussi une série de biens et de services sans qu'on en paie les prix sur le marché privé. Par exemple, la Défense nationale, la protection policière, certains services de santé et d'éducation sont des biens publics pour lesquels on paie des taxes comme prix. La question fondamentale qui se pose est de savoir de quelle façon on doit allouer les ressources dont dispose la collectivité entre la production de ces deux types de biens. En théorie, l'optimalité de l'allocation des ressources est assurée par le principe suivant:

$$\sum_{i} (TMS)_{GX} = (TMT)_{GX} = \frac{(Cm)_G}{(Cm)_X} - \frac{(P)_G}{(P)_X} \qquad (8\text{-}6)$$

où i = nombre de consommateurs

$(TMS)_{GX}$ = taux marginal de substitution de bien public (G) ou bien privé (X)

$(TMT)_{GX}$ = taux marginal de tranformation de G en X

$(Cm)_G$ = coût marginal de la production de G

$(Cm)_X$ = coût marginal de la production de X

$(P)_G$ = prix de G

$(P)_X$ = prix de X.

D'après l'équation (8-6), l'optimalité de l'allocation des ressources au bien public et au bien privé est assurée lorsque la somme des taux marginaux de substitution de G pour X est égale au taux marginal de transformation, et que ce dernier est égal aux rapports des coûts marginaux et des prix. Autrement dit, il faut que la production des deux biens corresponde aux préférences de la collectivité. Par exemple, si la somme des taux marginaux de substitution est plus grande que le taux de transformation, la société produit trop de X ou ne produit pas assez de G. Dans le cas contraire, la société produit trop de G ou ne produit pas assez de X.

La plus grande difficulté dans la recherche de l'optimalité de l'affectation des ressources au G et au X est de connaître la préférence de la collectivité. Étant donné que le prix de bien public n'est pas connu, il est impossible de savoir la fonction de préférence. Normalement, le système de la démocratie locale devrait permettre aux autorités politiques de connaître la préférence du consommateur. Cependant, le système de la démocratie locale actuelle n'est pas suffisamment développé pour (faire) révéler la fonction de préférence.

8.3.2 Détermination du prix de bien public

Dans la mesure où la fonction de demande de bien public est connue, on peut déterminer le prix du bien public de la manière suivante:

$$\sum_i (Bm)_G^i = (Cm)_G = P_G \qquad (8\text{-}7)$$

où $(Bm)_G^i$ = bénéfice marginal du bien public "G" consommé par le consommateur "i"

$(Cm)_G$ = coût marginal du bien G

P_G = prix du bien G.

D'après l'équation (8-7), l'optimalité de la production de bien public est assurée lorsque le coût marginal est égal au prix et à la somme des bénéfices marginaux. Ceci est illustré au graphique 8.1. L'optimalité de bien public "G" est établie lorsque la somme des bénéfices marginaux est égale au coût marginal. La quantité optimale est de $\overline{OG}$ et le prix qui y correspond est de $\overline{OP}_G$.

8.3.3 Effet externe et optimalité sociale

Il y a un effet externe favorable si l'activité de l'agent économique A favorise l'agent économique B, sans que A ne soit compensé pour le bénéfice. Il y a un effet externe négatif si l'activité de l'agent économique A impose un coût sur l'agent économique B, sans que A paie le coût. Lorsque la qualité de la main-d'oeuvre s'améliore, en général, à l'intérieur d'une industrie grâce au programme d'entraînement entrepris par une firme, il y a des effets externes favorables. De même, si la valeur foncière de l'ensemble du voisinage augmente grâce à la qualité d'entretien d'une maison, il y a des effets externes favorables. Par contre, si l'expansion de la production d'une firme fait augmenter le coût de production de l'ensemble des firmes, il y a des effets externes défavorables. De même, si l'accroissement du nombre d'automobilistes fait augmenter le coût de transport-temps, il s'agit d'un effet externe défavorable.

En présence des effets favorables, l'optimalité sociale peut être assurée de la manière suivante:

$$(Cm)_A = (Bm)_A + \sum_i (Bm)_i \qquad (8\text{-}8)$$

$$\text{d'où} \quad (Bm)_A = (Cm)_A - \sum_i (Bm)_i \qquad (8\text{-}9)$$

où $(Cm)_A$ = coût marginal de l'activité de l'agent économique A

$(Bm)_A$ = bénéfice marginal de l'agent économique A

$(Bm)_i$ = bénéfice marginal de l'agent économique "i" rendu possible par l'activité de l'agent économique "A"

i = nombre d'agents économiques qui sont affectés par l'activité de A.

GRAPHIQUE 8.1: Optimalité de bien public

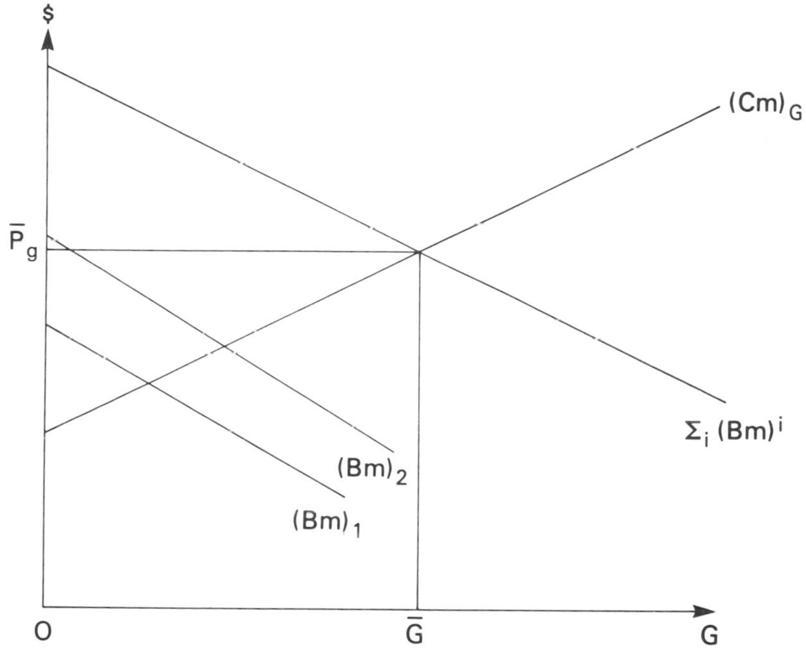

D'après l'équation (8-9), l'optimalité sociale est assurée lorsque le bénéfice marginal de A est égal à son coût marginal moins les effets externes favorables. Autrement dit, les effets externes favorables ont pour effet de diminuer le coût marginal social. Au graphique 8.2, on constate qu'en absence des effets externes favorables, l'optimalité s'établit à la quantité $O\overline{A}_P$ et au prix $O\overline{P}_P$. Par contre, la présence des effets externes favorables fait déplacer la courbe du coût marginal vers le bas et la quantité d'optimalité s'établit à $O\overline{A}_S$ et le prix qui y correspond est de $O\overline{P}_S$. C'est ainsi que si l'on ignore l'effet externe favorable, la collectivité risque de consommer moins et de payer plus cher. Par conséquent, il y a tout avantage à inciter l'agent économique à produire plus par le biais de subventions ou d'autres mesures.

En présence des effets externes défavorables, l'optimalité sociale s'établit comme suit:

$$(Cm)_A = (Bm)_A - \sum_i (Dm)_i \qquad (8\text{-}10)$$

d'où $$(Bm)_A = (Cm)_A + \sum_i (Dm)_i \qquad (8\text{-}11)$$

où $(Dm)_i$ = dépôt marginal que doit subir l'agent économique "i" à cause de l'activité de l'agent A.

D'après l'équation (8-11), la présence des effets externes négatifs a pour conséquence d'augmenter le coût marginal réel de l'activité de A. L'implication de ceci est illustrée au graphique 8.3. En absence de l'effet externe négatif, l'optimalité s'établit à la quantité $O\overline{A}_P$ et au prix $O\overline{P}_P$. Quand on tient compte de l'effet externe négatif, l'optimalité s'établit à la quantité $O\overline{A}_S$ et au prix $O\overline{P}_S$. C'est ainsi que si l'on veut assurer l'optimalité sociale, il faut faire en sorte que l'agent diminue ses activités. Par exemple, on peut lui imposer une taxe, lui donner une subvention ou lui demander de dédommager "i". Quelle que soit la mesure prise, la collectivité gagne.

GRAPHIQUE 8.2: Effets externes favorables

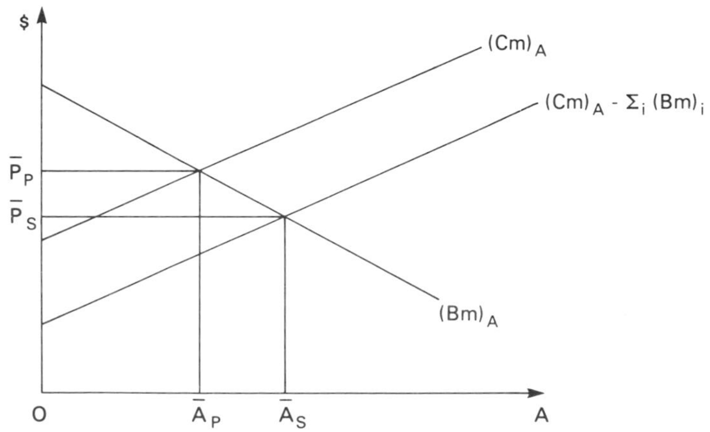

GRAPHIQUE 8.3: Effets externes défavorables

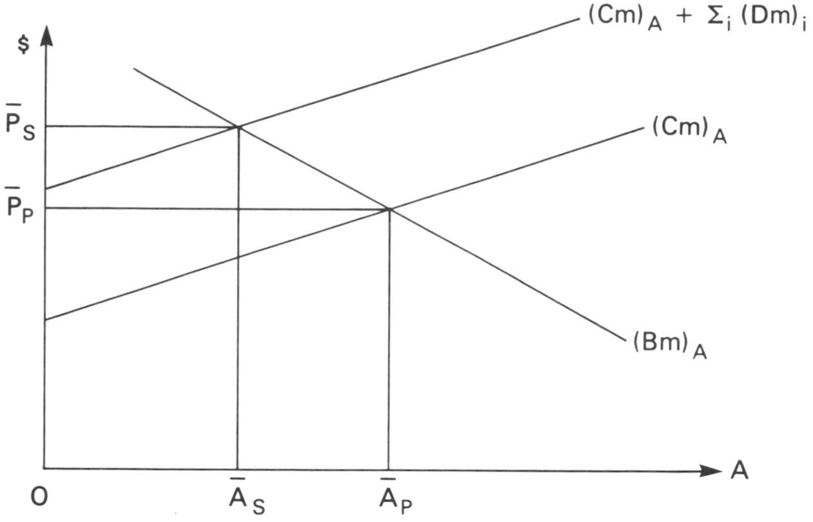

8.3.4 Entreprise de l'État

Certaines activités économiques qui ne se prêtent pas bien à la concurrence peuvent être entreprises par l'État sous forme d'entreprise d'État. Le problème qui se pose est qu'à cause de la nature même de ces activités, l'optimalité privée n'est pas toujours la meilleure solution du point de vue social. D'une façon plus concrète, ceci amène la question de savoir si le prix de produit de l'entreprise de l'État doit être égal au coût marginal ou au coût moyen. Examinons la situation décrite au graphique 8.4. Trois possibilités s'offrent à l'État. D'abord, il pourra décider de produire la quantité OX_o où le prix représenté par la courbe "D" est égal au coût marginal (Cm). Malheureusement, à ce point, le coût moyen (CM) est plus élevé que le prix et, par conséquent, l'État doit subir des pertes énormes. La deuxième solution est de produire OX_p qui représente l'optimalité de l'entreprise en tant qu'entreprise privée. Cependant, cette solution entraîne une perte du bien-être de la collectivité correspondant à l'aire abc. La troisième solution qui doit être préférée est de produire OX_s où le prix est égal au coût moyen. Il faut noter que même cette solution entraîne une perte du bien-être du consommateur correspondant à l'aire dec. Mais la perte dec est plus petite que la perte abc. C'est ainsi que dans le cas du monopole naturel, la politique en matière de prix et de production consiste à créer l'égalité entre le prix et le coût moyen, et à minimiser la perte du bien-être du consommateur.

GRAPHIQUE 8.4: Entreprise de l'État et optimalité

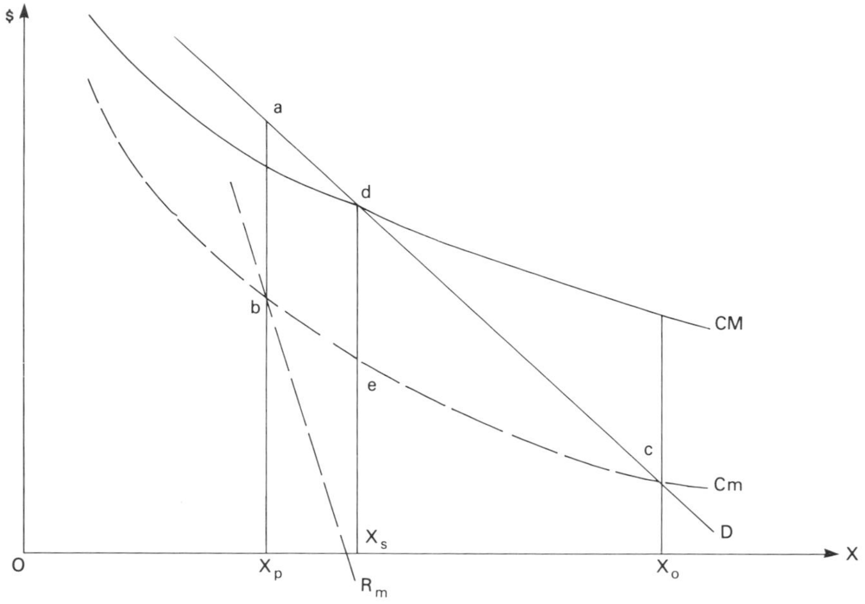

Pour conclure, le gouvernement peut envisager une série de mesures en vue de faciliter la croissance économique de la ville, de diminuer les embouteillages, de promouvoir la construction résidentielle, d'assurer la recette fiscale et d'atteindre d'autres objectifs spécifiques et précis. Cependant, il faut noter que chacune de ces mesures peut provoquer des perturbations de l'économie locale et causer une mauvaise allocation des ressources; si bien que l'économie locale peut entraîner une surproduction de certains biens et une sous-production de certains autres biens. Par conséquent, il faut coordonner différentes mesures envisagées en fonction de l'optimalité sociale. Une politique économique urbaine cohérente est précisément celle qui assure une telle optimalité.

La notion de l'optimalité sociale est forcément abstraite et difficile à matérialiser. Cependant, il faut qu'elle serve de guide essentiel aux orientations des mesures gouvernementales en matière des problèmes urbains.

Grosso modo, l'optimalité sociale exige que la production des biens publics par rapport à celle des biens privés corresponde à la préférence de l'ensemble des consommateurs, que la quantité et le prix des biens ayant des effets externes soient déterminés par l'égalité entre le bénéfice marginal et le coût marginal réel et que la gestion des entreprises de l'État vise à égaliser le prix au coût moyen.

Ce chapitre de conclusion a été plutôt théorique. Nous aurions pu le consacrer aux discussions des mesures concrètes. Cependant, puisque ce livre se veut être une initiation à l'économie urbaine, nous avons pensé qu'il était plus important de s'interroger sur les principes mêmes de la politique économique urbaine.

LECTURES SUGGÉRÉES

BOADWAY, R.-W. Public Sector Economics. Cambridge: Winthrop Publisher Inc., 1979.

GILLESPIE, W.-I. ***The Urban Public Economy.*** Ottawa: Research Monograph N° 4, Urban Canada, 1971.

HIRSCH, W.-Z. ***Urban Economics Analysis.*** New York: McGraw-Hill Book Co., 1973, chap. 10 à 13.

MILLS, E.-S. Urban Economics. Glenview: Scott, Foresman and Co., 1972, chap. 13 et 14.

SEGAL, D. ***Urban Economics.*** Homewood, Ill.: Richard D. Irwin Inc., 1977, chap. 11.

NOTES

NOTES

NOTES

NOTES